中國文學史試題詳解800題

研究所入學考・期中考・轉學考

（下）

宋裕◎編著

目錄

·下冊·

第十七章　宋詞

研讀重點

一、宋詞興盛的原因
二、北宋詞的分期及代表作家
三、歐陽修在宋詞發展中的地位
四、柳永詞的特色與成就
五、蘇軾詞的特色、成就及影響
六、秦觀詞的內容特點與藝術成就
七、周邦彥詞的特色與成就
八、北宋慢詞的發展
九、南宋詞的發展與重要詞派
十、李清照詞的藝術成就
十一、辛棄疾詞的藝術成就與特色
十二、姜夔詞的藝術成就與特色
十三、蘇、辛詞之比較
十四、周邦彥、姜夔之比較
十五、南宋末年詞壇的發展
十六、重要詞集的作者及其詞風
十七、《詞源》的作者與內容

1、試述宋詞興盛的原因。（86東吳）

答

詞經晚唐、五代的成長發展時期，於宋代達到了高峰，呈現出百花絢爛的局面，宋詞繁榮的原因約略有三：

一、社會環境助長詞風

北宋前期經濟發展，都市繁榮，人口增加，市民階層擴大，城市歌舞伎藝、樂曲新聲十分興盛。北宋都城汴京，是當時政治、經濟、文化藝術的中心，自然也成為「新聲」（即「曲子詞」）創作的薈萃之地。宋．孟元老《東京夢華錄》記述汴京當時的繁榮景象說：「新聲巧笑於柳陌花衢，按管調弦於茶坊酒肆。」又《宋史．樂志》說：「宋初置教坊，得江南樂，已汰其坐部不用。自後用舊曲創新聲，轉加流麗。」這兩段話表明，都市繁榮為「新聲」的興盛提供了客觀條件，而「新聲」經整理、發展和繁榮，又適應了當時人們的審美需要。

二、君王的提倡

帝王及達官貴人都普遍愛好歌舞樂曲，一方面用以滿足生活的娛樂需要，一方面用以點綴皇家的「太平盛世」。宋朝建立後，把五代十國遺留下來的歌伎樂工集中到汴京，還注意搜集流散於民間的「俗樂」。當時皇帝自制「新聲」，據《宋史・樂志》載：「太宗洞曉音律，前後親制大小曲及因舊曲創新聲者總三百九十。」又說：「仁宗洞曉音律，每禁中度曲，以賜教坊。」而許多達官貴人更流連坊曲，或私蓄聲伎，在宴會上或其他場合，競相填寫新詞。君臣上下樂此不疲，推波助瀾，使宋詞創作盛興不衰。

三、詞體本身的發展

詞自民間創作到文人創作，時間不長，加以晚唐五代文人詞多寫男女艷情，題材狹窄，而體調又限於小令，宋代詞人便在內容上努力開拓，表現廣闊的現實生活；在藝術上努力探索，勇於創新。隨著時代風尚以及人們思想觀念和審美情趣的變化，由此形成宋詞發展的不同歷史階段與不同的風格體態，呈現出百花競放、盡態極妍、多姿多彩的繁榮景象。

2、就北宋詞之演進而論述其時名家之詞。（61政大）
3、就晏殊、柳永、蘇軾、周邦彥為四階段，說明北宋詞發展。（61台大）
4、試論柳永、東坡、周邦彥之詞特色。（76台大）
5、北宋詞體之發展，屢有變遷，約可分為幾期？各期之特色為何？並舉出各期主要作家、詞集名稱及其藝術風格。（83成大、89台大）
6、唐、宋發展史上有些詞人對詞之發展具有關鍵性地位，試述之。（84中山）

7、早期的詞大多描寫相思別離，至蘇軾而無不寫，試分析自早期階段至蘇之間，詞在內容上逐步擴大的過程。（84清華）
8、試述柳永、蘇軾、周邦彥三人在宋詞發展上的重要性。（85清華）
9、北宋詞體的發展，屢有變遷，約可分為幾期？各期主要作家其詞集名稱及藝術風格。（85東吳）
10、或曰詞以婉約為正宗，豪放為別格，請就詞之產生及發展論評其說。（87政大）
11、試舉出宋代婉約派的代表詞人，並略述宋代婉約詞風的演變。（90台大）

答

北宋詞的發展大約可分為四期：

一、宋初以繼承《花間詞》風格爲主

宋初的詞壇，基本上繼承五代十國的詞風並向高雅的途徑發展。當時以晏殊、歐陽修為首的達官貴人，都遠紹《花間》而近襲馮延巳，用婉約的風格和清麗的語言來寫詞，形式全為小令，內容也未脫離花間派的範圍。他們的詞主要是歌筵舞席上娛賓的工具。詞裡描述他們閒適的生活和遲暮感傷的情緒。其後晏幾道的詞，抒情比較真摰，稍有自己的風格，可以說是花間派最後一個作家。

二、張先、柳永發展慢詞

晏、歐的詞，表現上層社會的生活與感情，但他們所表現的範圍，是狹隘的，形式是短小的。到了張、柳，由狹隘的上層社會的範圍，擴展到都市繁榮的描寫，旅人流浪的情調，而尤集中全力描寫遊客妓女的生活、心理。為此他們所要表現的，無論生活情感都較前複雜得多，新內容要求新形式，因此在形式上，採用長調的慢詞；在作風上，脫去《花間》、南唐的清婉，用鋪敘的手法，盡心盡意的描寫。在內容上，則趨於都會繁華生活的表現，以及沈溺於——都會男女的心理；因此在他們的作品裡，時用著市井俗語，大膽地描寫都會中的社會生活。其中張先由於時代較早，在他早年的作品裡，還有不少《花間》、南唐的風采，也還有不少短小的形式。所以在詞風的轉變上，張先實是一度承先啟後的橋梁。至於柳永則是集大成，將慢詞推向成熟的境地。

三、蘇軾開創豪放詞派

真正作為轉變北宋詞風的代表詞人，是要算「一洗綺羅香澤之態，擺脫綢繆宛轉之度」的蘇軾，他把宋詞帶到了一個前所未有的境地，抒情、寫景、說理、懷古、感事、送別種種內容，無一不可入詞，詞完全能夠表達傳統詩歌所容納的複雜豐富的內容，徹底打破了詞為「艷科」的傳統觀念。蘇詞深刻地表現了作者思想上理想與現實的衝突，因此比柳詞更富有深廣的社會意義，形成豪放派的詞風，使詞擺脫了音律的羈絆，變成一種特殊形式的抒情詩。蘇軾的獨特詞風不是容易學習與繼承的，在蘇軾以後，除了賀鑄個別的作品略具豪放的風格之外，在北宋並沒有形成一個流派。

四、周邦彥開創形式主義詞

周邦彥的詞大都是寄情聲色或詠物的作品，思想內容上沒有太多的擴展，但他在藝術技巧方面致力較深，苛求協律，精於鉤勒，善於融化詩句。他在音律和技巧方面有一定的貢獻，但在詞的發展史上，卻為南宋中晚期的形式主義詞風開了先河。

蘇軾以後，在詞壇上成就較高的是女詞人李清照。她是有獨特風格的作家，尤其是她的晚期詞作深刻地表達了由於國破家亡所引起的悽楚情懷，帶有濃厚的感傷色彩，然而，詞的思想意義無疑是超過前期的。在藝術手法上，她儘管反對柳詞「詞語塵下」，但自己也是以白描手法與通俗單純的語言見長。

12、試述歐陽修在宋詞發展中的地位。（政大期末考）

答 歐陽修是當時寫詞較多的作家，現存詞二百多首，主要收在《六一詞》和《醉翁琴趣外編》中。比起他的散文、詩歌來，他詞的內容要狹小得多，不外是戀情相思、酣飲醉歌、惜春賞花之類，而其中大半描寫男女戀情。在詞中歐陽修一變他在詩文中「莊重」的儒家面孔，表現了風流蘊藉的情調。這與當時文人認為詞是「娛賓遣興」的工具，不比詩文具有社會功能，要反映國計民生的看法有關。

歐陽修的詞，上承晚唐五代，下啟蘇軾、秦觀，在宋詞發展中起著積極作用。如他題詠潁州西湖的十首〈采桑子〉，表現了作者嘯傲湖山、流連風月的灑脫情懷；有些詞感慨宦途風波，嘆息年華的消逝，流露他坎坷不平的生活感受；他的描寫山水景物的詞，大都寫得恬靜、澄澈、富有情韻，表現了山水的美麗，給人爽朗清快的感覺。這些都說明他突破了詞的傳統題材，跟當時詩文革新運動的精神有著一定聯繫。

在藝術上，歐陽修同晏殊一樣，更多地接受了南唐馮延巳的影響。他的詞一般都寫得清麗明媚、語淺情深。在他的不少詞作中，尤其是即景抒懷的作品裡洗刷了晚唐五代以來的脂粉氣和婉約情調，寫景明快，抒情直爽，使詞格向清疏峻潔方面發展，為後來蘇軾一派豪放詞開了先路。

歐詞用調較多，並已嘗試以慢詞寫作；另外，在部分詞裡，他用通俗生動的口語入詞，這些都影響宋詞的發展有一定的積極作用。馮煦人說他「疏雋開子瞻，深婉開少游」，就比較全面性地說明他在宋詞發展中的地位。

13、《四庫提要》云：「詞壇之有柳永，若詩之有白居易，詞壇之有蘇軾，如詩家之有韓愈，而下開辛棄疾一派。」試論之。（63東吳）
14、舉北宋詞家有創新特色者二人，試述其成就。（66台大）。
15、試論東坡詞在中國詞史上的地位。（78清華）
16、試述柳永、蘇軾、姜夔對詞曲的貢獻。（85輔大）
17、就柳永與蘇軾在詞的風格異同及其詞體的發展及貢獻。（85靜宜）
18、柳永、蘇軾在詞體發展史上之貢獻。（86彰師大）
19、試論東坡詞的成就與特色，並論其在詞史上的地位。（88中央）

答

一、柳永詞的特色及其成就

柳永是北宋第一個專力寫詞的作家，是一位在內容和形式上都有一定開創性的詞人。藝術上的主要貢獻是：

㈠發展了慢詞

柳永是大量創製慢詞的詞人。他的《樂章集》中慢詞占十之七、八，他使慢詞發展成為成熟的文學樣式；能夠容納更多的內容，如抒情、寫景、敘事、說理等，並使慢詞傳播，為一般市民所喜聞樂見。

㈡長於鋪敘

在詞的表現藝術上，柳永適應慢詞的要求，由以往較多運用比、興手法，發展為較多地運用賦的手法，層層鋪敘，盡情渲染，力求明白顯豁，從而發展了詞的鋪敘手法。

㈢語言進一步通俗化、口語化

柳永為了便於歌妓理解和演唱，力求用語的明白淺近，不避俚語、俗語。柳詞的口語化特色不僅對詞，而且對說唱文學和戲曲文學都產生了不小的影響。

㈣在詞中成功地運用以景托情、情景交融的抒情手段

這使柳永的詞淺顯平易中卻有著雋永的韻味，具有含蓄深婉的風格。柳詞的這些成就在當時和以後都發生了廣泛的影響。

二、蘇軾詞的特色及其成就

蘇軾在我國詞史上有著特殊的地位。他把詩文革新的運動精神貫徹到詞的創作中去，創立了豪放詞派，為詞的發展開闢了廣闊的途徑。王灼《碧雞漫誌》說蘇軾為詞壇「指出向上一路，新天下耳目，弄筆者始知自振」。

㈠擴大詞的內容和題材

「詩莊詞媚」、詞為「艷科」、「小道」等傳統看法，似乎成了五代和北宋初年詞人在詞

創作時的金科玉律。到了蘇軾用開闊的視野，奔放的激情，革新的精神，給詞壇帶來了新風氣。他的三百多首詞舉凡山川景物、農舍風光、感舊懷古、以及哲理探討、感懷悼亡，他都可以用詞來表達。這就使詞擺脫了傳統藩籬，成為獨立發展的新詩體。所以南宋劉辰翁在《辛稼軒詞．序》中說：「詞至東坡，傾蕩磊落，如詩，如文，如天地奇觀。」

(二)提高詞的意境，創造了新的風格

柳永以前的文人詞，專寫男歡女愛、閒愁別恨，以清麗婉約為本色，雖然含蓄蘊藉，但境界狹窄，風格纖弱。蘇軾則獨闢蹊徑，以豐富的內容、豪放的激情、磊落曠達的胸懷和淋漓揮灑的詩筆，創造出高遠清雄的意境和豪邁奔放的風格。他的〈念奴嬌．赤壁懷古〉、〈水調歌頭．丙辰中秋〉等豪放風格的詞作，其奔縱的激情、豪邁的氣勢和宏偉壯闊的境界，突出地表現了豪放派精神，在纖巧輕靡之風盛行的詞壇上，恰如破空的驚雷，帶來了很大的震動。

(三)突破了詞的形式、音律的束縛

為了充分表達意境，蘇軾大膽突破了音律上的束縛，在語言上打破傳統，多方面吸收前人詩句入詞，也運用當時的口語，形成一種清新樸素、流利暢達的詩歌語言，這些也都表現出豪放詞派的特點。

20、秦觀詞的內容特點與藝術成就。

答

一、秦詞的特色

秦觀是婉約詞派的代表作家，因為黨爭的牽連，他一生失意，窮愁潦倒。因此，他的詞主要是寫與歌妓、舞女的交往、依戀和失意潦倒的愁恨。內容狹窄，情調低沈感傷，簡單說不外一個「情」字和一個「愁」字，詞風柔婉纖弱，曾受到蘇軾的批評。

二、秦詞的成就

㈠詞語表現作家內心的世界

秦觀受柳永影響，善於把男女的思戀懷想，和個人政治上的坎坷際遇、生活上的困頓經歷結合在一起，運用清新淡雅的語言，刻畫出幽怨淒迷的形象，表現惆悵落寞的心境，哀怨感傷的情緒。如〈滿庭芳．山抹微雲〉一詞，就是「將身世之感打並入艷情」，把離別時的感傷情緒和秋晚日暮的悲涼景象融成一片，寫出一個潦倒失意者無限淒楚感傷的情懷。在其他同類題材的詞中，或多或少地表現出這一特點。

㈡詞語描寫深刻動人

秦觀有著極高的形象感受能力，能夠敏銳地捕捉住描寫對象的特徵，構成生動的形象，並把強烈的主觀感情注入這些形象中，使之具有強烈的感染力量。他的一些名句，如「綠荷多少夕陽中，知爲阿誰凝恨背西風」（〈虞美人〉）、「困倚危樓，過盡飛鴻字字愁」（〈減字木蘭花〉）、「自在飛花輕似夢，無邊絲雨細如愁」（〈浣溪沙〉）、「春去也，飛紅萬點愁如海」（〈千秋歲〉）等。

㈢詞語精煉清新

秦觀詞語言自然而清新，最少用典，也最少陳詞濫調。他使用的是經過提煉的文學語言，有時也吸收一些口語，流暢而不鬆散，典雅而不費解。他是婉約派詞人中的語言大師。

21、試述周邦彥的詞風及其對詞體發展上的貢獻。

答

一、周詞的特色

周邦彥的詞是多方面的，有江山之勝，亦有懷古之情，但以傷春悲秋、羈旅離別為多。周邦彥以詞的形式把這種感受真實地、細膩地、獨具特色地表現出來，故能「入於人者至深，而行於世也尤廣」（《清真先生遺事》）。

周詞的表現，不注重意象，而傾力於語言的鎔鑄。他沒有柳永的白描，也沒有蘇軾的豪放，他一筆一筆的鉤勒，一字一字的刻畫，一句一句的鍛鍊，形成富艷精工的典雅風格。他好用典故，以增加作品的典雅氣；他喜歡融化前人的舊句，以增加字句的工整美。如〈瑞龍吟．章臺路〉寫重遊舊地不見舊情人的惆悵之情，全詞情景交融，描寫細膩，辭句雕琢得富麗精巧，格律、音韻講究，其中融化杜甫、劉禹錫、杜牧、李賀、溫庭筠及宋人詩句多處，自然妥貼，表現了高度的藝術技巧，是周詞的代表作之一。又如〈西河．金陵懷古〉包含劉禹錫〈石頭城〉和〈烏衣巷〉兩詩，通過對金陵故都的描寫，引出興亡之感；〈六醜．詠落花〉用御溝紅葉故事，寄託自己身世之感，詠物與抒情融一體：這些典故都能融化渾成，增強了作品的文藝性，而無因襲之弊。陳振孫云：「美成詞多用唐人詩語，檃括入律，渾然天成，長調尤善鋪敘，富艷精工。」

二、周詞的成就

北宋詞，經過柳永大規模的開拓，經過蘇軾進一步變革，至周邦彥樂曲、歌詞燦然大備，詞與樂結合日臻完美成熟。周邦彥不但直接影響南宋的姜夔、吳文英等一大群格律派詞人，而且波及清一代詞壇，在詞史上占有重要的地位。

㈠化前人詞句，以增加詞句的工整美

周邦彥在詞的創作上講究字句的錘煉，典故的運用以及全篇層次結構的安排布置，又善於融化前人詩句入詞；為了協調音律，他注意平仄，嚴守四聲，這有利於詞表現藝術的提高。

㈡整理、創制新舊詞調

周邦彥精通音律，能自度曲。他掌管大晟府，整理了一些在當時流傳但還沒有定型的古

調，也創制了許多慢曲、引、近、犯等新調，如〈拜新月慢〉、〈荔枝香近〉及〈玲瓏四犯〉等，就是他的創調。他整理、創制的新舊曲調，其法度和型式都成為後人的規範。

22、試述北宋慢詞之發展及其作品之特色。(80師大)
23、扼要論述柳永在文學史的作用。(84台大)

答

北宋慢詞的發展如下：

一、柳永的慢詞

慢詞並不始於宋代，唐五代詞中早已有之，特色是調長拍緩，《詞譜》卷十說慢曲「蓋調長拍緩，即古曼聲之意也。」慢詞每片在八拍以上，詞的篇幅較長。本來，「令」、「引」、「近」、「慢」的區別並不在於字數的多少，而在於音樂上節奏與唱法的不同。後人以「長調」稱慢曲，僅僅是從詞的體制與字數多少上來畫分的，與原來慢詞的意義有別。

慢詞原來流傳於民間，並未得到文人的重視。從文人詞的發展情況看，從唐五代迄於宋初，所用體調多為小令，然小令篇幅短小，表達的容量有限，且對詞人盡騰挪跌宕、開合變化之致亦有限止。張先、晏幾道開始嘗試慢詞的寫作；到了柳永時，慢詞才興盛起來。都市繁榮、新聲競起，是慢詞興盛的客觀條件，而柳永有意識地搜集市井新聲，一方面又進行加工提煉，致力於慢詞的創作，遂使慢詞傳播，為一般市民所喜聞樂見。

具體說來，柳永對發展慢詞形式的貢獻主要有：

㈠把小令擴展為慢詞。柳永詞集中，與唐五代同調名的詞作不少，但篇幅卻長得多。如〈定風波〉、〈女冠子〉、〈浪淘沙〉、〈長相思〉及〈望遠行〉諸調，原本幾十字，而柳永則將其衍為百字或百字以上。

㈡柳永精通音律，多創調之功。如〈笛家弄〉、〈滿朝歡〉、〈迎新春〉及〈解連環〉諸調，都是柳永新制的慢詞。

㈢長調宜於鋪陳，故柳詞多用賦體，柳永通過自己的創作實踐，將詞的鋪陳之法發展到一個新的水準，同時也擴大慢詞的寫作題材，從市井小民的生活，妓女的遭遇與心境，失意文人的不滿情緒與悲憤，在他的慢詞中都有生動入微的描述與刻畫。

二、蘇東坡的慢詞

擴大詞的題材，創造了新的風格——請參見本章第15題。

三、周邦彥的慢詞

在柳永之前，一般詞人都以小令見勝，和柳永同時的詞人如張先、晏幾道等人雖然也寫過一些慢詞，但都不善鋪敘，缺乏組織長篇的能力。李清照就曾指出過晏幾道的詞「苦無鋪敘」的缺點。柳永是善於鋪敘的，但其鋪敘多平鋪直敘，是一種線形的結構，往往造成一覽有餘，缺乏餘蘊，不像周邦彥的慢詞那樣迴環往復，開合動盪，多層次、多側面的立體結構。陳振孫說周邦彥「長調尤善鋪敘，富艷精工，詞人之甲乙也」（《直齋書錄解題》）。周濟說：「鉤勒之妙，無如清真。他人一鉤勒便薄，清真愈鉤勒愈渾厚。」（《介存齋論雜著》）周邦彥把慢詞的表現手法提昇至一個更高的境界。同時周邦彥精通音律，自度新曲，也創作了不少慢詞的新調。他所創作的詞調，音韻清麗，與柳永的市井新聲，有明顯的雅俗見別。

24、南宋詞發展概況如何？（政大期末考）

答

詞至南宋發展到極盛的階段。不論從反映現實的深度、廣度，還是從藝術形式和風格流派的多樣化來看，南宋詞壇都呈現出與北宋不同的嶄新面貌。

一、靖康之變時期，詞作極富時代性

西元一一二六年的靖康之變，畫分了南北宋兩個時代。在由北而南的詞人中，李清照、向子諲最具代表性。李清照親身經歷了這場社會動亂，她的生活環境、思想感情都發生了以前難以想像的變化，詞作的內容、情調也因之而變，由明麗妍媚一變而為凄怨哀苦。向子諲編定〈酒邊詞〉，上卷曰「江南新詞」，下卷曰「江北舊詞」。舊詞多為侑酒佐歡或戲贈侍女

歌妓的小令；新詞有不少懷念中原故土、渴望國家統一的作品。時代的印記在這些詞作中是相當鮮明的。

二、南渡前期，多爲愛國主義之詞

南渡前期普遍高漲的愛國主義潮流，使得鼓吹抗金復國、反對投降妥協，成為這一時期詞創作中的最強音。張元幹、岳飛、葉夢得、朱敦儒及張孝祥詞中都不乏這類振奮人心之作。辛棄疾是南宋前期最傑出的愛國詞人，他的詞是「英雄之詞」，是「負管、樂之才，不能盡展其用」的英雄對自己「一腔忠憤」與「抑鬱無聊之氣」的宣洩。他的詞對當時社會生活的反映是廣闊的，多方面的，在藝術上也達到了南宋詞的最高成就。與辛棄疾同時或較後的陸游、陳亮、劉過、劉克莊，詞風與辛棄疾相近，堪稱辛詞同調或辛詞後勁。

三、宋金媾和後，多爲格律詞

宋金媾和以後，南宋經歷了一段相對安定時期。這一時期的詞人姜夔、史達祖及吳文英等，對於詞的藝術表現作了進一步探討與嘗試。姜夔以江西派詩法入詞，於周邦彥、辛棄疾之外，自創清虛騷雅一體。他其又長於音律，善於自度新腔。史達祖以詠物詞著稱，其詞奇秀清逸，近姜夔而遜之。姜夔以後，領袖詞壇的是吳文英，他的詞以綿麗為尚，運意深遠，用筆幽邃，風格與姜夔迥異。

四、宋末詞作多含興亡之感

宋末的詞壇作家，文天祥、劉辰翁承蘇、辛餘緒，周密詞近吳文英，張炎、王沂孫則宗姜夔。他們詞風不同，但宋亡前後的作品都飽含著興亡之感，故國之思。周密選《絕妙好詞》，張炎著《詞源》，在詞的傳播與研究上均有貢獻。

25、李清照主張分別詩詞畛域，提出詞為「別是一家」，試分別說其詞作及詞學理論特質。（86高師大）

26、宋代女詞人李清照，其平生明顯分別作前後兩期：前期生活美滿，後期艱苦坎坷，因而亦影響及其詞作之內容與風格，早晚有所不同。試就李清照之身世，並引述相關之詞作，以說明其早晚二期之不同之詞風。（87華梵）

27、李清照曾說：「乃知詞別是一家」，並批評蘇軾等人「學際天人，作為小歌詞，直如酌蠡水於大海，然句讀不葺之詩爾，又往往不協音律者」，李氏何以有此批評？是否公平？所謂「詞別是一家」，是什麼意思？試加以說明。（89華梵）

答

一、李清照的詞風

李清照是「婉約派」的正宗詞人，她的詞風以北宋政府南渡為界，分為前後兩期，並生動的展現了她的生命歷程及情感歷程。前期因在少女、少婦時期，生活幸福美滿，閨房繡戶是她的生活世界，美滿的婚姻愛情生活是她主要的生活重心。如她的〈醉花陰〉：「薄霧濃雲愁永晝，瑞腦消金獸。佳節又重陽，玉枕紗廚，半夜涼初透。東籬把酒黃昏後，有暗香盈。莫道不消魂，簾捲西風，人比黃花瘦。」靖難之變，讓李清照飽嘗國破、家亡、夫死的傷痛，而長期流亡生活，更讓她編織出一篇篇動人的詞作來，如「故鄉何處是，忘了除非醉」（〈菩薩蠻〉）、「征鴻過盡，萬千心事難寄」（〈念奴嬌〉）等，詞境由先前的明亮輕快變成灰冷凝重。

二、李清照詞作的特色

㈠善於捕捉並描繪自己細膩的心理活動

李清照十分善於捕捉自己在不同情境中的細膩深微的心理、情感活動，以及動作乃至形體特點，以凝練新穎、形象概括力極高的語言加以描寫，創造出鮮明生動的藝術形象，充分抒發她真摯而強烈的感情。如「此情無計可消除，才下眉頭，卻上心頭」、「莫道不消魂，簾捲西風，人比黃花瘦」、「如今憔悴，風鬟霧鬢，怕見夜間出去。不如向簾兒底下，聽人笑語」等，就是比較典型的例子。把她作為少婦時的傷離之情和孀居時的淒涼心境表現得十分動人。

㈡善以白描手法，以景托情

李清照善於用白描手法寫景物，並通過景物的描寫鋪排，以景托情，藉景抒情，大大地增強了感情的濃度與分量。如在〈聲聲慢〉詞中她用「梧桐更兼細雨，到黃昏、點點滴滴」等多種景物襯托她的孤寂淒涼的心情，十分成功。

㈢善於運用新穎、平易的語言塑造形象

李清照詞尤值得稱道的是語言。她詞中的語言既具有書面語雅致、簡潔、含蓄等特點，又具有口語形象生動、平易流暢等特點，形象概括力、表現力極高而又不雕琢、不堆砌、流轉如珠，富於聲調美。如〈武陵春〉的「只恐雙溪舴艋舟，載不動許多愁」，〈如夢令〉的「知否，知否，應是綠肥紅瘦」等，創造性地使用新穎、凝練的語言塑造形象，見出表情達意功力的深厚；又如〈聲聲慢〉的「尋尋覓覓，冷冷清清，淒淒慘慘戚戚」，連用疊字，一氣貫下，毫無斧鑿痕跡，歷來受人稱道。李清照詞中極少用典，比喻、比擬、誇張也不多，但一旦使用卻極其貼切傳神，比喻如「人比黃花瘦」，比擬如「眠沙鷗鷺不回頭，似也恨人歸早」，誇張如〈武陵春〉詞句，都非常富於創造性。

三、「詞別是一家」

李清照是中國詞史上第一個提及詞學理論的作家，她的理論思維全在她所寫的《詞論》一文，文內敘述詞的流變及發展，並總結她以前各家創作的優缺點，並指出了詞體的特點及創作的標準，其中的核心問題便是：「乃知詞別是一家」。

這是李清照在李之儀的「自有一種風格」的創作理論基礎上，以本體論的角度所提的理論，意思是說詞與詩不是相同的文體，而是一種獨立的抒情文體，為了不讓詞成為「然句讀不葺之詩爾」，因而詞對音樂性、節奏感的要求就更多，不但要分平仄，還要「分五音，又分五聲，又分六律，又分清濁輕重。」以便可以「協律」、「可歌」。所以她認為詞必需要的元素是：

㈠高雅，不滿柳永「辭語塵下」。

㈡渾成，不滿張先、宋祁諸家「有妙語而破碎」。

㈢協樂，要分別五音六律和清濁輕重，不滿晏殊、歐陽修及蘇軾的詞只是「句讀不葺之詩」。

㈣典重，不滿賀鑄的「少典重」。

㈤鋪敘，不滿晏幾道的「無鋪敘」。

㈥古實，不滿秦觀「專主情致，而少故實」，黃庭堅「尚故實而多疵病」。

換句話說她認為各種文體的藝術特徵，應有它相對的獨立性在，所以她確認詞不被詩所取替，需保持詞獨立的文體性，進而確立詞體獨立的文學地位。再加上李清照在南渡的過程中，一些詞人寫出突破詞內容及形式的作品，李清照為了救弊補偏，矯正詞風，針對蘇軾「以詩爲詞」的問題，並批評蘇軾等人「學際天人，作爲小歌詞，直如酌蠡水於大海，然句讀不葺之詩爾，又往往不協音律者」，進而提出「詞別是一家」的主張。

28、評較姜、辛詞之成就。（52師大）
29、南宋詞約可分為兩派，一為辛稼軒，一為姜白石，試述兩家作品之特徵。（56師大）
30、稼軒詞有何特色？試舉例說明之。（86師大）
31、試比較姜夔與張炎詞作之特色，並說明二人在南宋詞壇上之地位。（86中正）
32、簡要說明姜夔係何時人物，作品特色及在文學史上的地位。（87清華）

答

一、辛詞的成就

辛棄疾繼承並發展了蘇軾以來的豪放詞風，進一步擴大了詞的題材，提高了詞的表現藝術，充分發揮了詞的各種功能，獲得了傑出的藝術成就，形成了獨特的風格。

㈠擴大詞的題材

辛詞藝術上的獨特成就，首先表現在他善於創造雄奇闊大的意境，塑造出各種具有英雄色彩、進取精神、不屈性格的藝術形象，以抒寫他的壯志與豪情。辛詞中所表現的常是「紅旗清夜、千騎月臨關」、「漢家組練十萬，列艦聳層樓」等壯闊的戰鬥場景；所描寫的多為沙場「點兵」的將領、「把吳鉤看了」的遊子等愛國志士；或與曹劉抗衡的孫權、「氣吞萬里如虎」的劉裕等抗敵英雄；即使是自然之物，他也喜愛描寫那些具有堅強性格的事物，如松、竹、梅等；他筆下的劍是「倚天萬里」長劍，橋是「千丈晴虹」的長橋。這些場面和形象生動地反映了愛國英雄辛棄疾的精神面貌，構成辛詞豪放的特徵。

㈡提高詞的表現藝術

為了表現多種多樣的內容和豐富深沈的情感，辛棄疾在蘇軾的基礎上進一步打破了「詩莊詞媚」的界限，蘇軾「以詩爲詞」，他進而「以文爲詞」，創造性地融會了詩歌、散文、辭賦等各種文藝形式的優點，豐富了詞的表現手法與語言技巧，充分發揮了詞的抒情、狀物、記事、議論各種功能，把豪放詞推向了一個新的發展階段。比之蘇軾，他對詞的形式、格律的運用也更富於創新精神，如他的〈破陣子〉詞，就不受上下片的拘束，手法上是前所未有的。

㈢善用比興手法

創造性地運用比興寄託手法。辛棄疾遭受排抑的身世和他政治上的孤危地位，使他不得不採取幽隱曲折的比興手法，表現他的愛國深衷和戰鬥精神。所以他詞中的比興手法不僅用得多，而且用得活、用得巧。例如〈摸魚兒·更能消幾番風雨〉就是這方面的代表作品。

㈣善於運用各種表現技巧

在手法上辛詞的特點是大量用典；在語言上，辛棄疾大量熔鑄成語、經史子集、前人詩文入詞，顯得典雅古奧。而有的語言則從口語提煉，淺顯通俗；在風格上，辛詞有的慷慨激昂，有的蒼涼沈鬱，有的含蓄婉轉，有的清新明麗，十分豐富多采。

二、姜詞的成就

姜夔在發展詞律、提高詞藝和轉變詞風等方面都有相當可貴的貢獻。

㈠發展詞律

姜夔精於音律，其詞作音律嚴謹，而且他還能自度曲，於曲旁記錄樂譜，為後代研究詞史、音樂史提供了珍貴資料。〈揚州慢〉、〈暗香〉和〈疏影〉都是他的自度曲。

㈡提高詞藝

白石詞的藝術成就很高，筆致清拔勁健，意蘊含蓄深遠，創造出一種「清空」的意境。這個特色在其自度曲〈暗香〉、〈疏影〉中有突出表現。

姜夔善用比興擬人等手法，他的〈念奴嬌〉寫荷花，把荷花比作脈脈含情的少女，極有韻致。姜詞語言精煉典雅，尤精於動詞的使用，如「波心蕩，冷月無聲」中的「蕩」字，生動地表現出水光月色的動態。姜詞又喜用典和暗喻，如詠梅用昭君的故事，〈揚州慢〉用杜牧詩意。用典與暗喻使姜詞有一種完美蘊蓄的意趣，但又因用典和雕琢字句致使意義模糊隱晦。王國維在《人間詞話》中曾說：「白石寫景之作，……雖格韻高絕，然如霧裡看花，終隔一層。」此語貼切。

(三)轉變詞風

姜夔在詞史上的另一成就，就是在傳統的婉約、豪放兩派之外，另樹「清剛」一幟。他的詞與周邦彥的淵源，但卻變其典麗為騷雅，變其穠豔為淡遠。他的詞又受辛棄疾影響，但卻變其雄健為清剛，變其馳驟為疏宕。他又以江西詩風入詞，合黃（庭堅）、陳（師道）與溫（庭筠）、韋（莊）、柳（永）、周（邦彥）為一體，這種作法就是姜夔首創的。在南宋詞壇上，姜夔與辛棄疾、吳文英鼎足而三，他是「清空」一派的代表作家。他為宋詞帶來了新的意境格調，一時靡然從風，當時或稍後的詞人如史達祖、高觀國、蔣捷、周密、王沂孫及張炎等人，或可畫入姜夔一派，或受到姜夔很深的影響。

33、試比較蘇、辛詞的異同。（72東吳）
34、試比較蘇辛詞之特色。（84中正）
35、《人間詞話》評「東坡之詞曠，稼軒之詞豪」其說信然否？試述之。（87暨南）

答

蘇軾和辛棄疾同屬豪放一派。他們以傑出的藝術才華，把詞和更廣闊的社會生活結合起來，使詞更富有生命力。他們的創作實踐，改變了傳統婉約詞風獨霸詞壇的局面，從而在詞壇上樹立豪放一幟，和婉約詞派一起，成為詞壇藝苑的兩朵奇葩。蘇、辛的詞風基本上相同，但同中有異，這主要由兩人的性格氣質以及生活經歷所決定。今比較二者之異同：

一、題材內容方面

自晚唐五代溫庭筠、韋莊等人的《花間集》一出，詞以「花間」為正宗，題材不出花前月下、佐觴娛賓、酥軟香豔、鶯歌燕舞、男歡女愛之類。詞至蘇軾，才打破了詞為「豔科」、「詩莊詞媚」的樊籬，把詞引向更廣闊的社會生活，開掘了詞的廣闊領域。隨後，辛棄疾把蘇軾這一成就推向前進，詞的題材範圍更為廣闊。在蘇、辛詞中，有抒寫政治理想的，也有表現農人村俗的；有表達親朋摯友之愛的，也有歌唱河山之美的；諸如音樂舞蹈、任俠遊仙、詠物抒懷、題畫唱酬等無不入詞。

但是，由於時代、經歷的不同，蘇、辛詞在內容題材上也有明顯的不同。辛棄疾的詞，集中地突出統一祖國這一主題，這是因為辛棄疾曾親身參加過抗金救國活動的緣故。他無論寫戎馬征戰還是遊賞詠物，也無論寫宴會舉觴還是登臨懷古，都充分地表達了他一顆熾熱的愛國之心。這是蘇詞的內容所沒有的。如〈永遇樂．京口北固亭懷古〉以及〈南鄉子．登京口北固亭有懷〉，都是傳唱千古的愛國名篇。蘇軾生活在北宋盛世，所以他不可能像辛棄疾那樣寫出這樣的以復國為主題的愛國詞章來。

二、風格方面

在蘇軾之前，詞人作詞因題材局限，色彩濃艷而形象纖弱、風格婉約。雖然有過一些詞人如潘閬寫過〈酒泉子．長憶西山〉、范仲淹寫過〈漁家傲．秋思〉等豪放詞，但無論是作家還是作品，數量都很少，未能影響詞壇和形成一代詞風。只有到了蘇軾，才以豪放雄健詞風「新天下人耳目」。如蘇軾的「大江東去」，被譽為「自有橫槊氣概，固是英雄本色」。在這一點上，辛棄疾並不亞於蘇軾。因此蘇、辛詞的形象博大，意境雄豪，這是共同的特徵，是構成豪放的基本因素。

但是，由於蘇軾與辛棄疾的思想信仰以及秉性、氣質的不同，蘇、辛詞在豪放之中，也有著顯著的區別。一般來說，蘇軾感情篤厚、爽朗、曠達、潔懷逸氣，縱放不羈，釋道思想隨處可見；而辛棄疾的感情豪壯熾烈，積極用世、建功立業、報效國家的思想始終如一。王國維曾說「東坡之詞曠，稼軒之詞豪」，點明了兩人詞風的差異。

三、表現手法方面

蘇、辛都不死守音律，作詞以表情達意為主。這對於詞體的解放具有重要意義，也是構成蘇、辛豪放詞風的一大因素。如清人評蘇軾「大聲嘡嗒，一瀉無餘，如噴泉激湧，滔滔汩汩」；評辛棄疾「慷慨縱橫，有不可一世之概，於倚聲家爲變調，而異軍特起，能於剪紅刻翠之外，別立一宗」（《四庫全書總目提要》）。

蘇軾在語言上創新，常以散文入詩，而在詞的創作上也有以散文入詞的表現，其「所作小詞，衝口而出，無窮清新，不獨寓以詩人句法，能一洗綺羅香澤之態也」（《詞林記事》卷五引），諸如娥眉香腮之狀，酥軟艷冶之態，脂光紅粉之色，在蘇軾手裡，一變而為清雄剛建，俊逸曠達。即使是婉約題材，也難掩其豪健之氣。

辛棄疾繼承了蘇軾的革新精神，在語言上顯得更加峭拔、激越、高亢、錚錚有聲。另一方面，他喜用典，大量熔鑄古人語言入詞，有以學問為詞的散文化、議論化的傾向。他以縱橫馳騁的才力，自由放肆的散文化筆調，發而為詞，使得他的詞愈發峻豪峭拔，變化多端，如〈沁園春．靈山齊庵賦〉等。楊慎曾在《詞品》中評價「東坡為詞詩，稼軒為詞論」，這也是蘇、辛詞在語言風格上的區別之一。

36、試以周邦彥，姜夔二家之特色，較論南北宋之「樂府詞」。（69師大）

答

一、周詞的特色

周邦彥的詞可以從形式、內容、表現三方面來說。

㈠確定慢詞的形式

詞的形式，由晚唐、五代至宋初，是小令獨盛的時期。慢詞至柳、蘇而盛。但當日的慢詞，在音律字句方面，尚未達到完整嚴格的階段。因此在《樂章集》中同調之詞，字句長短常有不同。如〈輪臺子〉二首，相差至二十七字；〈鳳歸雲〉二首，相差至十七字；〈滿江紅〉、〈鶴沖天〉、〈洞仙歌〉及〈瑞鷓鴣〉，亦各相差二三字，至〈傾杯〉一調，七首各不相同。這種情形，到了秦、賀，漸趨謹嚴。及周邦彥出，始以其精通音樂的天才，和掌管音樂機關的權位與便利，再加以帝王的獎勵，從事審音調律的工作，而達到律度嚴整的完成。這是周邦彥對於詞的音律上的偉大貢獻。在他的集中，慢、引、近、犯之調甚多。調名雖多從舊，但字句與音律，皆有法度與定型，足為後人的軌範。宋代詞人本多通音律，但在才力上，都不如周邦彥的精深，在工作上，也不如周的成就。

㈡凝鍊語言

周詞的表現法，不注重意象，而傾力於語言的鑄煉。也沒有柳永的白描，也沒有蘇軾的豪放，他一筆一筆的鉤勒，一字一字的刻畫，一句一句的鍛鍊，形成他那種精巧工麗的典雅作風，成為宮廷詞人的典型。他歡喜用事，增加他作品的典雅氣，歡喜融化前人的舊句，增加字句的工整美。因為他讀書博，學力高，用事能圓轉紐合，改用古句亦能翻陳出新。如〈西河〉、〈金陵懷古〉之檃括劉夢得的詩句；〈夜遊宮〉改用楊巨源的詩句，都能融化渾成，別有風趣。陳振孫云：「美成詞多用唐人詩語，檃括入律，渾然天成，長調尤善鋪敘，富豔精工」，周邦彥因此成為格律詞派的建立者。到了南宋的姜夔、史達祖、吳文英、王沂孫、張炎、周密諸人，都是繼承周的道路，盡雕琢刻畫的能事，向形式主義的方向進展，造成格律詞派的大盛。

㈢開拓詞的內容

詞的內容的開拓，至蘇軾始大。東坡詞，是無事不寫，無情不詠的。在這一方面，周邦彥就貧弱得多。他的詞集除了一部分描寫歌妓的情愛以外，有許多是寫景詠物之作，如〈悲秋〉、〈春閨〉及〈秋暮〉。由這些題目，便可想見其內容，同時也說明了宮廷詞人生活的空虛，只能把藝術的技巧，寄託到詠物方面去，開詠物一派。因此，這些作品，大都缺少思想內容，只能表現一點藝術的技巧。然因其律度嚴整，字句工麗，適於詞人的模擬學習，因此這一類的詞，只注重形式而缺乏內容。

二、姜詞的特色

姜夔的詞在藝術技巧上雖與周邦彥有些不同，但在傾向和表現方法上，他是繼承周邦彥的路線的。在《清真詞》中所表現的特色與弊病，如協律創調，琢句鍊字，用典詠物種種方面，到了姜夔都進一步地表現著，形成偏重形式的傾向。

㈠審音創調

姜夔不僅是只通樂理，並且是善自演奏的音樂家。他看見南渡後樂典的散失，他蒐講古制，想補正廟樂。曾於慶元三年，上書論雅樂，進〈大樂議〉和〈琴瑟考古圖〉，五年又上

〈聖宋鐃歌鼓吹曲〉。他當時雖無周邦彥得逢徽宗知音的遭遇，而得展其才力，但大家都承認他用工頗精，留其書以備採擇。他作詞時對於審音協律很注重，因為他在音樂方面，有這種才力，所以他一面能創製新譜，一面又能改正舊調。他自製的新譜，有〈疏影〉、〈暗香〉等十七支曲子。

此外，柳永、周邦彥諸人，精通音樂，善自製曲，在他們的詞調上，僅註明宮調。姜夔更進一步，除註明宮調外，並於詞旁，載明樂譜，由此宋詞的音調與歌法，得傳一線於後世，這一點，在中國的音樂史上，有重要的價值。

㈡琢鍊字句

姜夔的詞，在語言的鑄鎔鍛鍊上，下了很大的功夫，達到用字最精微深細，造句最圓美醇雅的境地。姜詞中的佳句絕不是脫口而出的語句，是下了千錘百鍊的工夫，慢慢地融化出來的。他在〈慶宮春〉序中云：「賦此闋，過旬塗稿乃定。」可知他作詞所費的時間與精力，和他認真求美的態度，真可與賈島、陳師道諸人作詩相比了。

㈢用典詠物

因為姜夔作詞過於講典雅工巧，他生怕有俗淺輕浮之病，他一面除琢鍊字句外，同時又愛用典故，來作為描寫和表現他的情感和事物的象徵。這一點，是《白石集》中的特色，也可說是弊病。因為用典過多，等於遮掩了一層布幕，意義雖較含蓄，但詞旨反晦澀含糊，情趣反而減少了。如他最有名的〈暗香〉、〈疏影〉二闋，張炎譽之為「前無古人，後無來者，自立新意，眞爲絕唱。」但分析二詞，只是用許多梅花和古代幾個美人的典故，湊合起來。字句確很美麗，音調確很和諧，然而按其內容，卻很空虛。除用典外，他歡喜詠物。因為在詠物的詞上，他們可以儘量使用他們的技巧，引用他們的典故，藉此可以誇耀文才和博學。但詞中的一點生命和情趣，便由此減少了。在姜夔的集子裡，如〈暗香〉、〈疏影〉的詠梅，〈齊天樂〉的詠蟋蟀，〈小重山令〉的賦紅梅，都是前人最讚賞的作品，認為是詠物詞的典型。

格律詞派的優點是技巧高，語言美，缺點是反映的生活面窄狹，過於注重形式與格律。但姜夔這種作風，在南宋的詞壇，發生很大的影響。許多人跟著他走，都變本加厲地只在字面形式用工夫，極力地講究技巧，因音律而犧牲內容，因用典而意義晦澀，因過於雕琢字句而損傷情趣，因詠物而變成無病呻吟的遊戲。到了史達祖、吳文英諸人，達到了極端。周、姜二家，因學問廣博，才力尤高，所以還有不少詞格高遠的作品，至於其他諸家，缺點就更為嚴重。

37、南宋末年的詞是否衰落？應該如何評價？（台大期末考）

答 在文學史研究中，有這樣一種說法：南宋末年的詞已經衰落，我們認為這種看法是不符合實際的。應說詞到南宋，沿著兩個方向發展：

㈠是沿著詞「別是一家」的婉約傳統發展。北宋末年被稱為集大成的詞人周邦彥，其影響及於南宋的姜夔、史達祖、吳文英、周密及王沂孫等人。

㈡是由於國破家亡的社會巨變，蘇軾豪放詞的傳統滲入了愛國思想內容。許多人以詞這種新詩體，反映抗金恢復與壯志難酬的主題。這一派的傑出代表是辛棄疾，其先驅者有葉夢得、張元幹、岳飛、朱敦儒、張孝祥及陸游等人，其後勁有陳亮、劉過及劉克莊等人。

及至南宋末年，宋王朝風雨飄搖，已經瀕臨亡國前夕。這時詞在音樂上雖已蛻變，但在文學創作上並不寂寞。婉約派詞人吳文英、周密、王沂孫及張炎等人，在南宋滅亡前後，通過詠物抒懷，表達其興亡之感、故國之思，而且他們的風格也是同中有異，呈現出多姿多彩的面貌。周密《絕妙好詞》所選，有相當一部分是這一時期作家的作品，其中還有不少結社唱和之作，即是這一時期創作活躍的明證。這一時期，繼承和發揚蘇辛詞風的也不乏其人，如文天祥、劉辰翁等人都寫下了一些震撼人心的作品。清．朱彝尊《詞綜．發凡》說：「詞人言詞，必稱北宋，然詞至南宋始極其工，至宋季始極其變。」就是說，詞盛於北宋，但它至南宋並未衰歇，而是繼續發展變化，直至南宋末年。應當說，朱彝尊這一論斷是符合詞的發展歷史。

38、試評張先、晏幾道、秦觀、史達祖、吳文英之詞。（54文化、59政大）

39、試述下列各詞集的作者及其詞的風格。(1)《樂章集》(2)《淮海集》(3)《東山寓

聲樂府》(4)《片玉詞》(5)《樵歌》。（54師大）

40、試申評梅溪、竹山、碧山、草窗、玉田五家詞之風格。（56師大）

41、舉南宋詞家五人，並述其詞集之名稱，其詞作之風格。（64文化）

42、試述下列各詞集之作者及其詞之風格。(1)《樂章集》(2)《石林詞》(3)《碧山樂府》。（76中央）

43、解釋名詞：《淮海詞》。（78中央）

答

一、張先：《張子野詞》

張先的詞與柳永齊名。宋初詞以小令為主，張先不僅小令寫得很好，還是一位較早大量創作慢詞長調的作家，對詞形式的發展有一定貢獻。

1、就內容來看

張先的詞多為反映士大夫的生活和男女之情，不如柳永那樣題材廣泛。

2、就形式來看

張先的長調也不如柳永用得多、用得好。他缺乏鋪敘的才力和組織結構的功夫，寫長調而「多用小令作法」。詞話家們稱道他的詞有韻味，主要還是指一些情調清新活潑、作風含蓄深婉的小詞。

張先詞在藝術上的一個重要特徵是：善於以工巧之筆表現一種朦朧的美。他以善於用「影」字著名。這些「影」字句，往往動中顯靜，以朦朧飄忽的景物反映出幽冷寧謐的意境。如他的「三影」，是「雲破月來花弄影」（〈天仙子〉），「柳徑無人，墜輕絮無影」（〈舟中聞雙琵琶〉），和「嬌柔嬾起，簾幙捲花影」（〈歸朝歡〉）細密清麗，確是出於用力鍛鍊的好語言，是張先自己最得意的句子。

二、柳永：《樂章集》

柳永的《樂章集》今存詞約近二百闋，數量是相當多的。詞中抒寫的，基本上是一個懷才不遇、放浪不羈、漂泊浪遊的「風流才子」形象。在他手中，詞風才有了初步轉變。他的作品突破詞傳統範圍，帶有強烈的市民文學色彩，這顯然是繼承並發展了中唐以來民間曲子的傳統，而進入了一個新的境界。他描寫城市風光反映北宋城鎮的發展和社會的富庶，其中以描寫杭州的〈望海潮〉詞最為有名。他也描寫和倡優歌妓們的生活情態，表達自己對她們的同情與眷戀。此外，更以寫個人羈旅行役的題材見長，表達出知識分子功名利祿的淡漠，這就開拓了詞在內容方面的領域，如〈鶴沖天〉：「才子詞人，自是白衣卿相」、「忍把浮名，換了淺斟低唱」。與他所描寫的內容相適應，他創作了大量的慢詞，並善於運用情景交融的技巧和鋪敘的手法以表達其複雜細緻的感情，這在藝術表現方面也比「花間」派向前進了一大步，這對於宋詞的發展是起了很大的推動作用的。

在藝術的成就上，柳永的詞，是要以那幾首描寫旅況鄉愁和離情別恨的抒情詞為代表的。在這些作品裡，他脫去了那些輕薄的調子，而以美麗的風景畫面，深刻的情感，描寫出一個天涯淪落者的心影，和哀感的別情。如〈八聲甘州〉、〈傾杯〉、〈夜半樂〉、〈訴衷情近〉、〈卜算子〉、〈歸朝歡〉、〈雨霖鈴〉以及〈少年遊〉中的幾首，確是《樂章集》中的上品。

三、晏幾道：《小山詞》

晏幾道生於宰輔之家，性格孤介，不隨流俗，不合時宜，黃庭堅《小山詞．序》曾以一個「癡」字來概括他的性格。貴公子的身分和優裕的生活環境，決定了他難以跳出上層社會的圈子。但他不樂仕進，不願與達官貴人交遊，於是只能與一二知己盤桓，與蓮、鴻、蘋、雲等幾個天真可愛的歌女耳鬢廝磨，寫作歌詞以寄託懷抱。

晏幾道是小令大家，宋初小令發展到晏幾道而登峰造極。晏幾道坦誠宣稱《小山詞》的創作旨歸完全在於「續南部諸賢緒餘」。他的詞多為艷詞，描寫愛情離合和人生聚散無常的悲歡，纏綿悱惻，淒婉動人。

陳振孫曾稱《小山詞》「獨可追逼《花間》」。但是，《小山詞》並未重複《花間》詞的意境，而是在對花間派傳統的繼承中，為歌筵酒席間的艷詞另闢一片綠波容與、花草繽紛的藝術天地。

㈠描寫對象不同

《花間集》中的女性多為泛指，而《小山詞》中的女子多為特指，如蓮、蘋、雲等。

㈡寄託的感情亦不同

《花間集》中的艷詞多描寫女性的衣著、神態之美和男女相悅相思之情，有時脂粉氣太濃，甚至流於庸俗；《小山詞》亦間有脂粉氣，然多流露出對女性美的一種詩意和友善的欣賞。

㈢語言藝術風格也有所不同

《花間集》以艷詞麗句表現外在塗飾的色彩美、視覺美，《小山詞》則頗能以純真、清新而自然的語言，選擇富有特徵的形象情態，把纏綿悱惻的縷縷情思表露無遺，華貴而不膚淺，閒雅而不粗俗，具有較強的藝術魅力。

四、秦觀：《淮海集》——請參見本章第20題。

五、賀鑄：《東山寓聲樂府》

賀鑄的詞剛柔兼濟，風格多樣，其中以深婉麗密之作為最多，他善於融化中晚唐詩句入詞，他融化前人詩句的技巧，堪與周邦彥比美。他的許多描寫戀情的詞，風格也是上承溫、李等人，寫得婉轉多姿，饒有情致。如名作〈青玉案〉：「凌波不過橫塘路，但目送芳塵去。錦瑟華年誰與度，月橋花院，瑣窗朱戶，只有春知處。飛雲冉冉蘅皋暮，彩筆新題斷腸句。若問閒情都幾許？一川煙草，滿城風絮，梅子黃時雨。」辭藻工麗，即景抒情，寫自己愛情上的失意「斷腸」。特別是結尾處接連使用三個巧妙的比喻，而膾炙人口，以致有「賀梅子」之稱。他如〈踏莎行〉、〈石州慢〉及〈生查子〉等等，都是辭美而情深的婉約詞作。

賀鑄有少數詞能越出戀情閨思的範圍，而著力抒寫個人的身世經歷和某些社會現實。他的性格本近於俠，以雄爽剛烈見稱於士大夫之林。由於題材內容有所突破，這類詞的風格也大不同於從《花間集》到北宋末的柔婉之調，顯得豪放勁朗，慷慨悲壯。最有代表性的是那首抒寫自己政治感慨的〈六州歌頭〉：「不請長纓，系取天驕種，劍吼西風。」此外託意弔古的〈水調歌頭〉、直抒胸臆的〈訴衷情〉、〈念良遊〉等，都可以看出以功業自許的志士，牢落無成的悲哀。這些作品，顯然受了蘇軾的影響，而隱然下接南宋前期的豪放諸家。

六、周邦彥：《片玉詞》——請參見本章第21題。

七、葉夢得：《石林詞》

葉夢得曾親自參加過抗金行列，促使他的詞由個人閒愁轉為國家之感，即由婉麗的風格轉而為簡淡雄放。可見他隨著社會的巨變而學習蘇軾詞風，用詞抒發家國之恨和抗敵之志。

如〈念奴嬌〉「雲峰橫起」就完全模仿蘇軾「大江東去」，並用原韻。〈鷓鴣天〉「一曲青山映小池」更將蘇詩組織入詞。他寫景是「洶湧三江，銀濤無際，遙帶五湖深」（〈念奴嬌〉），詠懷是「何似當筵虎士，揮手弦聲響處，雙雁落遙空；老矣眞堪愧，回首望雲中」（〈水調歌頭〉），與張元幹、張孝祥等詞人一樣，都是辛派詞的先驅。

八、朱敦儒：《樵歌》

朱敦儒工詞，其創作可分為三個階段。早年的詞多描寫自己「玉樓金闕慵歸去，且插梅花醉洛陽」（〈鷓鴣天〉）的裘馬輕狂生活。南渡之初，他政治上站在主戰派一邊。所寫的詞也比較具有現實主義，多憂時傷亂之作，沈痛淒愴，頗能感人。如〈水龍吟〉：「北客翩然，壯心偏感，年華將暮。……回首妖氛未掃，問人間英雄何處」，〈朝中措〉：「登臨何處自銷憂，直北看揚州。……昔人何在，悲涼故國，寂寞潮頭」等。晚年過著閒退生活，又加上失節以事權奸秦檜，詞中充滿了浮生若夢的思想與詩酒自放的情調，比起北宋末的多數詞人來，他在題材開拓方面作了很多努力。除了憂時傷亂與閒適生活兩類詞外，還有宮怨、遊仙、征婦嘆以及諷刺世情等方面的作品。他後期的詞，語言清新曉暢，明白自然，並常以尋常口語入詞。他的詞風格曠達，一掃綺靡柔媚的習氣，繼承蘇軾而又有變化，自成一家，在當時詞壇上占有獨特的地位。

九、吳文英：《夢窗詞》

吳文英的《夢窗詞》，大約有三四〇首，他的詞題材較窄。《夢窗詞》中也有深於感慨、殷念國運的作品，如晚年所作「戰艦東風慳借便，夢斷神州故里」（〈金縷歌〉）、「賈傅才高，岳家軍壯，好勒燕然石上文」（〈沁園春〉），但畢竟只是少數。在《夢窗詞》中，占主要地位的是那種鶯啼燕囀、纏綿悱惻的作品。他對詞的貢獻主要在藝術技巧方面。

從藝術上說，《夢窗詞》是以講究字面、烹煉詞句、措意深雅、守律精嚴為基本特徵的。他用筆幽邃而綿密，脈絡井然，章法多變，情思婉轉曲折。集中優秀之作如〈渡江雲．西湖清明〉、〈夜合花．自鶴江入京泊葑門有感〉、〈齊天樂〉「煙波桃葉西陸路」、〈鶯啼序〉、〈風入松〉「聽風聽雨過清明」等等，都是這樣的篇章。

吳文英詞的弊病，除了內容貧乏之外，雕琢過甚，用意太曲，容易流於晦澀。

十、史達祖：《梅溪詞》

史達祖的詞體物工巧，不留滯於物，輕盈綽約，盡態極妍。姜夔《梅溪詞．序》，說他的詞「奇秀清逸，有李長吉之韻，蓋能融情景於一家，會句意於兩得」。這當然是過譽，但也確實說出了它的藝術上某些特色。他的詠物詞寫得特別好，尤其善於描繪，某些細節用白描手法，寫得很清新美麗，〈綺羅香．詠春雨〉和〈雙雙燕．詠燕〉是詠物詞的代表作。

十一、周密：《草窗詞》（又名《蘋洲漁笛譜》）

周密與吳文英並稱「二窗」。周密曾與王沂孫、張炎等結社唱和，詞格律精嚴，字句圓美，風格典雅清麗。他長於詠物，詠白蓮、秋蟬、水仙等鳥蟲花草之作。周密的詞，繼承了周邦彥格律精嚴、圓融雅艷的詞風，造句用意，十分矜慎，聲律節度，辨析入微，是宋末格律詞派的重要代表，可與史達祖、王沂孫媲美。早年偏重遣詞造句，晚年能融入亡國之痛，蒼涼淒愴。

十二、蔣捷：《竹山詞》

蔣捷德祐中舉進士，宋亡後隱居不仕，其氣節為時人所稱。他有《竹山詞》一卷，約存詞九十餘首。他的事跡不詳，由他許多作品看來，雖脫不了姜、吳一派的影響，但他卻染著蘇、辛的色彩。他有些詞，破壞規律的限制和傳統的習慣，時時呈現著一種新精神。他的〈水龍吟〉連用「些」字韻，〈聲聲慢〉連用「聲」字韻，〈瑞鶴仙〉連用「也」字韻，一面可以看出他那種嘗試的精神，同時也可看出《稼軒詞》給他的影響。〈水龍吟〉下，自註著「傚稼軒體」，這是最好的證明。因此，他的作品，在姜、吳那一個範圍裡，是最爽朗最有生氣的了。蔣捷的詞大多情調淒清。他沒有正面地直接反映時代的巨變，而是採用「待把舊家風景，寫成閒話」（〈女冠子〉）的方式，於落寞愁苦中寄寓感傷故國的一片深情。

十三、王沂孫：《碧山樂府》

《碧山詞》雅麗深婉，頗似周邦彥，如〈天香．龍涎香〉之類；其清峭處又似姜白石，故張炎《詞源》說他「琢語峭拔，有白石意度」。如〈眉嫵．新月〉「千古盈虧林問，嘆慢磨玉斧，難補金鏡」，「看雲外山河，還老桂花舊影」等句。尤工於詠物，詞集中的詠物之作約占一半。詠物中有寄託，多抒身世之感，故國之思。用筆婉曲，渾化無痕，周濟謂王沂孫「胸次恬淡，故黍離麥秀之悲之感，只以唱嘆出之」（《四家詞選序論》）

十四、張炎：《玉田詞》

張炎詞作，今存三百多首。他早年詞學周邦彥，又深受姜夔詞風的影響，注重格律、形式技巧，內容多寫湖山遊賞，風花雪月，反映了貴族公子的悠閒生活。宋亡，國破家亡的傷痛，浪跡江湖的淒苦，使其詞風漸變。張炎長於寫景詠物，格調淒清，情思宛轉。如〈解連環．孤雁〉寫道：「寫不成書，只寄得相思一點」，刻畫孤雁的神態精妙，寄情幽遠，傳誦一時，人稱為「張孤雁」。又如〈南浦．春水〉，寫得形神兼勝。鄧牧稱此詞「絕唱今古，人以『張春水』目之」他與王沂孫、周密等交遊唱和，所寫的不少詠嘆遺民身世的詞作，尤能見「亡國之音哀以思」的特點。

張炎詞作音律協洽，句琢字煉，雅麗清暢。《四庫全書總目》稱其詞「蒼涼激楚，即景抒情，備寫其身世盛衰之感，非徒以翦紅刻翠爲工。至其研究聲律，尤得神解，以之接武姜夔、居然後勁」。後世亦以姜、張並稱。

44、五代詞、北宋詞、南宋詞各有甚麼特色？相互間有甚麼分別？試舉例說明。（79中央）

45、論詞的起源，並由內容及風格兩方面探討詞由晚唐五代至南宋的流變。（81淡江）

答

一、詞的起源——請參見第十六章第1、2題。

二、晚唐五代詞的發展——請參見第十六章第8題。

三、北宋詞發展——請參見本章第2題。

四、南宋詞發展——請參見本章第24題。

46、張炎的《詞源》是怎樣一部書？（師大期末考）

答 張炎詞早年學周邦彥，但姜夔對他影響更大，其詞清遠蘊藉，也接近姜夔，因此後世常以姜、張並稱。除詞集《山中白雲詞》外，他還留下了一部重要的詞論專著《詞源》。

《詞源》分二卷。上卷為聲律論，詳論五音十二律，律呂相生，以及宮調、管色諸事，評析精允，保存了有關詞學的豐富資料。張炎是一位精通音律的詞家，《詞源》上卷都是討論樂律的。他繼承祖父張樞「曉暢音律」的家學，又從古琴家楊纘問學，在詞樂未失墜的時候，記錄下許多歌詞的文獻，這是他在詞學上的大貢獻。〈雜論〉第一條說：「詞之作必須合律，然律非易學」，又說：「音律所當參究，詞章先宜精思。」這對當時一部分死腔盲填的詞家是一當頭棒喝。南宋詞人講究音律的多奉周邦彥的《清真集》為典範，方千里、楊澤民、陳允平都有和清真詞，都嚴格遵守周詞的四聲，字字不敢移易，因此往往弄得文理不通。張炎討論詞律，首先必要求作品成其為文學，然後才談得上合樂合律。姜夔作〈自度曲〉，自說：「初率意為長短句，然後協以律」，這是因文造樂，不是因樂造文的。張炎針對方、楊的流弊，提出他自己對音樂和辭章的看法，是善於體會姜夔〈自度曲〉的精神的。

下卷為創作論，分十六篇，論詞的標準是「雅正」、「清空」，而「意趣」是貫串其中的。

一、雅正

張炎說：「古之樂章、樂府、樂歌、樂曲，皆出於雅正。」詞自古樂府來，因此也應當以雅正作為標準。要雅正，就不能為情所役，「詞欲雅而正，志之所之，一爲情所役，則失其雅正之音」。柳永的詞「爲風月所使」，因此「不必論」。要雅正，就不能有豪邁之氣，辛棄疾、劉過「作豪氣詞，非雅詞也」。因此，符合雅詞標準的，就只有周邦彥、姜夔諸人。周詞「渾厚和雅」，張炎是稱道的，但批評他有時仍不免為情所役，失之軟媚，意趣仍不高遠，必須「以白石（姜夔）騷雅句法潤色之」。因此，真正符合雅正標準的，便只有姜夔一人了。

二、清空

清空這種風格，是與質實相對的。張炎讚揚姜夔的清空，而不喜吳文英的質實：「詞要清空，不要質實。清空則古雅峭拔，質實則凝澀晦昧。姜白石詞，如野雲孤飛，去留無跡。吳夢窗詞，如七寶樓臺，眩人耳目，碎拆下來，不成片段。此清空、質實之說。」他認為姜夔的〈疏影〉、〈暗香〉、〈揚州慢〉、〈一蕚紅〉、〈琵琶仙〉、〈探春〉、〈八歸〉及〈淡黃柳〉諸詞，「不唯清空，又且騷雅，讀之使人神觀飛越」。張炎此說對清初浙西詞派影響很大，浙派詞人「家白石（姜夔）而戶玉田（張炎）」，所崇尚的正是此種風格。

47、解釋名詞：「詞話」。（83清大）

答

㈠詞話是評論詞派、詞人、詞以及有關詞的本身、故事和考證的著述

宋元以來，作者頗多。近人所輯《詞話叢編》，彙輯宋代王灼《碧雞漫志》、至近代潘飛聲（蘭史）《粵詞雅》，凡六十餘種。

㈡詞話是元明說唱藝術之一

有說有唱。其長篇如明代諸聖鄰的《大唐秦王詞話》，敘唐太宗李世民的歷史故事。也有短篇，如《清平山堂話本》中的《快嘴李翠蓮記》。詞話到明末，就分化成了「鼓詞」和「彈詞」。

㈢詞話是小說的別稱

如長篇章回小說《金瓶梅》，也叫《金瓶梅詞話》。

48、解釋名詞：⑴「攤破」⑵「偷聲」。（65政大）

答

一、攤破

攤破又稱攤聲。指樂曲攤開後，出現破句現象，即多數句式破為少數句，或少數句破成為多數句，字數隨之有所增減。如〈浣溪沙〉上下片末句均為七言，而〈攤破浣溪沙〉則增至十字，成為七、三句式。

二、偷聲

偷聲與「減字」之法相似，即於原調基礎上減去若干字而成新詞。如〈偷聲木蘭花〉，將原〈木蘭花〉的上、下片的第三句各減三字，成為上、下片各為七、七、四、七的句式。

第十八章　宋代詩歌

研讀重點

一、宋詩的特色及其在中國詩史上的地位
二、宋詩的流變與各期各派之特色
三、西崑派的代表人物與特色
四、歐陽修的詩歌成就與特色
五、蘇軾的詩歌成就與特色
六、江西詩派的代表人物，特色與影響
七、陸游的文學成就
八、楊萬里的詩歌成就與特色
九、「永嘉四靈」的詩歌成就
十、「江湖派」的代表人物與成就
十一、遺民詩的代表作家與成就
十二、宋代詩話興盛的原因
十三、《滄浪詩話》的詩歌理論
十四、元好問《論詩絕句三十首》的文學見解

1、宋詩的特色為何？其在中國詩史的地位又如何？試敘述之。（78成大）
2、試簡述宋詩的特色及流變。（81清大）
3、試述宋代詩的發展。（86逢甲）
4、簡述宋詩之特色和流變。（86東吳）
5、宋詩對唐詩而言，有何承傳與演變？試詳細說明之。（89輔大）

答

一、宋詩的特色（宋詩對唐詩的承傳）

宋代詩歌在繼承唐詩傳統的基礎上，又有新的發展。在思想內容和藝術表現上有所開拓創造，出現許多優秀詩人作品，形成許多流派，對元、明以後詩歌發展有深遠影響，在清代更引起了尊唐、宗宋之爭。

㈠宋詩在思想內容和藝術表現上，都有新的開拓和創造

宋詩比之唐詩，在反映民生疾苦，揭露社會黑暗等方面都有所擴展；特別在外族入侵的歷史背景下，詩中所抒發的愛國主義精神比唐詩更熾熱和深沈，成為南宋詩歌的基調。

㈡在藝術旨趣和風格上，則主要向思理、顯露、精細方面發展

嚴羽《滄浪詩話．詩評》說：「本朝人尚理而病於意興，唐人尚意興而理在其中。」楊

慎《升庵詩話》卷八說：「唐人詩主情，去〈三百篇〉近；宋人詩主理，去〈三百篇〉卻遠矣。」錢鍾書《談藝錄》說：「唐詩多以豐神情韻擅長，宋詩多以筋骨思理見勝。」雖然褒貶態度不同，而指出「理」、「思理」為宋詩特點則同。重情韻者往往含蓄，重思理者則較顯露。沈德潛《清詩別裁·凡例》說：「唐詩蘊蓄，宋詩發露，蘊蓄則韻流言出，發露則意盡言中。」

宋詩又追求精細。《石洲詩話》卷四又說：「詩則至宋而益加細密。蓋刻抉入裡，實非唐人所能囿也。」頗有見地。所謂「細密」、「刻抉入裡」，一方面指宋詩對客觀事物的描摹刻畫，趨於求新、求細，形容盡致，纖微畢現，與漢魏六朝唐詩的渾成凝重各異其趣。如李東陽《懷麓堂詩話》評蘇軾詩「情與事無不可盡」，就是一例。另一面指宋詩對用典、對仗、句法、用韻、聲調等用工更深，日臻周詳。

與上述數點相聯繫，宋詩又呈現出議論化、散文化和以才學為詩的傾向，則對詩歌藝術的發展造成好壞兼具的影響。

二、宋詩在中國詩史上的地位

究竟如何評價宋詩，自南宋起，即產生了毀譽截然不同的議論。明清以來，詩壇上更形成了尊宋與貶宋的兩派之爭。如明人李夢陽等主張「詩必盛唐」，極力貶低宋詩的價值，在當時發生了很大的影響。但到清初吳之振等輯《宋詩鈔》後，又使宋詩變成了「熱門」，一直到晚清還有許多人專學宋詩。宋詩之所以往往被人們忽視，一方面是由於宋詩的成就和唐詩相比不免要遜色一些；另一方面是由於一種新的詩體（即詞）在宋代得到蓬勃發展，這就使人們往往把注意力轉向了宋詞。但宋詩在文學史上是有它的獨特的面貌的，有其不可忽視的成就。

三、宋詩的流變——請參見本章第6題。

6、請您敘述宋詩的發展，它每一個時期或流派特色為何？代表人物又是誰？（80淡江）

7、試述宋詩發展的概況。（85政大）

答

一、北宋詩

北宋詩的發展過程，大致可以分為初、中、後三個歷史時期：

(一)北宋初期

初期從宋太祖建隆元年（西元九六〇年）到宋仁宗天聖八年（西元一〇三〇年）歐陽修中進士之時，大約七十年，是宋詩的沿襲期。

宋代開國之初，詩壇承襲晚唐、五代遺風，主要倣法唐人詩歌。這時出現了師法白居易的；「白體」，代表人王禹偁、師法李商隱的「西崑體」，代表人楊億和師法姚合、賈島的「晚唐體」，代表人林逋。其中，以「西崑體」影響最大，主宰宋初詩壇文苑，長達半個世紀之久。因此，宋初在北宋詩歌發展史上，也可稱之為西崑體時期。

「西崑體」因楊億所編的《西崑酬唱集》而得名。當時參加唱和的共十七人。其中楊億、劉筠及錢惟演三人的詩占全集的五分之四以上。這個詩派注重音節鏗鏘，辭采精麗，又喜用典故，是表現才學功力的詩歌。然而雕采過甚，失之浮艷；又因為標榜學習李商隱，把流當作源，過分地模仿和依傍，因此詩作也較晦澀，使作品失去活力。

㈡北宋中期

中期從宋仁宗天聖八年（西元一〇三〇年）歐陽修中進士起，到仁宗熙寧五年（西元一〇七二年）歐陽修去世止，凡四十餘年。這是北宋詩歌革除舊習、開創新風的時期。及梅堯臣、蘇舜欽及歐陽修崛起，積極反對西崑派形式主義的詩風，開創了宋詩發展的新階段。清人葉燮《原詩．外篇》評論說：「開宋詩一代之面目者，始於梅堯臣、蘇舜欽二人。」

歐陽修是北宋詩文革新的關鍵人物，被推為「一代文宗」。其詩出於韓愈，「以文為詩」，形式自由，開創宋詩風氣。在宋代詩壇，歐、蘇、梅都致力於詩風改革，力求擺脫晚唐五代風調，他們共同的藝術傾向是重視思想內容，偏重古體，以文為詩，好作議論，凡涉及政治、社會問題的長篇短制，往往議論縱橫，反覆述說。其意在於矯正晚唐以來崇尚近體、專務對偶聲律的浮靡詩風。故而古體詩在他們詩集中占一大半，宋詩走上議論化、散文化之路，就是從這裡開始的。這個時期，歐陽修主盟文壇三十餘年，獎掖後進，團結同志，努力創作，為宋詩的繁榮發展奠定了堅實的基礎。因此，北宋中期也可稱之為歐陽修時期，或宋詩的奠基時期。

㈢北宋後期

後期從宋神宗熙寧五年（西元一〇七二年）歐陽修去世，到宋欽宗靖康元年（西元一一二六年）北宋滅亡，凡五十餘年，是北宋詩歌繁榮發展的時期。

這是宋詩風格成熟的時期，也是宋詩創作的第一個高潮。在歐陽修去世前，王安石、蘇軾、黃庭堅等名家先後在詩壇興起，這時更成為領袖人物，正是他們把歐、梅等開創宋詩的新風推向前進。其中蘇、黃的影響尤大，兩人齊名。嚴羽在《滄浪詩話》中說他們都是「以文字爲詩，以才學爲詩，以議論爲詩」。但他們各有主張，風格亦異。

蘇軾天才橫逸，詩雖有散文化、議論化、重理趣等傾向，但尚自然、尚白描，寫景言情、嬉笑怒罵，無施不可，為宋詩開拓出一個前所未有的境界。他是歐陽修之後文壇公認的領袖，在他門下集結的所謂「蘇門四學士」和「六君子」之輩，成為宋詩發展的骨幹力量。黃庭堅即是其中之一，但自成一家。

黃庭堅論詩，主張以抒寫性情為主，提倡「奪胎換骨」、「點鐵成金」的推陳出新之法，注重煉字，近體好用拗體，在詩歌創作中形成了以用事押韻為工、清勁瘦硬的詩風，開啟了一個龐大的江西詩派。

王安石的「荊公體」、蘇軾的「東坡體」、黃庭堅的「山谷體」以及在其影響下崛起的「江西宗派體」，都以獨特的藝術風貌和審美特徵而區別於唐詩。

二、南宋詩

南宋詩的發展，一般以「永嘉四靈」的出現為界，分為前後兩個時期。

㈠南宋前期

南宋前期：以尤、楊、范、陸為代表，宋詩創作繼北宋後期之後，出現第二個繁榮發展的時期。

南宋前期的詩人，大多出入「江西詩派」，或多或少地受到蘇黃詩風的影響。但時代的劇變迫使他們對「江西體」進行認真的反思，然後拋開江西詩派那一套陳舊的創作原則和表現手法，去抒寫以抗戰愛國為基調的詩篇。宋室南渡之初，呂本中、陳與義、曾幾等已開始擺脫江西詩派以學問為詩的規範，努力補救其權椏粗獷之病。後來陸游、范成大、楊萬里等，更通過對「蘇黃」詩風的反思和「江西體」的批判，終於走上了自我創新的詩歌之路，故與尤袤並稱為「中興四大詩人」。

南宋前期的詩歌創作，從總體來說，具有三大特點：

1、詩歌創作由「尊杜」、「宗黃」開始轉向師法自然，逐漸擺脫江西詩派末流的影響，表現出獨創意識的覺醒。

2、詩歌面朝向生活，創作題材有所擴大，「凡一草一木，一魚一鳥，無不裁剪入詩」。

3、憂時傷亂，愛國主義成為詩歌的主題。呂本中的《兵亂後雜詩》二十九首，反映了軍民抗金的艱苦生活；陳與義、范成大、楊萬里也寫了許多感時憂國的詩篇，陸游有「詩史」之譽，更以高度的愛國熱情和獨具一格的「放翁體」光耀天下；甚至以抒寫愛情見稱的女詞人李清照也寫詩表達愛國之心，而一些正直、愛國的將相和士大夫如李綱、趙鼎、胡銓和民族英雄岳飛等，雖不以文學為業，但也留下了不少愛國篇章。

㈡南宋後期

南宋後期：「中興四大詩人」雖以卓越的詩歌成就力矯江西派末流之弊，成為南宋詩歌的突出代表，但他們的詩基本上還是與歐、梅、蘇、黃一脈相承的，可以說仍是對宋詩傳統的發展。至南宋後期，由於社會環境的變化和人們對這個傳統的不滿，於是「永嘉四靈」和江湖詩人先後出現，詩風才又發生了新的變化。

1、永嘉四靈

永嘉四靈的出現，從文學角度來看，一是不滿於理學家們「以道學為詩」的詩論主張，二是矯江西之失，即針對江西詩派末流「資書以為詩」和形式上的生硬拗捩和追求平淡清瘦，而抬出晚唐姚合、賈島與江西派末流對抗。徐璣、徐照、翁卷及趙師秀四人，都出於「永嘉學派」葉適的門下，得到葉氏的支持大獎掖。他們均喜為近體，專工五律，注重白描，少用典故，不發議論，刻意求新，與歐、梅、蘇、黃以來至江西詩派的宋詩傳統不一樣。但由於他們才力不足，四靈詩顯得內容貧乏，局度狹小，情調淒清幽咽，成就不高，更無理論建樹，因而隨著四靈的相繼歿世，便偃旗息鼓了。

2、江湖派

江湖詩人的代表是戴復古、劉克莊。四靈詩尊晚唐，江湖詩人也尊晚唐，進而仰慕盛唐和選體，二派的詩學崇尚確有因襲關係。但江湖詩人大多是一些浪跡江湖的失意文人，其中不少人不滿朝廷，關心時事，能體察民間疾苦，對現實的態度比四靈派進步。因而他們的詩歌中有一些揭露社會弊端、反映民生疾苦之作。劉過〈題多景樓〉、敖陶孫〈中夜嘆〉、戴復古〈聞時事〉、劉克莊〈築城行〉、〈苦寒行〉及樂雷發〈逃戶〉等，都是這類詩篇的代表。他們的詩風格不一，其中一些人的詩不假雕飾，有時未免過於平直，然清新流暢、古樸自然的佳篇亦不少，如葉紹翁〈遊園不值〉就寫得膾炙人口。

3、遺民詩人

宋亡前夕，國難當頭，民族憂患意識使一批愛國詩人崛起於宋末詩壇。文天祥、汪元量、謝翱、林景熙及鄭思肖等愛國志士，奔赴國難，悲歌慷慨，抒堅貞不屈之志，發「黍離」、「麥秀」之思。文天祥的詩風接近於杜甫，沈鬱悲壯；謝翱的詩風則近於李賀、孟郊、賈島，奇崛幽峭。宋詩至四靈、江湖，本來已出現「衰氣」，而宋末愛國詩人卻以時代的悲歌為宋詩留下了光彩奪目的最後一頁，這是歷代詩壇所罕見的景象。

8、宋詩不同於唐詩的特點是什麼？形成這種特點的原因是什麼？

答

一、唐宋詩之比較

㈠唐詩善於言情，即使說理也多以抒情方式出之，以情韻取勝；宋詩則多善說理，尚議論，以理趣見長。

㈡唐詩多以強烈的激情去感受現實生活，重視生活感受的直接打發和描寫，顯得深厚博大；宋詩多以冷靜的態度去體察客觀事物，「以才學為詩」，比較喜歡用典實，書卷氣較濃，顯得委曲精深。

㈢唐詩語言流麗；宋詩則往往把散文的章法、句法、字法引入詩中，結構手段、敘述方法和語言風格具有散文化的傾向。

二、宋詩形成之背景

形成宋詩特點的原因比較複雜，主要與文學發展的趨勢和社會政治文化背景有關。

㈠文學發展的趨勢

宋代詩人在唐代詩歌發展到頂峰的情況下，力圖另闢蹊徑，創造自己的風格，就不得不側重從藝術構思、手法技巧、篇章結構、遣詞造句等方面去求新。他們發現杜甫、白居易及韓愈等人詩中曾經出現過的以文為詩、以議論入詩、以才學為詩和求新、求奇的傾向是一條大可發展的新路，於是就大力在這方面加以探索，愈走愈遠，形成了一種脫離形象思維的詩風，以不同的風貌同唐詩對峙。

㈡社會政治文化背景

宋代社會的政治文化背景也有利於「以文爲詩」等風氣的形成和流播。

1、宋代科舉考試自仁宗時起就偏重策論，認為這樣可以選拔有政治頭腦的人材。這種考試內容影響到文人們的詩文創作，於是宋文長於議論，詩歌也趨於議論化，散文化。

2、宋代帝王為了鞏固統治而大力提倡理學。理學家強調「尊天理，窒人欲」，鄙視抒發性情的文藝作品，要求作家為傳統教條作宣傳。正是在這種思想風氣影響下，使兩宋詩文不同程度地表現出「頭巾氣」和「學究氣」，而失掉了文藝作品應有的明朗性和生動性。

3、宋代隨著經濟的發展，文化事業也有很大發展，如各種學校的設立和印刷事業的發達，使宋代文人所掌握的歷史文化知識比前代文人要豐富，這便利了他們在詩中矜奇炫博、發議論、講才學和使事用典，從而在客觀上助成了「以才學爲詩」的風氣。

9、前人言詩，多尊唐黜宋，謂宋人「以文為詩」，「好議論」，「尚理而病於意」，「俚俗而不典雅」，甚至謂宋人「不知詩而強作詩」。如此論斷，是否平允？試各抒所見，加以申說。（東吳期末考）

10、人云宋詩平淡，故「終宋之世無詩」，其言然否？試說明之。（63東吳）

答

前人對於宋詩的指責，大多集中在「多議論」、「尚理而病於意」、「以文爲詩」、「俚俗而不典雅」這幾點上。這種情形，雖不能說宋代詩人都是如此，但的確有不少宋代詩人有這些弊病。嚴羽《滄浪詩話》云：「本朝尚理而病於意」，何大復《漢魏詩序》云：「宋詩言理。」李東陽《懷麓堂詩話》云：「宋人於詩無所得。所謂法者，不過一字一句對偶雕琢之工，而天眞興致，則未可與道。」陳子龍《與人論詩》云：「宋人不知詩而強作詩，其爲詩也，言理而不言情，終宋之世無詩。」這些論點雖然說中宋詩的一些弊病，但未免有些片面，有些偏激，理由如下：

㈠宋詩在情韻方面，確不如唐詩。而如所說「好議論」、「散文化」以及「淺露俚俗」的幾點，一面是宋詩的缺點，同時也就是宋詩的長處。因著散文體的運動與理學的盛行，當日的詩壇受了這種影響，避開典雅華麗的雕鏤，而走到散文化的明白淺顯，避開美人香草的私情愛意，而入於各種議論的發揮，這正是宋詩的一種轉變。也正因如此，形成宋詩與唐詩不同的風格。而且宋人的議論詩也有不少的好作品。如歐陽修推重韓愈，作詩也走韓愈的路子，他的〈明妃曲和王介甫作〉、〈水谷夜行寄子美聖俞〉及〈感二子〉等詩都明顯地是用散文化的句式來寫的，而且寫得流動自然，無論是字句還是意義都明白曉暢，頗具特色。王安石、蘇軾以及後代的詩人都有不少這類的作品，而且寫得相當不錯。因此，以議論入詩、以文為詩是宋詩的一大特點。

㈡由於北宋時積貧積弱的社會特點和南宋時深重的民族危機，使宋詩缺乏唐詩那種恢宏開廓的氣象，較少充滿青春氣息的浪漫主義的情調，更多的是採用現實主義的創作方法，痛切國事，沈鬱悲憤。因此，宋詩大多具有濃厚的政治色彩，體現了詩人關心時政的憂患意識。尤其是南渡之際，及南宋亡國之前，這兩個時期，有不少愛國詩人，如陸游、文天祥、汪元量、林景熙、鄭思肖等人都是滿腔熱誠、慷慨悲歌。

㈢宋代產生了數量很大的詩歌作品。宋詩流傳至今的，估計要超過《全唐詩》數倍，已知的詩人，估計有八千人左右。宋詩不僅數量大，而且產生了許多傑出的優秀的詩人。宋代詩人如梅堯臣、蘇舜欽、歐陽修、王安石、蘇軾、黃庭堅、陳師道、陳與義、陸游、范成大及楊萬里等，在中國詩歌史上，都有重要地位，和唐代的一些重要詩人相比，各有特色，並贏得後人的稱賞。其中特別是蘇軾和陸游，人們更是把他們和李白、杜甫、白居易等詩人相提並論的。

「終宋之世無詩」之說，實為不當。

11、何謂「西崑體」？其代表作家為誰？其流弊如何？（65台大、66政大）

12、西崑體歷來頗受學者詬病，而且在文學史的研究上多遭漠視，但當其盛時，亦曾風行達數十年之久，《四庫全書總目》也認為西崑體「固亦未可輕詆」。請您略為討論，西崑體在中國文學史上究竟有何意義或價值？（84淡江）

13、詮釋西崑體。（88中山、中興）

答

一、「西崑體」定義及流弊

「西崑體」是指北宋初期的一種文風，主要表現在詩歌方面。因楊億借用《山海經》、《穆天子傳》所載天子藏書之處玉山，在崑崙之西傳說之名，所編《西崑酬唱集》而得名。代表作家是楊億、劉筠及錢惟演，並由於此三人位居館閣的文臣學士，流風所至，影響當時文壇甚大。

西崑派作家不滿宋初「白體」的淺切和晚唐派的枯寂，倡導學習李商隱，因為他們認為李詩的優點在於：「富於才調，兼極雅麗，包蘊密致，演繹平暢，味無窮而炙愈出，鑽彌堅而酌不竭，曲盡難言之要。」主張詩歌應寓意深邃，含蘊豐富；辭章艷麗，力避枯瘠；用典精巧，對偶工穩。由於他們的創作理論偏重於藝術形式，加之位居尊榮，生活逸樂，詩作多寫內廷侍臣的優游生活和日常瑣事，題材貧乏，缺少社會內容。又由於作詩的方式多為一人首唱、他人繼和的唱酬，縱有深沈的感觸，也每因堆砌典故，追求詞藻，使其意旨隱晦難明。特別是後來文人群起仿傚，使西崑體的缺點發展為不良的創作傾向。所以歐陽修在《歸田錄》中說：「自《西崑集》出，時人爭效之，詩體一變。而先生老輩，患其多用故事，語僻難曉，殊不知自是學者之弊。」

二、「西崑體」在中國文學史上的意義

從宋詩發展的角度而言，由於宋初詩人在藝術上還缺乏必要的經驗累積，還沒有樹立創建一代詩風，而且未能以李白及杜甫為取法的典範，僅能以中晚唐的白居易等人為學習對象，進而導致北宋初期詩壇片面追求形式的詩風，成為適應當政治、經濟需要而產生的「太平詩」，而後惡性循環，西崑的作者不能沒有任何的責任在。但是西崑派的詩人在宋詩的發展的過程中，諸如抒情寫景的纖細，創造意境的空靈，運用語言的聲律、色彩、形象化以及注意詩的形式結構上，都有不可抹滅的功績在。但在西崑體發展的同時，宋詩已悄然地出現有意義的轉變，白派詩逐漸消退，繼姚賈風格的詩人，此時詩風也有所改變。而這些轉機，在一定意義上為梅堯臣、歐陽修等人開創宋詩文的革新提供了經驗和教訓，所以「西崑體」

在宋詩發展的過中是不可缺少的一環。

14、何謂「江西詩派」？其文學主張如何？其主要人物為誰？其於北宋以後詩壇之影響如何？（69文化、64東吳）
15、方回有「一祖三宗」之說。試論其所謂「祖」「宗」對清代詩壇的影響。（83中山）
16、何謂江西詩派？並說明其作詩之主張？（70政大、81成大）
17、試述江西派風格、技巧、得失。（77台大）
18、解釋名詞：「一祖三宗」。（78中央）
19、解釋名詞：「江西詩派」。（81中央、84中興）
20、江西詩派在宋詩獨特風格的形成上有何影響作用？（85淡江）
21、江西詩派到南京後有何可喜的轉變。（85中興）
22、試述江西詩派源流、演變及對後世文學之影響。（90華梵）

答

一、「江西詩派」的定名及源流

「江西詩派」是北宋後期在黃庭堅詩歌主張影響下逐漸形成的一個詩歌流派。黃庭堅是江西人，影響又特別大，故有是稱。「江西詩派」的其餘成員並非都是江西人。正式提出

「江西詩派」這一說法的是南北宋之交的呂本中。他在《江西詩社宗派圖》中，把黃庭堅作為詩派的創始人，又列舉陳師道等二十四名詩人作為這一詩派的成員。但呂本中所提到的陳師道等二十四位詩人，他們的理論主張和創作實踐並非完全一致，其中有的還否認自己是「江西詩派」或受過黃庭堅的影響。但作為一個詩歌流派而論，「江西詩派」確有黃庭堅影響的共同特徵。

二、「江西詩派」的主張

黃庭堅的詩既能自成宗派而為後人所尊崇，他對於作詩的主張和方法，自必有許多特點，主要有下列幾點：

㈠黃庭堅和宋代許多詩人一樣，竭力要在唐詩以外闖出一條自己的道路，他比蘇軾更加追求標新立異。他說：「文章最忌隨人後」，又說「自成一家始逼眞」。但他多在修辭表意的技巧上出奇制勝。

㈡黃庭堅主張要從前人詩句、古書典故的運用上翻新花樣。他說：「詩詞高勝，要從學問中來」。但又不能照搬「古人之陳言」，而要做到變化運用，即「點鐵成金」，或曰「奪胎換骨」。這種方法的實質就是承襲前人辭句，但要另外換個說法，承襲前人意思，但要重新加以發揮。

㈢在材料的選擇上避免熟濫。他喜歡在佛經、語錄、小說等雜書裡找一些冷僻的典故、稀見的字面；在材料的運用上力求變化出奇，避免生吞活剝。

㈣為了同西崑詩人立異，他們還有意造拗句、押險韻、作硬語，有時甚至不惜破壞詩的聲律美和形象美。這就形成了江西詩派人崇尚瘦硬詩風的特點。

三、「江西詩派」的風格

江西詩派過份地強調「無一字無來處」，倡導「取古人之陳言入於翰墨，如靈丹一粒，點鐵成金。」（〈答洪駒父書〉）甚至追求奇崛，作拗體，押險韻，以至在風格上表現為瘦硬晦澀，意境上也較為狹窄，形成了一種新的形式主義。不過江西詩派諸家風格並非一體模式，各大家自有特點。有的繼承杜詩的沈雄，有的學韓愈的奇崛，也有的吸收歐陽修的舒徐、王安石的峻峭、蘇軾的奔放。因而本派諸家中，又自成支派。黃庭堅與陳師道以詩名相當而並稱「黃陳」。陳師道與陳與義以同姓並稱「宋世二陳」；洪朋、洪芻兄弟四人並稱「才子四洪」；謝逸、謝薖則稱「二謝」。

四、「江西詩派」的得失

江西派詩人反對「西崑體」詩風，力求創新的出發點原是不錯的，但由於脫離現實和長期的書齋生活，使他們忽視了現實生活這個創作的唯一源泉，而選擇了一條在書本知識和寫作技巧上爭勝的創作道路。他們雖然倡導向杜甫、韓愈等人學習，卻只是學習他們的運用典故、鍛煉詞句等寫作技巧，而未能繼承他們的現實主義精神，這就使他們的詩歌雖然擺脫了西崑體的形式主義，卻又走上了新的形式主義道路，給當時和後代詩人都帶來了不良影響。

五、「江西詩派」的影響

關於「江西詩派」的影響，可以從以下兩方面來考察。

㈠北宋後期的主要詩人除張耒、晁補之等人不是「江西詩派」外，其餘一些比較著名的詩人不是屬於「江西詩派」，就是和「江西詩派」關係密切，或者主張相同。可以說「江西詩派」實際上統治著北宋後期的詩壇。

㈡到南宋時，「江西詩派」仍有很大的影響。不過經過呂本中、陳與義的改革，詩風已有變化。南宋四大詩人尤袤、楊萬里、陸游、范成大，另外著名的還有蕭德藻等人，也無可避免的受到「江西詩派」的影響，只是他們後來能融會變通，跳出「江西詩派」的藩籬，自成一格，卓然成家。南宋後期「永嘉四靈」和「江湖詩派」興起，「江西詩派」影響大為減弱，但到宋元之際劉辰翁、方回又成為「江西詩派」餘響。

總體而論，「江西詩派」影響自北宋後期一直到清初，歷時數百年之久。

六、「一祖三宗」

宋末元初人方回在編撰《瀛奎律髓》一書時，倡「一祖三宗」之說，因為「江西詩派」

的詩人都以學習杜甫相號召，故稱杜甫為「一祖」，以黃庭堅、陳師道和陳與義為「三宗」。

23、試評論陶淵明、陳子昂、黃庭堅等三位詩人作家，作品之特色，及其在文學史上之地位。（81成大）

答

一、陶淵明作品特色——請參見第九章第14題。

二、陳子昂作品特色——請參見第十三章第11題。

三、黃庭堅作品特色

黃庭堅以其獨特的詩歌風貌卓然自立，與蘇軾並稱「蘇黃」。並被後人奉為「江西詩派」的開山祖師。他存詩一千五、六百首，內容豐富。

寫景、寄識、遣懷、贈答、題畫等類抒情詩，最能體現黃庭堅的藝術匠心和獨創個性。由於黃庭堅胸襟曠達，學識淵博，功力深厚，創作態度謹嚴，因而在詩歌創作上確能獨樹一幟，有鮮明的個性。他的詩立意曲深，富有思致，耐人尋繹；章法細密，線索深藏，起結無端，出人意表；講究烹煉句法，點石化金，下語奇警，使人驚異。黃庭堅長於點化辭語，鍛造句法，如「桃李春風一杯酒，江湖夜雨十年燈」、「心猶未死杯中物，春不能朱鏡裡顏」、「魚游悟世網，鳥語入禪味」都是下字奇警的名句。

不過，黃庭堅生活視野不廣，又過多地從技巧上下力，講究用字有來處，力求以故為新，「寧律不諧，而不使句弱，用字不工，不使語俗」，這就不免有晦澀生硬之弊，而一些學步者「未得其所長，而先得其所短」，變本加厲地發展了他的弱點。這就使江西詩風引起了人們的不滿和譏評。

24、試述陸游之為人及文學成就。（75台大）

答

一、陸游生平與爲人

陸游（西元一一二五～一二一〇年），字務觀，號放翁。宋高宗紹興二十三年（西元一一五三年）試禮部，名列前矛，遭秦檜忌，被黜免。孝宗時賜進士出身，除樞密院編修，後任建康、夔州等地通判。乾道八年（西元一一七二年），轉入川陝宣撫使王炎幕府為幹辦公事，襄贊軍務，在當時抗金前線南鄭度過一段軍旅生活，進一步開闊了視野，更加激發了愛國熱情。這段生活是他的詩歌創作成熟的關鍵時期。淳熙二年（西元一一七五年），范成大鎮蜀，陸游改除帥府參議官。淳熙五年（西元一一七八年），離蜀東歸，先後任提舉福建及江南西路平茶鹽公事、嚴州知州等地方官。由於堅持抗金復國主張並形諸吟詠，被免去官職。淳熙十六年以後的二十年間一直家居山陰，「身雜老農間」。嘉平二年（西元一二一〇年），抱著「死前恨不見中原」的遺恨與世長辭。

陸游生當國勢阽危的南宋時期，力主抗金復國，「掃胡塵」、「靖國難」是其平生志事所在，雖屢遭投降派打擊排斥而愛國熱情始終不渝。

二、詩歌特色與成就

陸游一生創作豐富，詩、詞、散文都有相當高的造詣，特別是在詩歌創作上，成就尤其突出。人們公認他高於當時與他並稱的尤袤、范成大及楊萬里。

㈠七律數量多且精

陸游的詩可謂各體兼備，無論是古體、律詩、絕句都有出色之作，其中尤以七律寫得又多又好。在這方面，陸游不僅繼承了前人的經驗，同時又有自己的創意，所以舒位稱他和杜甫、李商隱完成七律創作上的「三變」。沈德潛稱他的七律「當時無與比埒」。他七律有不少流傳後世的名作名句，或壯闊雄渾，或清新如畫，不僅對仗工穩，而且流走生動，不落纖巧。

㈡絕句直追唐音

陸游在詩歌創作上的成就當推絕詩，前人曾稱「可直追唐音」。這類詩除了大家熟悉的

〈示兒〉、〈劍門道中遇微雨〉等篇外，其他如〈秋夜將曉出籬門迎涼有感〉：「三萬里河東入海」，〈楚城〉：「江上荒城猿鳥悲」，〈小雨極涼舟中熟睡至夕〉：「舟中一雨掃飛蠅」等等，都不愧是「視唐殆無愧色」的絕句。

(三)詩作內容呈多樣性

憂國、愛民、誓死抗戰，是陸詩的最大特色。除此以外，陸游還寫了很多別具風采的詩。這些詩或抒發生活感情，或描寫山川風物，呈現著自然流暢而又清新俊逸的風格；其中還有些作品將詩情和哲理藝術地交融在一起。如〈遊山西村〉：「山重水複疑無路，柳暗花明又一村。」；〈劍門道中遇微雨〉：「此身合是詩人未？細雨騎驢入劍門。」等等。

三、陸詞的特色與成就

陸游的詞也是風格多樣並有自己的特色。有不少詞寫得清麗纏綿，與宋詞中的「婉約派」比較接近，如有名的〈釵頭鳳〉即屬此類。但是最能體現陸游的身世經歷和個性特色的，還是他的那些寫得慷慨雄渾、盪漾著愛國激情的詞作，如〈夜遊宮〉：「雪曉清笳亂起」、〈秋波媚〉：「秋到邊城角聲哀」、〈訴衷情〉：「當年萬里覓封侯」等，都足以和他的愛國詩篇交相輝映。其〈卜算子〉：「驛外斷橋邊」等表現自己堅持理想的高尚情操。毛晉〈放翁詞跋〉說：「楊用修（慎）云：『放翁詞纖麗處似淮海（秦觀），雄慨處似東坡。』予謂超爽處更似稼軒耳。」

四、陸游散文特色與成就

陸游在散文頗有造詣，其中記銘序跋之類，或敘述生活經歷，或抒發思想感情，或論文說詩，此類最能體現陸游散文的成就，同時也如在詩中一樣，不時表現著他愛國主義的情懷，如〈靜鎮堂記〉、〈銅壺閣記〉、〈書渭橋事〉及〈傅給事外制集序〉等皆是。

陸游還有一些別具風格的散文如〈煙艇記〉、〈書巢記〉及〈居室記〉等，寫鄉居生活之狀，淡雅雋永，頗似富有情味的小品文。〈入蜀記〉，筆致簡潔而又宛然如繪，不僅是引人入勝的遊記，同時對考訂古蹟和地理沿革也有資助。至於他的《老學庵筆記》則是隨筆式的散文，筆墨雖簡而內容甚豐，所記多係軼文故實，頗有史料價值。

> 25、什麼是「誠齋體」？它有什麼特點？（東吳期末考）

答

一、「誠齋體」的命名由來

「誠齋體」是楊萬里創造的一種詩體，因楊萬里號誠齋而得名。楊萬里寫詩早期學江西詩派，後來擺脫其束縛，直接從自然景物中汲取詩材，由師法古人走上了師法自然的創作道路，所建立了一種新鮮活潑、有著獨特風格的詩體

二、「誠齋體」的特點

「誠齋體」的突出特點是「活脫」，具體表現為：

㈠富於幽默詼諧的情趣

楊萬里有些詩寫常見的自然景象，本無深意，但經他寫來卻頗富意趣，而又幽默詼諧，如〈戲筆〉：「野菊荒苔各鑄錢，金黃銅綠兩爭妍。天公支與窮詩客，只買清愁不買田。」

㈡想像豐富新奇，構思新巧別致

楊萬里極善於捕捉自然景物的特徵和變化，通過聯想和想像，用擬人的手法加以表現，使形象突出生動而饒有趣味，如〈夜宿東渚放歌〉（其二）描寫千變萬化的雲霞：「天公要飽詩人眼，生愁秋山太枯淡。旋裁蜀錦展吳霞，低低抹在秋山半。須臾紅錦作翠紗，機頭織出暮歸鴉；暮鴉翠紗忽不見，只見澄江靜如練」，在想像、構思和寫法上都很新穎別致。

㈢語言通俗、活潑、自然、清新

楊萬里繼承樂府傳統，借鑒當代民歌，語言力求平易淺近，並大量吸收俚語謠諺入詩，形成一種新鮮活潑、雅俗共賞的詩歌語言，與江西詩派矜奇炫博、生新瘦硬大異其趣。

三、「誠齋體」的缺點

楊萬里詩的缺點是過多著眼於自然景色和個人生活情趣，反映社會現實的作品太少。同時他的許多作品即興成詩，似乎不經深思熟慮，缺乏深遠的意境。少數反映民生疾苦的詩也顯得浮光掠影。還有一些詩題材碎瑣，趣味近於無聊，藝術上流於浮滑粗率，更不足取。

26、何謂「永嘉四靈」？其文學成就怎樣？

答

一、「永嘉四靈」命名由來

所謂「永嘉四靈」，指的是南宋中期互相唱和的四個詩人，他們的字或號都帶有「靈」字，又都是永嘉（今浙江溫州）人，所以得名。這四個詩人就是徐照（字靈暉）、徐璣（號靈淵）、翁卷（字靈舒）、趙師秀（號靈秀）。他們不滿於江西詩派，江西派自稱師法杜甫，他們就排斥杜甫，尊尚晚唐；他們鄙視歐陽修、梅堯臣以來的詩，推崇林逋、潘閬及魏野等承襲晚唐風氣的詩，而取徑更狹，實際上只是尊尚晚唐的賈島、姚合，即趙師秀所選的《二妙集》裡的「二妙」。經過葉適的鼓吹，「四靈體」在當時頗有些影響。

二、「永嘉四靈」的文學成就

其詩體的特點是：取材多為遊賞或贈答；詩風以野逸清瘦相標榜；輕古體而重近體，尤重五律；律詩重腹聯不重首尾；盡量避免用典，多用白描。但他們的白描來自「苦吟」，即字、句的錘煉，而其才力又不足，正如趙師秀所自言：「一篇幸止有四十字，更增一字，吾末如之何矣。」

四靈中以趙師秀較為出色，其七絕〈約客〉：「黃梅時節家家雨，青草池塘處處蛙。有約不來過夜半，閒敲棋子落燈花。」清俊而有情趣。翁卷的七絕〈鄉村四月〉：「綠遍山原白滿川，子規聲裡雨如煙。鄉村四月閒人少，才了蠶桑又插田。」也傳誦較廣。但四靈的詩格局狹小，刻畫瑣細，不免破碎尖酸之病，成就是不高的。

27、何謂「江湖派」？其文學成就怎樣？

答

一、「江湖派」的命名由來

「江湖派」是南宋的一個詩派。這一派所包括的詩人比較寬泛，而以浪跡江湖的山人名士為其中堅。當時杭州書商陳起曾為他們刊刻《江湖集》、《江湖前集》、《江湖後集》及《江湖續集》，詩派因此而得名。

二、「江湖派」的文學成就

「江湖派」有很多詩人和「四靈」一樣，崇尚晚唐詩風，但取徑稍廣。如趙汝鐩，近體學「四靈」，也學楊萬里；古體學張籍、王建，也學李白、盧仝。又如劉克莊，不僅學賈島、姚合，也學許渾，有些詩學李賀亦頗精妙。江湖詩人也像「四靈」一樣，不滿江西詩派，但卻不像「四靈」那樣專重律體，刻意鍛煉。他們古體詩、近體詩都寫。一些江湖詩人在絕句上用力較多，如葉紹翁的〈游園不值〉：「應憐屐齒印蒼苔，小扣柴扉久不開。春色滿園關不住，一枝紅杏出牆來。」便是一首膾炙人口的名作。有些江湖詩人模仿古樂府，如戴復古的〈織婦嘆〉，劉克莊的〈築城行〉、〈開壕行〉、〈運糧行〉、〈苦寒行〉及〈軍中樂〉，利登的〈野農謠〉等。

但「江湖派」詩人從根本上說仍未擺脫模擬之風，他們的詩格調不高，缺乏深度，同時還多有率意之作。

28、宋代遺民詩有哪些代表作家？後世對他們的作品有何評價？（78中央）

答

一、宋代遺民詩的代表作家

宋元易代之際，社會大變動，造就了一大批遺民詩人，如文天祥、謝枋得、謝翱、鄭思肖、林景熙、汪元量、真山民、方鳳、柴望、梁棟、蕭立之、許月卿及周密等。其中最有代表性的當推文天祥、謝翱、林景熙及汪元量四人，分述如下。

㈠文天祥

文天祥學問淵博，原來效法江西派錘字煉字功夫，而後因臨安淪陷，詩風由平庸浮泛一變而為沈雄悲壯。當他輾轉兵戈之際，折衝樽俎之間，「動心忍性，曾益其所不能」，無窮事變、種種感受，蟠結於胸中，不得不吐。這不是為作詩而作詩，而是有激而言，所以不事雕琢，但是他畢竟滿腹經綸，又有烹煉字句功夫作底子，於是發而為詩，自能不期工而自工。《指南錄》、《指南後錄》及《吟嘯集》中諸詩，記錄了他抗元的經歷，抒寫了國破家亡的沈痛心情，表現了崇高的民族氣節，的確堪稱詩史之作。其中〈過零丁洋〉一詩「人生自古誰無死，留取丹心照汗青」二句是光耀千秋的名句。寫於大都獄中的〈正氣歌〉，列舉古代忠烈之士所表現出來的浩然正氣，用以自勉。全詩長達六十句，渾浩流轉，大氣磅礴，充分體現了這位愛國志士的高風亮節。

此外，〈金陵驛〉也很能代表他詩歌的藝術風格：「草舍離宮轉夕暉，孤雲飄泊復何依。山河風景原無異，城郭人民半已非。滿地蘆花和我老，誰家燕子傍人飛。從今別卻江南日，化作啼鵑帶血歸。」對仗工整，遣詞穩妥，筆力勁健，聲調沈而不咽，眷懷故國之情，入人至深。「化作啼鵑帶血歸」，正可用以形容其詩風格。

㈡林景熙

林景熙於宋亡後便隱居不仕。元僧楊璉真珈發掘宋皇陵，景熙與唐玨、謝翱等共葬宋帝骸骨於蘭亭。他的詩表現出眷念故國的情思，風格幽宛。如七絕〈山窗新糊有故朝封事稿閱之有感〉：「偶伴孤雲宿嶺東，四山欲雪地爐紅。何人一紙防秋疏，卻與山窗障北風。」故朝章奏，居然淪為糊窗紙，怎不令人感嘆！詩中「防秋疏」與「障北風」前後緊密呼應，無限感慨，盡在言外。

㈢謝翱

謝翱曾為文天祥咨議參軍，天祥兵敗，謝翱隱匿民間。天祥就義後，謝翱曾設其牌位於嚴子陵釣臺，北向哭祭，並寫有〈登西臺慟哭記〉。其詩近體卓煉沈著，古體與李賀、孟郊相抗衡，而又獨闢境界。五律〈哭所知〉：「總戎臨百粵，花鳥瘴江村。落日失滄海，寒風上薊門。雨青餘化碧，林黑見歸魂。欲哭山陽笛，鄰人亦不存。」寫文天祥之死，使南宋王朝失去了中流砥柱，恢復已經無望。詩篇對文天祥表示了沈痛的哀悼，並抒發了自己欲哭無淚的悲憤之情。

㈣汪元量

汪元量是謝太后的琴師，宋亡後，隨被虜之三宮北上，至大都（今北京），至上都（在今內蒙古），其間還曾去獄中探望過文天祥。他對於亡國之苦有極痛切的感受，其詩對於南宋覆亡前後的歷史事實作了具體生動的描繪，被後人稱為宋亡之詩史。其〈醉歌〉第五首：「花底傳籌殺六更，風吹庭燎滅還明。侍臣奏罷降元表，臣妾僉名謝道清。」他對謝太后本來是很尊敬的，但對謝太后的主降，卻極為不滿。此詩直斥其名，正見哀痛之極。其〈湖州歌〉中有云：「北望燕雲不盡頭，大江東去水悠悠。夕陽一片寒鴉外，目斷東西四百州。」

這哀婉的故國之思，正是宋詩的最後的餘韻。

二、後世對遺民詩的評價

南宋的遺民詩，或是悲壯沈痛，或是悽愴辛酸，但反映出作者忠貞的高潔人品，並在宋詩中自成一格，與南宋初年的豪邁詩風先後輝映，並對元代的詩人影響相當大。因而他們的作品往往與生平事跡一起流傳下來，在明末清初的詩人在表達愛國情緒，常常提及他們。

29、請從宋代詩詞發展史的立場舉出你認為最重要的四位宋代詩人、三位宋代詞人，並說明他們在宋代文學史上的重要性。(83清大)

答

一、柳永、蘇軾、姜夔、辛棄疾四位詞人——請參見第十七章第11、20題。

二、歐陽修，蘇軾、黃庭堅、陸游四位詩人——請參見本章第6、12、13題，與第十九章第4題。

30、宋代為什麼詩話著作繁榮起來？詩話有什麼特點？（東吳期末考）
31、宋人詩話雖多，但價值不如《文心》、《詩品》，原因何在？《滄浪詩話》作者？內容如何？（64留考）
32、南宋晚期，嚴羽在《滄浪詩話》中，曾對當時各種詩派嚴加批判。請問嚴羽在詩歌上基本主張為何？他依循此一主張對當時各派詩風做出嚴厲的批判，請從他的批判中，述明當時各派詩風的特色及流弊。（84中央）

答

一、宋代詩話興盛的原因

詩話是我國古代詩歌理論批評所特有的形式，它是一種用筆記體寫成的、兼具理論性質和資料性質的詩學著作。詩話是在北宋中葉正式產生的，最早的一部詩話，是歐陽修的《六一詩話》。

詩話在宋代一經產生，便很快地發展、繁榮起來。據郭紹虞《宋詩話考》所考，宋代的詩話著作「現尚流傳者」有四十二種，「部分流傳，或本無其書而由他人纂輯成之者」有四十六種，「有其名而無其書，或知其目而佚其文，又或有佚文而未及輯者」有五十一種，再加上其中附及的數種，共約一百四十餘種。由此可見宋人撰寫詩話風氣之盛。

宋詩話興盛的原因是多方面的：

㈠詩話的出現，為論詩開了一個「方便法門」，由於它筆調輕鬆，形式靈便、可深可淺、雅俗共賞，因而許多詩人都樂於用它來發表自己的論詩意見。

㈡在唐詩取得高度成就之後，宋詩要有所發展，必須在總結前人創作經驗的基礎上另闢蹊徑，這就使得許多詩人加強了對詩法技巧的探討，這方面的詩話因之大量湧現。

㈢宋人作詩好用典、好點化前人詩句，這又使得考釋故實和字句來歷出處一類的詩話也隨之發展起來。

二、詩話的特點

詩話的基本形式是詩話體。所謂詩話體，其實就是「筆記體」。正如郭紹虞所說：「詩話之體原同隨筆一樣，論事則泛述聞見，論辭則雜舉雋語，不過沒有說部之荒誕，與筆記之冗雜而已。」這種詩體的主要特點是：隨筆漫錄，分則札記，筆調輕鬆活潑，文風親切平易，娓娓敘談，可長可短，通常一則就是相對獨立的一段，前後既不需要銜接連貫，也沒有一定的排列次序。

總之，詩話在形式上是極其靈便的。一則則的詩話中，當然有些有極中肯而見解精闢的。但缺乏完整的體系，精密周圓的理論，則是絕大多數詩話最大的缺點，宋代詩話中較有體系的詩話是嚴羽的《滄浪詩話》。

三、《滄浪詩話》

㈠內容

《滄浪詩話》由〈詩辨〉、〈詩體〉、〈詩法〉、〈詩評〉及〈考證〉等五部份組成。其中，第一部份〈詩辨〉論述學詩的門徑、方法，詩歌的風格、藝術特點等，是嚴羽對詩的綱領性見解。〈詩體〉主要評述歷代詩歌體制的演變和分類。〈詩法〉談詩的技巧和法度，涉及詩歌寫作的一些具體問題。〈詩評〉是對前人詩歌藝術風格的評述。〈考證〉則對某些作家、作品的時代、本事、真偽、訛誤等作了一些辨析和考證。

㈡詩歌理論

《滄浪詩話》的理論主旨主要是針對當時詩壇「以文字爲詩、以議論爲詩，以才學爲詩」的不良風氣而發，嚴羽對當時的詩壇頗多微辭，尤其對江西詩派深為不滿。因而他作《滄浪詩話》，抨擊詩壇之弊，要求詩歌創作重視藝術規律。

1、以識爲主

嚴羽提倡「師古」、「學古」，他要求學詩首先要有眼力，能辨認真偽邪正。這種眼力，即「識」，來自對優秀詩作的學習。認準學習對象，走正學習路子，這是學詩的第一步。他把學習漢魏、盛唐詩當成「正路」。他認漢、魏、唐朝這幾個時代的詩歌一般具有氣象博大，形象鮮明的特點。

2、興趣說

《滄浪詩話》最重要的理論思想是「興趣說」：「夫詩有別材，非關書也，詩有別趣，非關理也；……詩者，吟詠情性也。盛唐諸人唯在興趣，羚羊掛角，無跡可求。」在此，嚴羽著力強調詩歌藝術特殊的創作規律，指出了掉弄書袋、追求辨駁並非詩藝的特徵，認為詩歌創作應該是「吟詠情性」、「唯在興趣」。而所謂「興趣」，乃是要求詩歌創作要有感而發，在情感勃鬱之時發而為詩。在這裡「興」有雙重涵義，一是觸景生情，二是含蓄委婉的表現手法；「趣」則與「味」相近似，指稱詩藝那種特殊的韻味。因而「興趣」的完整意涵應該是這樣的：詩藝是形象性的、情感性的，它通過含蓄委婉的藝術手法來表現，在審美效果上要有「言有盡而意無窮」的內在韻味。

3、妙悟說

那麼怎樣達到這一創作境界呢？嚴羽提出了「妙悟」和「熟參」的方法。所謂「悟」是領悟和掌握詩歌創作規律，而所謂「參」則是鑽研和指導詩藝的特殊藝術內涵。在此，嚴羽的論詩方式是「以禪喻詩」，但他並未墜入神祕、玄妙的境況之中，他的「悟」、「參」強調的是對前代優秀詩作的領會、體味和把握，他認為學習漢魏盛唐詩歌是革除詩壇弊端的一個有益途徑。

㈢對後世的影響

嚴羽《滄浪詩話》的理論內核是非常豐富的，它吸收、綜合前人與當時人的論詩旨趣加以系統化而有自己的建樹，既有現實針對性，又有理論系統性，在詩歌理論史上產生很大影響。在明代，它成為詩學權威，「終明之世，館閣宗之」。高棅編的《唐詩品彙》，李東陽的論「聲調」，前後七子的倡「格調」，他們「詩必盛唐」的擬古主張，清代王士禎的「神韻說」，都分別承受到它的餘風。袁枚強調「性靈」，旨趣頗異，但與它「別材」、「別趣」之說也有某種聯繫。當然反對它的也頗不乏人，錢謙益力加批駁，馮班有《嚴氏糾謬》之作，就是有代表性的。褒貶紛紛，都反映了這部詩話的歷史地位與作用。

33、解釋名詞：《六一詩話》。（64台大）

答 《六一詩話》，北宋．歐陽修撰，一卷。為我國第一部題名為「詩話」的詩話著作。以漫談、隨感的方式述事談藝，評述宋初詩人的作品，亦評述唐詩。歐陽修論詩，強調詩歌應當反映現實生活，重視文學的社會作用，反對內容空泛、風格浮艷的文風；重真情、實感，批評「多用故事」、語僻難曉的「西崑體」；重格調，批評「盛名於唐宋」的鄭谷的詩「其格不高」。提倡「眞味」，認為好詩如橄欖「眞味久愈在」。若意新語工，得前人所未道者斯為善也，必能狀難寫之景，如在目前；含不盡之意，見於言外，然後為至矣。主張詩要「意新語工」，引梅堯臣之說：「若意新語工，得前人所爲道者斯爲善，也必能狀難寫之景，如在目前；含不盡之意，見於言外，然後爲至矣。」要求詩不僅要「一語中的」，還要含蓄蘊藉，餘味無窮。《六一詩話》開創了一種比較自由活潑的談詩論文的新體裁，為詩話提供了新的表現形式。

> 34、元好《問論詩絕句》第二十八首云：「古雅難將子美親，精純全失義山真；論詩寧下涪翁拜，未做江西社裡人。」試詮釋之。並扼要說明元氏論詩絕句之性質與要點。（85台大）

答 元好問的《論詩絕句三十首》，作於金宣宗興定元年（西元一二一七年），作者時年二十八歲，晚年可能有所修訂。這組詩遠承杜甫〈戲為六絕句〉，在對建安以來的詩派、詩人、詩作進行品評的同時，系統地闡明了對詩歌創作的看法。其觀點主要有：

㈠強調真誠是為詩之本

元好問論詩，強調「由心而誠，由誠而言，由言而詩」，在《論詩絕句》中，他認為陶潛的詩之所以具有感人的力量，正是因為它「豪華落盡見眞淳」。阮籍的詩也正是他高尚情懷和抑鬱不平之氣的自然表現：「縱橫詩筆見高情，何物能澆磈壘平？」而潘岳的作品則因其偽飾不誠而給後人留下了教訓：「心畫心聲總失眞，文章寧復見爲人！高情千古〈閒情賦〉，爭信安仁拜路塵。」作詩既然是抒寫心聲，就應該意盡言止，不必曲意多作鋪張：「心聲只要傳心了，布谷瀾翻可是難。」他批評潘岳、陸機「鬥靡誇多」，競奢爭富，繁縟冗雜。

(二)崇尚雄渾、自然的風格

元好問對建安詩壇的清剛勁健之氣極為稱頌，並認為晉人仍得建安風氣：「曹劉坐嘯虎生風，四海無人角兩雄。可惜并州劉越石，不教橫槊建安中。」、「鄴下風流在晉多，壯懷猶見缺壺歌。風雲若恨張華少，溫李新聲奈爾何！」他所推崇的雄健豪邁的風格，並非強作壯語，而是與自然天成緊密聯繫在一起的：「慷慨歌謠絕不傳，穹廬一曲本天然。中州萬古英雄氣，也到陰山敕勒川。」正是從自然天成這一標準出發，元好問對陶淵明、柳宗元的詩也是深為推許的，儘管陶、柳詩的主導風格並非豪邁。如他論陶詩：「一語天然萬古新，豪華落盡見眞淳。南窗白日義皇上，未害淵明是晉人。」

(三)推重高雅的格調

元好問論詩除崇尚雄渾、自然以外，還有一個標準便是高雅。「沈宋橫馳翰墨場，風流初不廢齊梁。論功若准平吳例，合著黃金鑄子昂。」這一首批評齊梁的綺靡詩風，贊揚子昂力復「漢魏風骨」的貢獻，即是推崇「古雅」之意。「萬古文章有坦途，縱橫誰似玉川盧！眞書不入今人眼，兒輩從教鬼畫符。」這一首對盧仝詩的怪異表示不滿。「曲學虛荒小說欽，俳諧怒罵豈詩宜？今人合笑古人拙，除卻雅言都不知。」這一首對以俳諧怒罵為詩表示了非議。這些都是以「雅」作為標準來衡量詩，也反映出傳統詩教對他的影響。

(四)提倡親身體驗，反對閉門覓句

作詩要寫出真景物，真感情，首先需要親身體驗。他說：「眼處心生句自神，暗中摸索總非眞。畫圖臨出秦川景，親到長安有幾人？」他抬出杜甫為例，說杜甫之所以能夠把長安一帶的景色描繪得生動形象、美麗多彩，就是因為他生活在長安。元好問這類主題的詩，主要是針對江西詩派的流弊而發的。江西派詩人講究煉字鍛句、「點鐵成金」、「奪胎換骨」，專從古人書本上討生活。所以，他又在另一詩中說：「傳語閉門陳正字，可憐無補費精神。」陳師道是江西詩派「三宗」之一，他作詩以「苦思苦吟」、「閉門覓句」著稱。對於這種抄襲剽竊、閉門造車、徒弄文字遊戲的做法，元好問深惡痛絕。「論詩寧下涪翁拜，未作江西社裡人」，明確表達了元好問的創作態度和藝術見解。

第十九章　宋代散文

研讀重點

一、北宋古文運動的發展
二、唐宋八大家的文學主張
三、唐、宋兩次古文運動的異同
四、歐陽修在文學史上的成就與地位
五、蘇軾的文學成就與影響
六、唐宋八大家的散文成就與風格

1、試略述北宋時代之古文運動。（71政大、71師大）

答

北宋時代的古文運動，就是針對「西崑體」的流弊而產生的一種文學革新運動。它改革的對象實際上包括了西崑體的詩、駢文、賦。宋代的古文運動，不單單是古文的革新，同時也包括詩體的革新，因此也可以說是詩文革新運動。這個運動可以分成三個階段：

一、初發階段從宋太祖立國至眞宗

先驅者有柳開、王禹偁、穆修及石介等。

柳開首舉「尊韓」的旗幟，提出重道致用、尚樸崇散、宣揚教化等主張，反對當時華靡文風。王禹偁也主張宗經復古，倡導寫作「傳道明心」的古文，強調韓愈文論「文從字順」的一面，他的詩文具有現實內容，語言平易近人，風格清新悅目，顯示了詩文革新運動的最初成績。但是，他們對文學改革的倡導，在當時影響不大，而以楊億、劉筠和錢惟演為首的西崑派華靡文風卻開始泛濫。於是繼起的穆修提倡為道而學文，極力反對駢文的章句聲偶，以提倡韓柳文自任。稍後的石介，在〈怪說〉中指名抨擊楊億「綴風月，弄花草」，「蠹傷聖人之道」。但他們在詩文理論方面未能提出新穎切實的見解，又重道輕文，忽視文章的語言形式。除王禹偁外，這些人的散文大都有辭澀言苦之病，創作成就都不高。

二、高潮階段在宋仁宗朝

主要代表作家先後有范仲淹、歐陽修、蘇舜欽及梅堯臣等人。

先是范仲淹在仁宗天聖三年提出的改革時弊政綱中，主張改革文風。天聖七年、明道二年，朝廷兩次下詔申戒浮華，提倡散文。蘇舜欽高度評價了古代設官採風的重大作用，認為寫作詩文的根本目的是「警時鼓眾」、「補世救失」，反對以藻麗為勝，提倡「道德勝而後振」（〈上孫沖諫議書〉）。梅堯臣論詩強調《詩經》、〈離騷〉傳統，重視比興，力貶浮艷堆砌惡習，要求詩敘人情、狀物態，意新語工，景與意會，達到「平淡」高境。蘇、梅二人的詩風有豪放和淡遠之別，但都注重反映現實的社會生活，有力地打擊了西崑體無病呻吟的浮艷詩風。

稍後於蘇、梅的歐陽修，則是這一階段乃至整個詩文革新運動的領袖。他在古文運動中有極傑出的作用：

㈠闡明理論，指引革新

他提出了「道勝者，文不難而自至」；又認為道可充實文，而不能代替文，主張作文須簡而有法，流暢自然，反對模擬與古奧。他論詩重視美刺勸戒，觸事感物，提出「詩窮而後工」的著名論點，強調詩人的生活遭遇對於創作的重要作用。他的詩文理論，指導了作家的創作實踐，指引著革新運動。

㈡改革科場積弊，罷黜四六時文

歐陽修在嘉祐二年權知禮部貢舉，嚴格規定應試文章必須採用平實樸素的散文，堅決貶斥險怪奇澀和空洞浮華的文風。

㈢大興創作之風

歐陽修積極寫出了許多優秀散文作品，內容充實，形式新穎，平易自然，流暢宛轉，曲暢旁通地敘事、說理、抒情，從而開闢了一條散文創作的通衢大道。他的詩歌在藝術上吸收了韓愈詩散文化的特點，卻避免了韓詩的險怪和生僻。他的創作在詩文革新運動中起了典範作用。

㈣積極提拔後進

歐陽修愛惜人材，特別是他推重王安石、曾鞏和蘇氏父子，作為詩文革新的中堅力量，鼓勵他們積極創作，確認了運動繼續蓬勃發展。歐陽修採取的上述措施，作用很大，影響深廣，使革新運動達到高潮。

三、完成階段從宋英宗朝至哲宗朝

主要代表作家是王安石、曾鞏、蘇洵、蘇軾、蘇轍以及黃庭堅、秦觀等人。

王安石把詩文革新作為推行「新法」的一個重要組成部分，提出文章的內容應有關「禮教治政」，「務爲有補於世」，「以適用爲本」（〈上人書〉等）。他一再痛斥「章句聲病，苟尚文辭」（〈取材〉）的傾向，在詩歌方面獨尊杜甫。曾鞏、蘇洵及蘇轍等人，也各自以其文學理論和創作實踐，在運動的深入發展中發揮了骨幹作用，而領導這次運動取得全勝的是蘇軾。

蘇軾是繼歐陽修之後文壇領袖。他提出詩文應「有爲而作」、「言必中當世之過」（〈鳧繹先生詩集敘〉），號召作家要「緣詩人之義，托事以諷，庶几有補於國」（蘇轍〈東坡先生墓誌銘〉）。但他很重視文學藝術的特徵，一再指出：文學本身有如精金美玉，自有定價（見〈答劉沔都曹書〉等）。他又提出了「隨物賦形」、「辭達」、「胸有成竹」、「傳神寫意」、「詩中有畫」等著名論點，指導當時的創作。他的詩文詞賦，都體現北宋文學的最高成就。蘇軾也重視人才。被稱為「蘇門四學士」的黃庭堅、秦觀、張耒及晁補之，以及陳師道等人，都成了北宋後期傑出的作家，對北宋文學繁榮都作出了貢獻。

北宋詩文革新運動，繼唐代古文運動之後，又一次把古代文學、特別是散文以及文論的發展推進了一大步。此後，以「唐宋八大家」為代表的古文傳統，一直為元明清散文家奉為正宗，而明清散文更多取法於歐陽修、曾鞏及蘇軾等。

2、唐宋古文八大家之文學主張是否一致，試就所知說明之。（82中正）

答

一、韓愈的文學主張——請參見第十四章第13題。

二、柳宗元的文學主張——請參見第十四章第13題。

三、歐陽修的文學主張——請參見本章第9題。

四、蘇洵的的學主張

蘇洵論文，反對浮艷怪澀的時文，提倡學習古文，強調文章要「得乎吾心」，寫「胸中之言」；主張文章應「有爲而作」，「言必中當世之過」。他還探討了不同文體的共同要求和不同寫法。他特別善於從比較中品評各家散文的風格和藝術特色，例如〈上歐陽內翰第一書〉對孟子、韓愈和歐陽修文章的評論就很精當。

五、蘇軾的文學主張

蘇軾論文重視文學的社會功能，主張「務令文字華實相副，期於適用」(〈與元老侄孫〉)，反對「貴華而賤實」，強調作者要有充實的生活感受，以期「充滿勃鬱而現於外」(〈南行前集敘〉)。他認為為文應「如行雲流水，初無定質。」，「文理自然，姿態橫生。」

〈答謝民師書〉）。不能「屈折拳曲，以合規繩。」（〈送水丘秀才序〉），更不應「使人同己」（〈答張文潛書〉）。要敢於革新獨創：「出新意於法度之中，寄妙理於豪放之外。」（〈書吳道子畫後〉）。

蘇軾重視文藝創作技巧的探討，他用「求物之妙如繫風捕影，能使是物了然於心」，進一步「了然於口與手」來解釋「辭達」（〈答謝民師書〉），已經觸及了文藝創作的特殊規律。

六、蘇轍的文學主張

蘇轍其古文理論大致上和他父兄相近，但也自有他的主張。蘇轍提出作文養氣主張，認為「氣充乎其中，而溢乎其貌，動乎其言，而見乎其文而不自知也。」他之所謂氣是比較偏於閱歷交遊所得的奇氣。不同於曹丕所謂「雖在父兄不能以移子弟」的才氣，亦不同於道學家所謂的理氣。養氣的方法不是由品德培養，而是著重閱歷，外在的激發。

七、曾鞏的文學主張

曾鞏的文論，比較重視「道」、「法」和「事理」。他認為「道」是一成不變的，「法」則可以隨時而易，「蓋法者所以適變也，不必盡同；道者所以立本也，不可不一：此理之不易者也。」（《戰國策・序》）。基於此，他認為作文章要注意「事理」，因此，他比較輕視辭章之文，而重視學術文章，對於史傳和碑志文尤為重視。認為寫此類文章「必得其所托而後能傳於久」(《南齊書目錄．序》),所以要選良史之才以寫史,用蓄道德能文章者以寫碑志,如是,其文才能取信於人而傳之久遠,才能明事達理,以文貫道。這就為後來古文家的「義法論」開了先路。

八、王安石的文學主張

王安石的文學主張和歐陽修一樣,堅決反對西崑體文風。他在〈上人書〉中強調文學和政治的聯繫,說:「嘗謂文者,禮、教、治政云爾。」要求文學為現實政治服務。

他一方面肯定韓愈、柳宗元在唐代古文運動中的歷史功績,又反對他們過多地在語言文字上下功夫。他作〈韓子〉一詩,批評韓愈「力去陳言誇末俗,可憐無補費精神」。他提出「務為有補於世」(〈上人書〉)的主張,要求寫作有明確的目的,應對社會現實發生積極作用。他提出「以適用為本」,把文章的內容和形式關係比作器物和器物外形的圖飾,前者為主,後者亦不可廢,只是「勿先之其可也」。這種看法符合應用文的實際,但對文學作品來說有一定的片面性。忽視藝術形式,缺乏藝術性的作品,思想內容既得不到充分表現,社會效果也將大為削弱。

3、唐代第一波古文運動,與宋代第二波古文運動,在古文理論之建立上,有何異同?試比較以明之。(82師大)

4、略述唐、宋兩代古文運動的異同。（84東吳）

5、概述唐宋古文運動的發展與演變。（84暨南）

6、第二次古文運動的情形與內容。（84華梵）

7、試述唐宋八大家文風的轉變。（85輔大）

8、試從文學背景及思想背景說明古文運動產生的原因。（88清華）

答 宋代的古文運動是繼唐代古文運動之後的又一次自覺的文學運動。既然都稱為「古文運動」，則兩者之間相同之處；既然在第一次之後又必須掀起第二次，則兩者之間必然又有相異之處。

一、相同之處

唐、宋兩次古文運動的背景、目的與用心是相同的。他們都以復古為口號行革新之實，都以古文為手段，行濟世之抱負。唐代古文運動面臨的是自西漢以來的「八代之衰」，宋代所面臨的是五代與宋初的流弊，他們反對的都是華而不實、浮靡輕薄的時文，亦即專講駢四儷六的駢體文，因而在創作理論和創作實踐上都非常重道，亦即重文章的思想內容。韓、柳提出「文以明道」的主張，寫出了許多「留意於當世之得失」的文章。這一傳統到了宋代得到了很好的繼承。王禹偁首先重申了「傳道而明心」（〈答張扶書〉）的主張，完成了唐宋古文之間的延續。歐陽修更提出了「我所謂文，必與道俱」（蘇軾〈祭歐陽文忠公文〉引）的口號，因而重視文章的思想內容，強調文章要「言之有物」更成為宋代古文的一大特色。

二、相異之處

㈠批判對象的明確性不同

唐代的古文家有他們批判的對象，但翻遍他們的言論，他們所針對的不過是浮華時文。他們在理論上共同的傾向是立多破少，沒能把他們所要革除對象的具體內涵和特徵系統而明確地揭示出來。如韓愈只是偶爾提到「齊梁及陳隋，眾作等蟬噪」，柳宗元只是泛泛地形容時文是「周文錦覆陷井」等等。

但宋人則不同，他們壁壘森嚴，針對性十分強烈。柳開、王禹偁主要是反五代不良文風。至穆修、石介、范仲淹又增加了對西崑體的批判。如石介就指名道姓地猛烈攻擊楊億「窮妍極態，綴風月，弄花草，浮巧侈麗，浮華篡組，刻鏤聖人之經，離析聖人之意，蠹傷聖人之道」（〈怪說〉）。至歐陽修則在前人的基礎上又增加了對專講「求深」、「務奇」的「太學體」的批判，有效地防止了「餘風未殄，新弊復作」的傾向，使古文運動走上更蓬勃發展的道路。

㈡創作理論內容不盡相同

在創作理論上，唐宋兩代雖都強調重道，但二者「道」的內含卻不盡相同。唐古文運動的先驅者們，除元結外，無一不把道等同於「六經」，韓愈論道也多偏重理念與形而上的東西，大倡所謂「行之乎仁義之途，遊之乎詩書之源」、「扶樹教道，有所明白」（〈上兵部李侍郎〉），甚而憑空杜撰了所謂的「道統」。因此，他們的文章說教味太濃，有的就不免淪為空泛而迂腐。元結和柳宗元論道較重實際，如柳宗元曾這樣闡述過「道」：「道假辭而明，辭假書而傳，要之之道而已耳。道之及，及乎物而已耳。」（〈報崔黯秀才論為文書〉）所以柳宗元反映社會現實問題的文章就相對多些。

北宋古文家，特別是在歐陽修之後，在論道時大大發揮了柳宗元的理論。歐陽修所講的道，主要也是儒家的傳統的道，但他所強調的不在於倫理綱常，而在於關心百事。其〈與張秀才第二書〉，批評了那些脫離實際、侈談所謂古道的人：「然而述三皇太古之道，捨近取遠，務高言而鮮事實，此少過焉」。論文而重道，論道而重於關心百事，反對捨近取遠，「務高言而鮮事實」，強調「其道易知而可法，其言易明而可行」，這就把道的內容，也就是把文的內容和社會現實聯繫起來，說明文學作品是不能脫離現實生活的。作者愈能認識和表現這樣的道，也就愈可能寫出優秀的作品來；內容愈充實，作品也就愈光輝。這一傳統被蘇軾和王安石繼承與發展。蘇軾絕不空談道與理，並且斥與他同時的理學家空談道學為「不近人情」。王安石更將這一理論發展到極端，甚至說：「文者，禮教治政云爾。」（〈上人書〉）把文與道統統歸屬於現實政治。

三文風的不同

宋代古文家雖然風格各異，但平淡自然，質樸通暢，則是他們的共同特點。唐代古文家則不同，在韓柳之前還不失其古樸的特點，但韓柳之後，特別是韓門的末流，卻把古文引上了詰屈聱牙、棘舌澀口、奇險怪異的歧途。韓愈一方面提倡「文從字順」，一方面又提倡「陳言務去」和「怪怪奇奇」。他自己在創作上平衡兩者之間的關係，但他在理論上卻始終處於一種矛盾的狀態。為了反對時文的平庸，他不得不尚奇；為了反對時文的華靡，他不得不尚質。而這種非大手筆不能統一起來的衝突，到了韓門末流就難免走入偏激的一隅，導致了唐代古文運動的衰敗。

宋古文家從一開始就記取這一前車之鑒，將平易通暢推為論文的首要宗旨。歐陽修曰：「孟韓必雖高，不必似之也，取其自然耳。」（曾鞏〈與王介甫第一書〉引）王安石將「看似尋常最奇崛，成如容易卻艱辛」（〈題張司業詩〉）視為文章的最高境界；蘇軾將「行雲流水」、「外枯而中膏，似淡而實美」（〈評韓柳詩〉）視作藝術的顛峰。在這種理論的指導下，宋代古文一般都平實質樸、娓娓動人，給人以更多的親切感。

9、歐陽修在文壇、詩壇、詞壇上各有何地位？其《六一詩話》在文學史上之地位如何？（62輔大）

10、就古文、詩、詞、文學批評，論歐陽修在宋文學地位。（63台大）

11、試說明歐陽修在文學史上之地位。（74台大）

12、試述歐陽修在古文、詩、詞、文學批評上之成就。（80清華）

13、試述韓愈、歐陽修對中國文學發展的貢獻。並說明兩人在創作上的成就。（80清大）

答 歐陽修大力倡導詩文革新運動，改革了唐末到宋初的形式主義文風和詩風。由於他在政治上的地位和散文創作上的成就，使他在宋代的地位有似於唐代的韓愈，「天下翕然師尊之」。他薦拔王安石、曾鞏、蘇洵、蘇軾、蘇轍等散文家，對他們的散文創作發生過很大的影響。其中，蘇軾繼承和發展了他所開創的一代文風。北宋以及南渡後很多文人學者都很稱贊他的散文的平易風格。他的文風，還一直影響到元、明、清各代。

一、文學理論的主張（文學批評）

㈠繼承並發展韓愈的文論

在文學革新的理論上，歐陽修繼承並進一步發展韓愈的主張。對於「文」和「道」的關係，他和韓愈一樣，強調「道」對「文」的決定作用，他說：「道純則充於中者實，中充實則發爲文者輝光。」又說：「大抵道勝者，文不難而自至也。」應該注意的是，歐陽修所理解的「道」，是和現實生活相聯繫的。而且，歐陽修並沒有忽視「文」的作用，他認為有充分道德修養的人，並不一定就是文章家，他說：「自《詩》、《書》、《史記》所載，其人豈必能言之士哉？」事實上，歐陽修本人的創作實踐，就是既重「道」又重「文」，既有充實的社會生活內容，也十分注重文章的表現形式和寫作技巧。

㈡提倡平易暢達的文風

在語言表現和文章風格方面，他發展韓愈「文從字順」的藝術風格，反對西崑體華而不實的駢儷文風，揚棄了韓門後學的艱深險怪，提倡寫「其道易知而可法，其言易明而可行」的文章，也就是蘇軾所說的「其言簡而明，信而通」的文章。

㈢窮而後工

歐陽修還善於論詩。在《梅聖俞詩集．序》中，他提出詩「窮者而後工」的論點，發展了杜甫、白居易的詩歌理論，對當時和後世的詩歌創作產生過很大的影響。他的《六一詩話》是中國文學史上第一部詩話，以隨便親切的漫談方式評敘詩歌，成為一種論詩的新形式。後代詩人群起傚法，這成宋代詩話繁興的局面。

二、散文成就

歐陽修一生寫了五百餘篇散文，各體兼備，有政論文、史論文、記事文、抒情文和筆記文等。

㈠散文風格流暢婉轉

歐陽修的散文大都內容充實，氣勢旺盛，具有平易自然、流暢婉轉的藝術風格。敘事既得委婉之妙，又簡括有法；議論紆徐有致，卻富有內在的邏輯力量。章法結構既能曲折變化而又十分嚴密。〈朋黨論〉、《新五代史．伶官傳序》、〈與高司諫書〉、〈醉翁亭記〉、〈豐樂亭記〉及〈瀧岡阡表〉等，都是歷代傳誦的佳作。

㈡開宋代筆記文創作的先聲

歐陽修的筆記文，有《歸田錄》、《筆說》及《試筆》等。文章不拘一格，寫得生動活潑，富有情趣，並常能描摹細節，刻畫人物。其中《歸田錄》記述了朝廷遺事、職官制度、社會風習和士大夫的趣事軼聞，介紹自己的寫作經驗，都很有價值。

㈢賦極富特色

歐陽修著名的〈秋聲賦〉運用各種比喻，把無形的秋聲描摹得非常生動形象，使人彷彿可聞。這篇賦變唐代以來的「律體」為「散體」，對於賦的發展具有開拓意義。

三、詩歌成就

歐陽修的詩歌創作成就不及散文，但也很有特色。他的一些詩反映人民的疾苦，揭露社會的黑暗，如〈食糟民〉、〈答楊子靜祈雨長句〉。

他的詩在藝術上主要受韓愈影響。〈凌溪大石〉、〈石篆〉及〈紫石屏歌〉等作品，模仿韓愈想像奇特的詩風。但多數作品，主要學習韓愈「以文為詩」，即議論化、散文化的特點。雖然他以自然流暢的詩歌語言，避免了韓愈的險怪艱澀之弊，但仍有一些詩說理過多，缺乏生動的形象。

歐陽修還有一部分詩作寫得沈鬱頓挫，筆墨淋漓，將敘事、議論、抒情結為一體，風格接近杜甫，如〈重讀〈徂徠集〉〉、〈送杜岐公致仕〉；另一部分作品雄奇變幻，氣勢豪放，卻近於李白，如〈廬山高贈同年劉中允歸南康〉。更多的寫景抒情作品，或清新秀麗，或平淡有味，如〈黃溪夜泊〉中的「萬樹蒼煙三峽暗，滿川明月一猿哀」，〈春日西湖寄謝法曹歌〉中的「雪消門外千山綠，花發江邊二月晴」等。

四、詞的成就

歐陽修擅長寫詞，而且是當時寫詞較多的作家，主要收在《六一詞》和《醉翁琴趣外編》中。比起他的散文、詩歌來，他的詞的內容要狹小得多，不外是戀情相思、酣飲醉歌、惜春賞花之類，而其中大半描寫男女戀情。在詞中歐陽修一變他在詩文中的「莊重」的儒家面孔，表現了風流蘊藉的情調。

在藝術上，歐陽修和晏殊一樣，更多地接受了南唐馮延巳的影響。他的詞一般都寫得清麗明媚、語淺情深。在他的不少詞作中，尤其是即景抒懷的作品裡洗刷了晚唐五代以來的脂粉氣和婉約情調，寫景明快，抒情直爽，使詞格向清疏峻潔方面發展，為後來蘇軾一派豪放詞開了先路。

14、從文學史上說明蘇東坡的造詣。（70輔大）
15、試述蘇軾的文學理論和他在散文創作方面的成就。（88師大）

答

蘇軾具有多方面的文學藝術才能，詩、詞、文、繪畫、書法、音樂等，莫不有著精湛的造詣，他的文學創作顯示了獨特的藝術個性和卓越的藝術天才。

蘇軾是個全能作家，他以豐富的、多方面的創作實踐，最後完成了北宋詩文革新運動，並把這一運動的某些精神擴展到詞的領域，進一步轉變了詞風。

一、詩歌成就

㈠題材廣泛，內容豐富多采

蘇軾對古近各體均能駕馭自如，但更長於古體和七言。他的七古「波瀾浩大，變化不測」，最能體現奔放的才情，如〈送李公恕赴闕〉、〈法惠寺橫翠閣〉、〈送沈逵赴廣南〉及〈雪浪石〉等，都妙筆馳騁，奇氣橫溢。五古如〈寒食雨〉、〈高郵陳直躬處士畫雁〉等，則寫得樸厚無華，詞清味腴，以自然入妙見勝。蘇軾的七律也很出色，如〈和子由澠池懷舊〉、〈初到黃州〉及〈汲江煎茶〉等，都是氣韻天成的佳篇。其格調流麗圓轉，略與白居易、劉禹錫詩風相近，而更為奇警。蘇軾對五言近體用力較少，五律五絕不多，而七絕則寫得精美明快，有不少傳誦頗廣的名篇。

(二)以文為詩，富於理趣

1、表現在章法上的散文化

如〈金山寺〉在構思上明寫江水，暗寫思鄉，而結構上則直敘遊歷，由遊金山寺之所思、所見、所感三部分一氣呵成。〈百步洪〉的鋪排景物，〈吳中田婦嘆〉的直陳時事，皆是散文章法與筆法。

2、表現爲喜發議論，談指理

宋詩善言理，蘇軾詩更為突出。如〈題西林壁〉、〈澠池懷子由〉及〈於潛僧綠筠軒〉等篇，或講認識事務的道理，或抒發人生來去無定的感慨，或講品德情操，這些議論皆寓於形象之中，取譬精當，生動警策，發人深省。

(三)濃厚的浪漫主義色彩

蘇軾大量的詠物詩和抒發個人感慨的優秀詩篇，在手法上多藉助於豐富的想像和奇妙的比喻以創造優美境界，增強藝術效果。如〈飲湖上初晴雨後〉中的「欲把西湖比西子，淡妝濃抹總相宜」，即通過新奇的比喻喚起人們的聯想，以想像中的天然美為湖山增色。再如〈百步洪〉，連用七個比喻來狀船行之快，使詩的形象飛動鮮明。詩人正是通過這些豐富的想像和貼切的比喻，把讀者帶進了美麗神奇的浪漫主義境界。

二、散文成就

蘇軾對散文用力很勤，他以紮實的功力和奔放的才情，發展了歐陽修平易舒緩的文風，為散文創作開拓了新天地。

㈠論文

談史議政的論文，包括奏議、進策、史論等，大都是和蘇軾政治生活有密切聯繫的作品。其中除了一部分大而無當帶有濃厚的制科氣外，確也有不少有的放矢、頗具識見的優秀篇章。如〈進策〉、〈思治論〉透闢地分析了當時的時政，針砭時弊，提出了系統的改革政見；〈留侯論〉一掃黃石公授書的神祕色彩，論證秦末隱士有意啟迪張良促其執行正確的策略，見解新穎，不落窠臼。

這些論文雄辯滔滔，筆勢縱橫，善於騰挪變化，體現出《孟子》、《戰國策》等散文的影響。

㈡敘事記遊文

敘事記遊的散文在蘇文中藝術價值最高，有不少廣為傳誦的名作。記人物的碑傳文如〈方山子傳〉、〈書劉庭式事〉，能藉助於生活片斷和有代表性的細節顯示人物性格。〈潮州韓文公廟碑〉有敘有議，結合韓愈一生遭遇，評述了他對文學儒學的貢獻，寫得議論風生，氣勢充沛。記樓臺亭榭的散文，如〈喜雨亭記〉、〈超然臺記〉及〈韓魏公醉白堂記〉，或表達關心稼穡、與民同樂的思想，或體現遊於物外、無往不樂的襟懷，或讚揚嚴於律己、廉於取名的風節，都善於藉事寓理寄情，且文意翻瀾，發人深思。其寫景的遊記，更以捕捉景物特色和寄寓理趣見長。如〈石鐘山記〉寫夜泊絕壁奇境，情調森冷，聳人毛髮；前後〈赤壁賦〉，一寫清風朗月的秋光，一寫水落石出的冬景，描繪逼真，境界若畫。這些遊記也不單純留連風月，而總是即地興感，藉景寓理，達到詩情畫意和理趣的和諧統一。

蘇軾的記敘體散文，常常融議論、描寫和抒情於一爐，在文體上，不拘常格，勇於創新；在風格上，因物賦形，汪洋恣肆，更能體現出《莊子》和禪宗文字的影響。

㈢雜文

書札、題記、敘跋等雜文，在東坡集中也占有重要地位，蘇軾廣於交遊，篤於友誼，「簡易疏達，表裡洞然」，所寫書札尺牘如〈上梅直講書〉、〈與李公擇書〉、〈答秦太虛書〉及〈答參寥書〉等，大都隨筆揮灑，不假雕飾，使人洞見肺腑，最能顯現出作者坦率、開朗、風趣的個性。蘇軾興趣廣泛，多才多藝，寫了不少題記、序跋、雜著，品詩評畫，談論書法，總結創作經驗。如〈南行前集敘〉、〈書吳道子畫後〉、〈文與可篔簹谷偃竹記〉及〈書蒲永升畫後〉等，都緊緊扣住文藝創作的特徵，闡發了對文藝問題的真知灼見。此外，蘇軾還有一些記述治學心得的雜文，如〈日喻〉、〈稼說〉等，寫法上能就近取譬，深入淺出，內容上也有不少獨得之見。

三、蘇詞的成就——請見第十七章第15題。

四、蘇軾在文學史上的影響

蘇軾的文學創作代表著北宋文學的最高成就，在當時的作家中享有巨大的聲譽，對後世的影響更為深遠。

蘇軾十分重視文學人才的發現和培養，號稱「蘇門四學士」的黃庭堅、秦觀、張耒、晁補之，以及和「四學士」合稱「蘇門六君子」的陳師道、李廌，都曾受到蘇軾的關注和獎掖。他還向其他後輩作家傳授自己的寫作經驗，在文壇上始終處於領袖的地位。

蘇軾的詩歌影響著有宋一代的詩歌面貌。金代有所謂「蘇詩運動」。明代公安派一方面反對「詩必盛唐」的復古主義，一方面重視蘇軾的詩歌，如袁宗道就因喜愛白居易和蘇軾的詩歌，而把自己的書齋取名為「白蘇齋」。清代的宗宋派詩人，如錢謙益、宋犖、查慎行等都深受蘇軾的影響；不少人在南宋以來許多蘇詩注本的基礎上，重新對蘇詩進行編訂、注釋和評點，出現了不少研究蘇詩的學者。

蘇軾所開創的豪放詞風在南宋愛國詞人手中得以發揚光大，形成蔚然大觀的「蘇辛詞派」。直到清代，陳維崧、曹貞吉、顧貞觀及蔣士銓等人都效法蘇辛。

蘇軾的散文對後代也有廣泛的影響。陸游說：「建炎以來，尚蘇氏文章，學者翕然從之」

（《老學庵筆記》）。呂祖謙編《古文關鍵》，曾專門選錄韓、柳、歐、曾及蘇氏文章，為寫作古文的典範。明代茅坤編《唐宋八大家文鈔》，其中以選錄歐陽修、蘇軾的文章為最多。明代公安派在標舉「獨抒性靈」時，就有意學習蘇軾的小品文。清代袁枚、鄭板橋的散文，與蘇文都有一脈相承的關係。

16、唐宋八大家之散文，造詣有別，風格互異，試論述之（76成大）。
17、歐陽修、曾鞏、王安石咸善屬文，試分評之。（80清華）

答

一、韓愈的散文風格——請參見第十四章第19題。
二、柳宗元的散文風格——請參見第十四章第20題。
三、歐陽修的散文風格——請參見本章第9題。
四、蘇軾的散文風格——請參見本章第15題。

五、蘇洵的散文風格

蘇洵散文長於議論，關於政治軍事的文章不少。他作文的主要目的是「言當世之要」，是為了「施之於今」。在《衡論》和〈上皇帝書〉等重要議論文中，他提出了一整套政治革新的主張。曾鞏說蘇洵「頗喜言兵」。蘇洵的《權書》、《幾策》中的〈審敵〉篇、《衡論》中的〈御將〉和〈兵制〉篇，還有〈上韓樞密書〉、〈制敵〉和〈上皇帝書〉，都論述了軍事問題。在著名的〈六國論〉中，他認為六國破滅，弊在賄秦。實際上是借古諷今，指責宋王朝的屈辱政策。〈審敵〉更進一步揭露這種賄敵政策的實質是殘民。〈兵制〉提出了改革兵制、恢復武舉、信用才將等主張，《權書》系統地研究戰略戰術問題。

蘇洵的抒情散文不多，但也不乏優秀的篇章。在〈送石昌言使北引〉中，他希望出使契丹的友人石昌言不畏強暴，藐視敵人，寫得有氣勢。〈張益州畫像記〉記敘張方平治理益州的事跡，塑造了一個寬政愛民的形象。〈木假山記〉藉物抒懷，讚美一種巍然自立、剛直不阿的精神。

蘇洵的散文論點鮮明，論據有力，語言鋒利，縱橫恣肆，具有雄辯的說服力。歐陽修稱讚他「博辯宏偉」、「縱橫上下，出入馳驟，必造於深微而後止」（〈故霸州文安縣主簿蘇君墓誌銘〉）；藝術風格以雄奇為主，而又富於變化。一部分文章又以曲折多變、紆徐宛轉見長。他的文章語言古樸簡勁、凝煉雋永；但有時又能鋪陳排比，尤善作形象生動的妙喻，如

〈仲兄字文甫說〉，以風水相激比喻自然成文的一段描寫，即是一例。

六、蘇轍的散文風格

蘇轍生平學問深受其父兄影響，以儒學為主，最傾慕孟子而又遍觀百家。他擅長政論和史論，在政論中縱談天下大事，如〈新論〉說「當天下之事，治而不至於安，亂而不至於危，紀綱粗立而不舉，無急變而有緩病」，分析當時政局，頗能一針見血。〈上皇帝書〉說：「今世之患，莫急於無財」，亦切中肯綮。史論同父兄一樣，針對時弊，古為今用。〈六國論〉評論齊、楚、燕、趙四國不能支援前方的韓、魏，團結抗秦，暗喻北宋王朝前方受敵而後方安樂腐敗的現實。〈三國論〉將劉備與劉邦相比，批評劉備「智短而勇不足」，又「不知因其所不足以求勝」，也有以古鑒今的寓意。

蘇轍古文，蘇軾稱為「體氣高妙」，《宋史》本傳稱「汪洋澹泊」、「有秀傑之氣」。

七、曾鞏的散文風格

曾鞏在八大家中，絕少抒情作品，多是議論文和記敘文。就是記敘文中也常有議論。他的散文以議論見長，立論精策，說理曲折盡意。其特點有幾個方面：

㈠是議論文章寫得紆徐委備，與歐陽修的風格近似。

〈例如上歐陽舍人書〉、〈上蔡學士書〉論歷代治亂得失，語氣和緩，感慨卻很深切。

㈡是文雖質樸，但縱橫開合，有搖曳之姿。

如〈贈黎安二生序〉、〈王平甫文集序〉兩文，都為懷才不遇者吐氣，融注著作者的憤懣和不平，但他沒讓感情一瀉無餘地發展，而是以一波三折的語調緩緩議論下去。

㈢曾鞏的文章又善於記敘，其特點是條理分明，俯仰如意。

如〈越州趙公救災記〉寫趙公「前民之未飢，爲書問屬縣」將紛繁雜亂的事項，敘述得條分縷析，頭緒分明。

曾鞏還有一些記敘文字，雖似不文，卻極精練，無不達之意。偶有寫景之作，極刻畫之工。例如〈道山亭記〉寫道山亭所在之地的山川之險，精雕細刻，很有特色。還有一些論及學術、文藝的文章，例如圖書「敘錄」以及〈宜黃縣縣學記〉、〈墨池記〉等，縱談古今，不無卓見。

《宋史．曾鞏傳》評論曾鞏的文章說：「曾鞏立言於歐陽修、王安石間，紆徐而不煩，簡奥而不晦，卓然自成一家，可謂難矣。」這一評語是比較切合實際的。

八、王安石的散文風格

王安石的散文以政論性的為多。這些作品，大都針對時弊，根據深刻的分析，提出明確的主張，具有極強的說服力量。如〈本朝百年無事劄子〉，通過對北宋百年來政治情況的分析批評，指出「大有爲之時，正在今日」，希望神宗在政治上能夠有所建樹，表現了他對現實形勢的關心和剛毅果斷的政治家風度。〈答司馬諫議書〉，剖析司馬光對新法的指責，言簡意賅，措詞委婉而堅決，表現了他堅持原則的政治態度。又如〈讀孟嘗君傳〉，根據對歷史實際的分析，指出雞鳴狗盜之徒出其門正是不能得士的明證，駁斥了孟嘗君善養士的傳統觀念。王安石的散文比較重視理論的說服力，較少注意醞釀氣氛，描摩物象，從感情上打動讀者，因此他的散文一般立意超卓，具有較強的概括力與邏輯性，語言簡練樸素。

記敘文中人物傳記如〈先大夫述〉，運用樸實的語言記敘其父王益居官清廉正直。著墨不多，而給人的印象較為鮮明。〈傷仲永〉寫仲永因後天不學終於由神童淪為常人的可悲經歷，申述勸學之旨，題材很典型。墓誌碑文，為數甚多，通常是概括敘寫墓主生平、歷官、品格，文筆簡妙老潔，偶爾插入幾則生動故事，顯得重點突出，親切感人。遊記如〈遊褒禪山記〉，「借題寫己，深情高致，窮工極妙」（《御選唐宋文醇》卷五十八引李光地語）。一般說來，王安石的記敘散文不重寫景狀物、鋪陳點染，而屬意於借端說理、載道見志，因而某些作品顯得形象性不足。

抒情文以祭文為多。用四言韻語寫的，如〈祭東向元道文〉、〈祭范潁州仲淹文〉等，辭語古樸，情意真摯，頗有感染力；用雜言韻文寫的，如〈祭歐陽文忠公文〉，高度讚揚歐陽修的文學成就和道德情操，詞清韻幽，感激歔欷，在當時各家所寫的歐陽修祭文中，最為傑出。贈序中也有抒情文，如〈同學一首別子固〉，抒寫朋友間相警相慰之意，唱嘆有情，婉轉深厚。

王安石早年為文主要師法孟子和韓愈，後來兼取韓非的峭厲，荀子的富麗和揚雄的簡古，融會貫通，形成峭刻幽遠、雄健剛直、簡麗自然的獨特風格。

第二十章　宋代話本

研讀重點

一、何謂話本？
二、話本的結構特色
三、話本興起的原因
四、話本的家數
五、話本的藝術成就
六、話本的作品
七、話本對後代文學的影響
八、唐傳奇與宋話本之比較

1、何謂「話本」？宋人話本的家數及結構為何？（83台大）

2、試述宋元話本之體制，並分析下列話本小說之內容：〈錯斬崔寧〉、〈碾玉觀音〉、〈杜十娘怒沈百寶箱〉、〈白娘子永鎮雷峰塔〉。（87花師、高師大）

答

一、說話與「話本」

中國古代小說發展到了宋代，出現了一次重大的變化，就是由唐代的文言傳奇轉變到白話小說「話本」。從此，白話小說在文壇上，成為小說的主要形式。

宋代的「話」，即故事，「說話」，是說書人講演各種類型各種題材的故事；而「話本」是講述各種故事的底本。底本，是作為說話人推敲、複習、備忘和師徒間傳授用的。在說的過程中，又經過藝人的不斷刪補、潤色，寫定傳抄，最後刊印問世。

二、話本的結構

宋代的話本小說因受唐代變文的影響或因「說話」形式的需要，而形成其獨特的形式。一篇話本可分為三個部分：即入話、正文，結尾。

(一)入話

在篇首先講幾首詩詞，很像變文前的押座文，發揮穩定聽眾情緒的作用。此即後來演化為雜劇的定場詩。在詩詞之後往往還有一個小故事，引出正文，也叫「得勝頭迴」或叫「得勝利市頭迴」。

㈡正文

這是話本小說的主體。以散文為主，其中也穿插一些詩詞。散文主要是講述故事；詩詞則幫助描繪景色和人物，以加強藝術感染效果。

㈢結尾

一般以七言絕句作結，或點明主題，或評論故事，或以之勸誡。

由於話本是散文和韻文的混合體，因此，宋、元時期又將話本稱之「詩話」或「詞話」。

三、話本的家數

宋代的說話技藝蓬勃，說話藝人既多，「話」的範圍也大大擴充，分工自然十分精細。當時有很多獨立的家數成立，每家各專一藝。歸納起來，宋代話本可分為下面四家：

㈠小說

又叫「銀字兒」，有講有唱，（可用銀字笙、銀字觱篥伴奏）大多是一些短篇故事，內容十分豐富，有煙粉、靈怪、傳奇、公案、朴刀桿棒和說鐵騎兒等。

㈡講史

只說不唱，只講述一些長篇的歷史故事，大多以前代的史事作為根據。

㈢說經

由唐代的俗講演變而來，主要是一些關於宗教的故事。

㈣合生

可以由兩人演出，由一人指物定題，另一人應命成詠。

在《武林舊事》中，記下說話人的姓名。說小說者有五十二人、講史者有二十三人、說佛者有十七人、說合生者只一人。由此可見，以上四家以小說及講史最為普遍。

3、試述宋人話本有何特殊結構？其意義為何？（62輔大）

4、試述宋人話本的特色及其產生背景。（77台大）

5、試述宋代傳奇小說衰落而話本小說興起的原因。（78台大）

6、略述宋元話本產生之時代背景及其特色。（82政大）

7、請簡單說明宋代話本小說的特色及其影響。（82淡江）

答

一、話本的特殊結構

宋人話本，無論長篇或短篇，皆有其共具之結構。此種結構，為前代小說所無。茲分下列四方面敘之：

㈠以詩或詞起，以詩或詞結

即故事進行之際，說話人亦常以「正是」、「卻似」、「有詩爲證」、「有詞爲證」等語使情節暫停，唱幾句詩或詞，然後再講說下去。話本又稱為詩話或詞話，即有時有話，或有詞有話之意。

㈡定場詩之後，正文之前，常插入一段「入話」

蓋說話人當聽眾尚未畢集之際，既不便言歸正傳，又不能使先到聽眾枯坐以待，故先講一段與正傳有關之故事或閒話，然後由此轉入正傳。入話又名「得勝頭迴」。如〈錯斬崔寧〉於定場詩之後曰：「這回書單說一個官人，只因酒後一時戲笑之言，遂至殺身破家，陷了幾條性命。且先引一個故事來權做個得勝頭迴。」入話有長有短，要在說話人視當時情形運用。

㈢說話人可隨時打斷故事，加入一段議論，於故事正在高潮時亦然

宋人話本又稱平話，平者評之省，即有評有話之意。如〈錯斬崔寧〉於崔寧、陳氏被判死刑，押赴市曹行刑示眾時，說話人即現身說法：「看官聽說：這段公事，果然是小娘子與那崔寧謀財害命的時節，他兩人須逃走他方，怎的又去鄰舍人家借宿一宵？明早又走到爹娘家去，卻被人捉住了？這段冤枉，仔細可以推詳出來。誰想問官糊塗，只圖了事；不想捶楚

之下，何求不得？冥冥之中，積了陰隲，遠在兒孫近在身，他兩個冤魂也須放你不過。所以做官的不可率意斷獄，任情用刑；也要求個公平明允，道不得個死者不可復生，斷者不可復續。可勝嘆哉！」然後，以「閒話休提」一語言歸正傳。

(四)說話人常於故事緊要關頭或最精彩處打住，留待下回再講；長篇話本自須分章分回，即短篇者如〈碾玉觀音〉等篇亦然

說話人為生意計，此種手法自最能吸引長期顧客。明、清章回小說之「欲知後事如何，且聽下回分解。」即導源於此。

以上四點結構上之特色，就小說藝術之完整而言，均為不必要之敗筆；然就其為話本而言，則又屬必需。明、清之章回小說已非說話人底本，而仍因襲此種舊套，則全然蛇足矣。宋亡之後，說話亦衰。元代話本，多屬擬宋人之作，其時代意義自不及宋人作品。

二、話本興起之因

宋元兩朝是傳奇小說衰落，話本興起的一個時代，這其間興起衰落的原因，試細敘如下。

(一)宋代傳奇小說沒落

唐人小說，不論思想性或藝術性，都大大超越了前人的成就，幾乎可與輝煌的詩歌並駕。但唐人創造的這一新型的小說文體，到宋代就衰落了。魯迅在《中國小說史略》中云：

「宋一代文人之爲志怪，既平實而乏文采，其傳奇，又多託往事而避近聞，擬古且遠不逮，更無獨創之可言矣。」魯迅還在《中國小說的歷史的變遷》一書中分析了宋代文言小說衰落的原因：「傳奇小說，到唐亡時就絕了。至宋朝，雖然也有作傳奇的，但就大不相同。因爲唐人大抵描寫時事；而宋人則極多講古事。唐人小說少教訓；而宋則多教訓。大概唐時講話自由些，雖寫時事，不至於得禍；而宋時則諱忌漸多，所以文人便設法迴避，去講古事。加以宋時理學極盛一時，因之把小說也多理學化了，以爲小說非含有教訓，便不足道。但文藝之所以爲文藝，並不貴在教訓，若把小說變成修身教科書，還說什麼文藝。」

然而在民間，卻產生了用俚語寫成的「話本」，即今所謂「白話小說」。

(二)宋元話本興起的原因

話本是「說話」藝人的底本。「說話」是隋唐時代的習語，是講故事的意思。話本便是隨著說話這種技藝發展起來的一通俗文學形式，是當時的白話小說。話本裡有詩有話、有詞有話、有評有話，所以又叫做「詩話」、「詞話」或「平話」。其興起的原因有：

1、都市繁榮

話本在唐代早已出現，到了宋朝，由於工商業繁榮，造成君臣上下極度享樂的風氣，市民對娛樂的需求增加。由於遊人多，消費大，唱雜劇、講故事、玩雜耍自然乘時而起。「瓦肆」（又叫瓦子或瓦舍）在各大都市紛紛出現，有利於說話藝人的交流。有些藝人更組織書會、雄辯社等組織來出版書籍和切磋技藝。會（書會才人）中亦有專人為說書人編寫話本。

另一方面，宋代雖說是與外患相始終，但南宋偏安，社會亦有繁華的一面，這對話本提供了不少題材。

2、白話文體的運用

白話文體的運用，在唐代已開始流行起來，到宋代發展成為用白話寫小說。加上唐代講唱兼用、散韻夾雜的變文的傳播，在民間便釀成很多變文體的通俗文學，話本亦是其中之一。

3、變文的影響

白話小說的產生，是受變文的影響，這一點是無可懷疑的。變文本身有兩個特徵，我們必須注意，拿它的表演方式說，是講唱；所必須把握的內容說，是故事。因為它有了這兩種動人的特徵，所以它才吸引了聽眾，不僅招來「和尚教坊」之譏，且也因此遭到嚴禁於寺院的命運。這種「講唱故事」被迫流入市井以後，立刻受到小市民的熱烈歡迎，便也在大眾的需要下，轉眼間壯闊起來。由於所強調的重點不同，流入市井後的變文，朝著兩條不同的方向向前，一條路線以「講唱」為重，一條路線以「故事」為重。前者演變成以後的所有「講唱文學」，如宋代的陶真、涯詞、鼓子詞、諸宮調、唱賺；元代的詞話、馭說、貨郎兒；明清的彈詞、鼓詞、寶卷——等；它們都是變文的嫡系。後者演變成為白話小說的始祖——說話。它也充滿了變文的風格。

像〈王昭君變文〉、〈伍子胥變文〉及〈秋胡變文〉等，都已經突破佛經的圈子，小說的成分已很多。現存的話本〈快嘴李翠蓮〉，通篇以韻語說唱為主體，其他話本也都穿插有少量韻文，正是說唱的遺痕。「說話」正是在「變文」、「俗講」的基礎上發展成熟的。

三、宋代話本的特色

宋元話本的藝術成就主要表現在：

㈠運用樸素生動的口語，講述市民群眾所喜聞樂見的故事，鮮明地刻畫人物性格，給予讀者深刻的印象

宋代話本的特點是準確、通俗和簡潔。準確，是指話本語言能夠如實地表現人物的個性和曲折細微的感情變化，生動而具體地描繪故事的發展和細節；通俗，即指經過說話藝人加工整理的話本，用的是接近讀者（聽眾）口語的語言，並融合特定的成語、市語和方言，使人感到格外親切、熟悉；簡潔，則指話本語言生動而又明快，富有動作性。如〈碾玉觀音〉中王府失火，璩秀秀撞見崔寧後的一番對話。從秀秀主動、坦率的談話中，讀者不難看出她逾越傳統禮規、追求愛情自主的大膽潑辣的性格；而崔寧連連唱喏，被動允從，則正顯示了他謹小慎微、迂訥憨厚的性格特點。又加〈錯斬崔寧〉中陳二姐和她丈夫劉貴晚上的一席對話，惟妙惟肖地呈現了陳二姐的心理，活畫出一個任人擺布、習於委曲求全逆來順受的下層婦女形象。運用對話塑造人物形象，則是「小說」藝術的一大突破。

㈡情節曲折離奇，故事首尾完整，頭緒雖繁，而鋪敘井然，條理清晰，能使讀者一步步隨說話人的敘述而同喜同憂

如〈碾玉觀音〉說到咸安郡王把璩秀秀抓進後花園之後，並未交待後事如何，卻轉說崔寧在路上相逢同行，前往建康居住，直至郭排軍再次告密，才交代秀秀原來是鬼。作者故布疑陣，使情節波瀾迭起，結構則顯得非常巧妙緊湊。

㈢注重細節描寫和場面描寫

通過細節刻畫人物、串連事件、伏脈情節是宋元話本的創舉。如〈勘皮靴單證二郎神〉從一隻皮靴的細節，步步追究出假扮二郎神淫污婦女的真犯，情節離奇卻又在情理之中。〈宋四公大鬧禁魂張〉描寫趙正智鬥宋四公，捉弄侯興，取笑王秀，算計馬翰，警告騰大尹，都以細節加以貫穿，循循誘人。而〈楊溫攔路虎傳〉中楊溫和馬都頭比棒的一段場面描寫，精彩動人，既寫出了比賽的場面，也寫出了兩人的心理狀態。

宋元話本塑造市民形象的藝術成就和白話文體的創立，對後來小說戲曲的發展都有著深遠的影響。

四、宋代話本對後代文學的影響

㈠對後代小說的影響

話本小說第一次大量的以下層人民為主人翁，描寫了形形色色小人物的生活和思想感情，廣闊反映了宋、元社會，尤其是城市的生活面貌；並且常常以積極浪漫主義的精神，通過非現實的情節表現了下層人民對美好生活的熱烈追求，對黑暗現實不妥協。這樣大大地突破了過去小說和文人詩詞的描寫範圍。這種優良傳統，對後世文學，尤其是小說，現實主義和積極浪漫主義的發展有深遠的影響。

宋、元話本開闢了中國小說的新紀元，明、清小說的黃金時代，正是沿著宋、元話本的道路發展起來的，講史話本是《三國演義》及其他歷史小說的先驅，其中《三國志平話》、《大宋宣和遺事》、《大唐三藏取經詩話》等，更是《三國演義》、《水滸傳》及《西遊記》等故事的最早記錄。而小說話本的本身就是我國古典小說的一個高峰，並且直接奠定了明清短篇白話小說的基礎。話本不但在藝術上哺育了後世作家，而且它的許多藝術特點也就成了我國古典小說的優良傳統。

就語言說，宋、元話本也是我國白話小說的開山祖，可以毫不誇大的說，它已經開了一代文風，後世雖然還有人用文言寫小說，但它再也不能成為主流了，大部分優秀的小說都是用平民的口語寫成。

㈡對後代戲曲的影響

宋人話本不僅是影響小說，對戲曲的影響也非常明顯，過去把元人雜劇和話本一樣分為煙粉、靈怪、公案等類，這說明元曲的精神，創作方法以至於反映的內容，跟話本多麼相似。甚至許多元曲就是從話本取材的，如〈范張雞黍〉、〈合同文字〉及〈鄭玉娥燕山逢故人〉等。它們根據當代的特點，發展了話本小說的優良傳統。同時話本成熟的白話也為元代雜劇的口語提供了先例。

8、宋代話本主要有那些？內容如何？（62台大）

9、宋代長篇小說，至今可見者有那幾部作品？請論述它們在文學史上的價值。（82中央）

10、宋元話本與章回小說的關係。（83政大）

答

一、宋代短篇話本

㈠短篇話本作品

宋代的「話本」保存到現在的，主要收在《京本通俗小說》、《清平山堂話本》和《雨窗欹枕集》三種「話本集」裡。《京本通俗小說》原來殘存九篇，是由清末學者繆荃孫發現的。繆氏傳抄了七篇，商務印書館和亞東圖書館都曾排印過。《清平山堂話本》原藏日本內閣文庫，西元一九二九年才由我國影印流傳，殘存十五篇。《雨窗欹枕集》本來和《清平山堂話本》同屬一個系統，是西元一九三三年由我國藏書家馬廉先生發現後，於西元一九三四年影印出版的，共殘存十二篇。此外，散見於明末大作家馮夢龍所編的《三言》（即《喻世明言》、《警世通言》、《醒世恆言》三書），以及現存日本的熊龍峰所刊萬曆本單篇小說四種中間的，統合計算起來，共有四十多篇。

㈡內容特色

話本來自民間，所以從題材、人物、故事到語言，都取材自當時的現實社會，特別是城市人民的現實生活。其中有不少故事是從作者親自體驗的現實生活中提煉而來。為了迎合一般市民的口味，小說中加入了不少小市民的庸俗趣味。內容大多是婦女的美貌、戀愛的情節、戰爭的場面、神鬼的恐怖、風景的美麗、社會的狀態等等。話本的題材內容可以分為下列幾類：

1、以婚姻愛情爲題材

這類小說反映古代社會中婦女的痛苦命運和不幸遭遇，並寫出他們對婚姻的自主和幸福自由生活的追求，亦有寫士子妓女的愛情生活。如〈碾玉觀音〉、〈志誠張主管〉及〈馮玉梅團圓〉。

2、以訴訟案爲題材

這類小說反映下層市民的生活和思想感情，暴露當時的黑暗政治，對腐敗的官吏加以抨擊和鞭撻。如〈錯斬崔寧〉、〈宋四公大鬧禁魂張〉。

3、以神仙鬼怪爲題材

這類小說通常都瀰漫著一股迷信和恐怖的氣氛。如〈西山一窟鬼〉、〈西湖三塔記〉和〈定山三怪〉等。

4、還有以瑣事逸聞、俠義行爲及愛國思想爲題材的小說這類小說如〈楊思溫燕山遇故人〉、〈楊溫攔路虎傳〉等。

二、宋代長篇話本

㈠長篇話本作品保存在「講史」和「講經」之中

宋代傳於後世的話本，主要是「小說」類。元代說話的重點是講史，因此元代編刊的講史話本較多，據《永樂大典目錄》卷四六載，就有二十六種，惜多已失傳。保存下來的只有：

1、《新編五代史平話》

它以斷代的形式分梁、唐、晉、漢、周五部，每部各分上下兩卷，梁史、漢史各缺下卷，實存八卷。晉史卷上，周史卷下，正文均有殘缺。全書大抵根據史書，歷述五代興替始末，其中引入民間有關黃巢、朱溫、劉知遠及郭威等人的傳說，比較生動活潑，在一定程度上反映了人民的苦難生活。

2、《全相平話五種》

刊於元代至治年間（西元一三二一～一三二三年），一頁中上圖下文，是供人閱讀的刊印本。但敘事簡括，文字訛奪較多。保留了未經加工的「說話」底本的原始面貌。這五種平話的基本內容是：

⑴《武王伐紂平話》：描述紂王的荒淫殘暴及武王、姜尚興兵伐紂的經過，神異色彩頗

濃，已粗具後來《封神演義》間架。

(2)《七國春秋平話》（後集）：描述燕、齊兩國的幾次戰爭。其中以孫臏、樂毅兩人為中心，講說他們的鬥法，神奇荒誕，多採傳說，亦多虛構。

(3)《秦併六國平話》：描述秦併六國及秦朝覆亡的故事，多依據史書，有些部分直接抄自《史記》。

(4)《前漢書平話》：描述劉邦做皇帝後誅殺忠臣與骨肉間相互的殘殺，其中特別突出呂后的陰險毒辣。

(5)《三國志平話》：描述三國紛爭的故事，已經具備了後來《三國演義》的主要情節。其中，張飛形象相當突出。有些情節，帶有濃厚的民間傳說色彩。

3、《大宋宣和遺事》

敘述北宋政治的演變，著重寫宋徽宗的荒淫失政和靖康之亂的慘痛經過。內容龐雜，文體參差，是抄撮各種舊籍湊合而成的。魯迅批評它是「近於講史而非口談，好似小說而不簡潔；惟其中已敘及梁山泊的事情，就是《水滸》的先聲，是大可注意的事。」

4、《薛仁貴征遼事略》

描述薛仁貴隨唐太宗東征高麗的故事，大致依據新舊《唐書・薛仁貴傳》，但也有虛構增飾的情節，如張士貴冒功等。清代的《說唐後傳》與此書一脈相承。

5、《大唐三藏法師取經記》

在「講經」話本中，只存《大唐三藏法師取經記》，一名《大唐三藏取經詩話》。此書形式類似《大宋宣和遺事》，都是首尾與詩相始終，中間以詩詞為點綴，與話本形式不盡相同。魯迅批評二書云：「近講史而非口談，似小說而無捏合。」「詩話」已有猴行者、深河神及諸異境，對後來的《西遊記》有影響。此書三卷分十七章，後來長篇小說之分章回始此；每章首尾必有詩，故曰「詩話」。

㈡長篇話本在文學史上的價值

宋元講史話本，它對於後代包括歷史演義和英雄傳奇在內的歷史章回小說產生了深遠的影響。

1、從系統上來說

後代歷史小說大多是文人在宋元講史話本的基礎上進行加工、改造而創作出來的。從《三國志平話》到《三國演義》，從《大宋宣和遺事》到《水滸傳》，從《薛仁貴征遼事略》到《說唐後傳》，從《七國春秋平話》和《秦併六國平話》到《東周列國志》等等，都可以看出兩者具有一脈相承的關係。

宋元講史話本已初具長篇小說的規模，不過敘事簡括，文字粗糙，史事有所訛誤，但它為後代歷史小說的創作提供了基本的故事情節和框架，後來歷史小說是宋元講史話本的繼承和發展。《全相三國志平話》初具《三國演義》的輪廓，羅貫中在此基礎上，大量吸收《三國志》及裴注中的材料，經過再創造，終於寫成我國歷史小說的代表作《三國志通俗演義》。《大唐三藏取經詩話》，是《西遊記》的雛形。其中有詩有話，書中的猴行者神通廣大，文武雙全，全書以他為中心。可知在很早以前的《西遊記》故事，已經以猴王為中心了。這部作品，和《三國志平話》、《大宋宣和遺事》一樣，為明代小說的發展，創造了條件。

2、從藝術形式上來說

宋元講史話本適應「說話」的需要，為了給聽眾以懸念，常在關鍵時刻煞住話頭，告一段落，歷史小說繼承這一傳統，創作中形成「分章回」這一特點，不論是《水滸傳》還是《三國演義》，都是長篇章回體小說。

3、從語言上來說

繼承宋元講史話本的優良傳統，以民間口語為基礎，以白話為主，適當融入一些文言成分，提煉出一種新的文學語言，通俗易懂，簡明生動，活潑自如。在敘事中常穿插古典詩詞，結尾常用詩詞來總結經驗教訓，勸世諭人，收到雅俗共賞的藝術效果。這種形式都是宋元講史話本的顯著特點，後代歷史小說加以繼承，《三國演義》的形式、語言、詩詞，就是一個顯著的例子。

11、解釋名詞：《大唐三藏取經詩話》。（64台大、84東吳）

答

《大唐三藏取經詩話》，是詩話體說經話本。一名《大唐三藏法師取經記》。作者不詳，約成書於宋、元間，亦有認為北宋以前作品者。卷尾有「中瓦子張家印」，張家為南宋臨安書鋪。三卷，十七章，現存十三章，「今所見小說之分章回者始此」（魯迅《中國小說史略》）。

全書敘述唐僧玄奘和猴行者等七人去西天取經，途遇種種艱險，克服困難，終於取經而歸。話本中猴行者是神通廣大，智勇雙全的白衣秀才。故事富於幻想色彩，情節文字較簡略。每章之後以詩作結，故名「詩話」。唐僧取經故事，在南宋以前就已經流傳於民間，此話本是取經故事中較早的一個，尚無豬八戒、沙僧及其他一些故事，但已略具後世《西遊記》的雛形。

12、《太平廣記》的編纂，在筆記小說的研究上有何重大義意。（89花師、高師大）

答

《太平廣記》是宋初官修的一部小說集，由李昉主持編纂。內容收錄自漢至宋初各種野史傳記子說共五百卷，因成書於太平興國年間，故名為《太平廣記》。魯迅說：

「此在政府的目的，不過利用這事業，收養名人，以圖減其對於政治上之反動而已，固未嘗有意於文藝；但無意中，卻替我們留下古小說的林藪來。」魯迅說這些話的原因是因為《太平廣記》的編例，係纂修者係根據將當時的許多小說依題材之性質分類編輯而成。而今書中所引用的書籍大半亡佚，幸存的一些有不少已殘闕不全或遭後人纂改，僅賴《太平廣記》得以考見，由此而知《太平廣記》具有寶貴的資料價值，並開啟後人研究筆記小說的方便之門，所以魯迅在《中國小說史略》中說：「視每部卷帙之多寡，亦可知晉唐小說所敘，何者為多，蓋不特稗說之淵海，且為文心之統計矣。」

第二十一章　元代散曲

研讀重點

一、元代散曲興盛的原因
二、散曲的形式與特點
三、詞曲異同
四、元代散曲的分期與代表作家及其特色

1、元代散曲之興起，有何內因外緣？試詳言之。（71中央）

答

散曲是繼唐詩、宋詞之後興起的一種獨具特色的新詩體。它在金代「俗謠俚曲」的基礎上成長起來，到元代達到高峰。在元代，散曲所以能蓬勃發展，有幾個原因：

一、文體的發展

詞本起源於民間，至宋朝發展為高峰。後來，由於詞作者逐漸脫離生活，專門追求格律的精巧、文詞的艷麗，因而失去了詞的活潑的生命。為了適應抒情和歌唱的需要，繼承宋代以來民間歌曲傳統的「散曲」，就很自然地代替詞而發展起來。

二、詞調的轉變

詞本源於樂府小辭，最初多是單調小令。至北宋慢詞興，後來單調之外，又有所謂三疊四疊之分。到了南宋，更有所謂四疊之「序子」，像吳文英的〈鶯啼序：春晚感懷〉竟有二四〇字，極盡慢聲長調之變，但深晦凝重到了極點。物極必反，於是單調小令的短製又復活起來，再賦以新的生命，而構成另一種詩體，就產生了散曲。我們拿元初小令來和五代小詞比較一下，就會發現它們極其相似，可以看出它們的淵源和關係出來。

三、詞句的語體化

詞中引用俗言俚語，北宋柳永已開其端。到了南宋，辛棄疾、劉過、呂渭老、張孝祥等人，更是喜用俚俗之語來寫詞。他們以活潑的文字，來表現作者的真性情；一面把詞的範圍擴大，一面把詞的文學價值提高。這種詞，已漸漸接近元曲了。吳梅《南北戲曲．概言》中曾說：「金元以來，士大夫好以俚語入詞；酒邊燈下，四字〈沁園春〉，七字〈瑞鷓鴣〉，粗豪橫決，動以稼軒（辛棄疾）、龍洲（劉過）自況，同時諸宮調詞行，即詞變爲曲之始。」

四、諸宮調的興起

散曲的產生，和諸宮的關係最為密切。而諸宮調的興起，則淵源於鼓子詞、曲破和大曲等。宋代通行的歌曲是詞，詞歌起來只是以一闋為度，而詞調簡短，往往不適宜歌詠故事，於是乃產生連續歌詠一曲以敘一故事的「鼓子詞」。鼓子詞，實際上就是疊詞。鼓子詞只應歌唱，而不協以跳舞。至於歌舞相兼的，宋代有傳踏，這是一種民間宴會的技藝，歌時僅以一曲反複歌唱。另外，宋人樂曲還有曲破、大曲、鼓吹曲、諸宮調、賺詞等。曲破和大曲，遍數雖多，仍然只限於一曲，且都以詞牌作之。較曲破、大曲更為進步的是鼓吹曲，鼓吹曲是合數曲而成一樂的，有時用三曲，有時用四曲，最多用到五曲，合曲的體例始見於此。若求之於通常樂曲中，合諸曲以全體的實始於諸宮調。因為諸宮調是合數調以詠一事，所以用曲已繁，漸與元曲相近。諸宮調以詞調為主，但已有少數調子把後疊減去，南北曲只用一疊之風，就是以此為濫觴。再如諸宮調所採用的詞調，大多已加上襯字，這又是南北曲用襯字習慣的來源。還有諸宮調用韻四聲通押，南北曲也是受其影響的。總之，南北曲無論在曲調、結構或技巧上，在在都受諸宮調的影響，而北曲所受的影響更大。

五、外族音樂的輸入

散曲的勃興，與外族音樂的輸入也有密切的關係。金、元入主中原後，外族的音樂大量輸入，歌詞不同，樂器也不一樣，使原有的歌曲顯得很不適用。在這樣的環境下，實在有製作新聲新詞的必要。結果在外族的音樂影響下，逐漸形成了一種新的詩歌形式，這就是流傳在北方的散曲。

六、高壓的統治政策

元代散曲的興起，還與社會環境有關。元代帝王對漢人實施高壓政策，特別是知識分子受到輕視，他們被迫流入社會的底層，與歌女伶人為伴。他們要寫戲曲、寫唱詞，要抒發心中的不平，因此他們就將精力投到散曲創作中，這一新詩體因而得以蓬勃的發展。

2、試述元代社會背景對文學的影響？（85淡江）

答

一、民族文化的壓迫與融合

元朝結束了宋長期以來積弱不振的形勢，同時整個國家的版圖也是中國歷代以來最為遼擴的，這大一統的局面，擴大了國內各地區政治經濟相互調合的範圍，加快了國內各民族間的文化交流，提高了少數民族的文明程度，並在接受漢族文化之後，以漢語進行文學創作。在元的知名作家中，有不少是少數民族的人，他們在元代雜劇、散曲及詩文上，都有亮麗的成績單，諸如貫雲石是回紇人、薛昂夫是西域等。文化的交流是雙相的，這些來自不同地域的作家他們將西北遊牧民族特有的質樸粗獷、豪放率直的個性，為中原文壇注入新的氣象。而漢民族也在固有的基礎上加入新的元素。諸如在元雜刻中常提到「燒埋」，這說明了向來土葬的漢民族，這時也接受了蒙古的火葬的風尚。

但是元代統治者仗著入侵者的優越感，對漢民地區的占有及統治，具有明顯的民族掠奪性質。並在政治上始終奉行民族壓迫政策，將國內之人分為蒙古、色目、漢人、南人四個等級。政府中的大權始終由蒙古所獨攬著，造成社會的黑暗面。在元雜劇中有不少作品就是透露出，對貪官污吏憤憤不平的情緒。

二、都市繁榮

元朝結束了唐末以來斷續紛爭、對峙的局面，這為經濟的發展，奠定了良好的條件，並將農業逐步恢復，社會越發的安定，宋末以來我國城鄉的手工業、商業，也慢慢興起，大中城市的湧現，市民階層不斷壯大，他們的思想意識影響到包括到戲劇創作在的各方面，所以不能小覷這一點。

三、思想活躍

元朝的統治階級懂得利正統儒家思維來鞏固自我的統治權，朝廷設立官學，以儒家的四書五經為教科書，使得程朱學說得到確認的地位。但元朝的統治者同時因信仰多元化，佛教、道教，及至伊斯蘭教、基督教等，在中原地區同樣到發展，進而削弱儒家思想在人們心中的地位，下層的男女青年，蔑視禮教的舉動越來越多，固有的價值觀念正不斷快速的轉變當中。此外，元代科舉考試，儒生失去仕進的機會，這些人中有一部分，尤其是「書會才人」，不再依附政權，反而與市井之民，聯繫密切，余闕說：「夫士惟不得用於世，則多致力於文字之間，以爲不朽。」和下層人民有密切關係的話本、說唱、戲曲等文藝形式，在北宋時期已得到長足的發展，此時更有發揮的空間，其中以在北方戲曲的基礎上發展起來的元雜劇，成就尤為突出。

3、散曲是元代一種新興的韻文形式，一種新的詩歌體裁。請論它的興起和體制。
（89輔大）

答

一、散曲的興起——請參見本章第1題。

二、散曲的體制

「散曲」的前身是「詞」，無論在音樂結構和形式特徵上都是從詞演化而來。可以說，「散曲」是盛行於元代的一種新體詩。

「散曲」是相對於「劇曲」而言的，它們共同構成了「元曲」的兩大部分。「散曲」也用以抒情、敘事、狀景，但沒有賓白科介，便於清唱。「散曲」包括小令和套曲兩種。小令是散曲中最先產生的，由小令而變為套曲。一般地說，小令多以一支曲子為單位，如〈天淨沙〉、〈寄生草〉等，但可以重複，有些小令也可以帶二三支曲子。所謂「套曲」亦名「散套」，也有稱之為「大令」的。它通常用同一宮調的若干曲牌，聯成一套，長短不拘，一韻到底。「套曲」在曲牌的排列次序一般有一定之規，如北曲〈仙呂·點絳唇〉套曲的格式即為：〈點絳唇〉——〈混江龍〉——〈油葫蘆〉——〈天下樂〉——〈哪吒令〉——〈鵲踏枝〉——〈寄生草〉——〈賺煞〉。

「散曲」的藝術形式大致有如下幾方面的特色：

㈠「散曲」和詞一樣均屬長短句，但由於「散曲」常用襯字，故其在韻文中更是長短句化的。在「散曲」中，有一字、二字、三字為一句，也有長達數十字為一句的。這種形式的更新給「散曲」創作以更多的自由，因而「散曲」是一種比較活潑自由的藝術樣式。

㈡「散曲」起源於民間，最早傳唱於歌女、伶工之口，因而「散曲」的語言是最為通俗口語化的。比如關漢卿的〈別情〉：「自送別，心難捨，一點相思幾時絕。憑欄袖拂揚花雪。溪又斜，山又遮，人去也。」通篇純用白描，語言清新活潑。「散曲」的這種通俗特色是與當時民間歌詠之需要分不開的，因為到了南宋，本來能入樂歌唱的「詞」已成了士大夫詠誦的一種詩歌體裁，而「散曲」正是迎合這種需要而產生的一種新歌體，因而其通俗性是十分重要的。

㈢「散曲」用韻頗為嚴格，除了講求平仄以外，還強調陰陽清濁之分。但散曲在精密中也有一條放達之路，即平上去三聲可以互叶。

4、試述散曲中「小令」、「摘調」、「帶過曲」、「集曲」、「散套」之區別。（60政大）

答 一、小令

小令元人叫「葉兒」，每一曲調，都可獨立成章，各自為韻。在體製上，有尋常小令、摘調、帶過曲、集曲等不同的名稱。

㈠尋常小令

是指單調的曲子，原出尋常散詞。每一小令，必須一韻到底，中間不得換韻，相當於一首近體詩。（詞的小令，卻不一定要一韻到底。詞與曲的小令，實有區別。）

㈡摘調

摘調本來並非小令，它是從套曲中摘取一二精粹的調子，作為小令，以供清唱，跟詞的摘遍極相似。（詞的摘遍，像〈泛清波摘遍〉，〈熙州摘遍〉等調，都是從宋大曲中摘出來的。）

㈢帶過曲

作一曲完了，意還未盡，可取音律上相同的曲調來接續，兩調不足，得增加到三調。（兩調接續的例子，如〈雁兒落〉帶〈得勝令〉，〈黃薔薇〉帶〈慶元貞〉；三調接續的例子，如〈罵玉郎〉帶〈感皇恩〉、〈採茶歌〉；〈雁兒落〉帶〈清江引〉、〈碧玉簫〉等，在散曲中是常常可以見到的。）三調如果還不足，便不可再加，應該改為散套，才合格式。明人康海的小令，雖然有四調帶過之例，但這是變格，不足為訓；因為有四調以上便可作為散套，又何必要強作小令呢？

㈣集曲

集曲是摘取各調中的句子，另組新調。但所摘各調，必須管色（笛子的調門）高低和性質粗細相同的，才適於組合。它好像詞中的「犯調」，只有南曲採用這個體製，北曲從來就沒有用過。集曲可分兼集尾聲和不集尾聲兩種方式，在南曲，這兩種方式都是常用的。

二、散套

「散套」又名「套數」，也叫「大令」。是由宮調或管色相同的若干曲調聯貫而成的。元人最長的套曲，要算劉致〈上高監司〉的一套，他用正宮〈端正好〉等三十四曲調，（其中有些是重複採用，如〈倘秀才〉和〈滾繡毬〉兩調，在全套中各用過六次。）聯貫成套的。在普通情形之下，套曲的組成，必須注意下列四點：

㈠沒有科白，只供清唱。

㈡每套首尾，限一韻到底，不得換韻。

㈢曲牌相同的曲子，可以連用。下一支曲牌跟前一支相同的，北曲叫「么篇」南曲叫「前腔」，名異實同。

㈣每套必有尾聲，以示全套樂曲終了。

5、詞曲同為合樂之歌辭，然在形式、音韻及精神上，皆有不可相混之處，試分別說明之。（77台大）

6、詞曲之相異點何在？試說明之。（86中興）

7、詞與曲在形式及表現方法上有何差異？並說明蘇軾之詞風特色及馬致遠在曲壇上

之價值地位。（87成功）

8、試述詞與曲在體制形式與基本風格的異同，並例述其各別之代表作者，各五人以上，加以簡評。（89台大）

答

一、相同點

㈠詞曲都是配合音樂能夠歌唱的詩，其組織成分當然是文字與音樂。他們所使用的文字是唐以來一般文學作品所使用的文字。《國風》、《楚辭》、以及漢魏六朝詩賦駢文所使用的文字在詞曲裡固然少見；宋元時代的語體文及方言俗語，也不像一般所想像的那樣普遍使用。他們所配合的音樂，則是隋唐以來，中國音樂受了外國，特別是印度的影響，演變而成的一種新樂。

㈡因為要配樂，詞曲都有固定的格式，即所謂詞調、曲調，或稱詞牌、曲牌，如西江月、采桑子、粉蝶兒、混江龍之類。這些也就是樂譜。既是樂譜，句法當然是長短不齊的居大多數，所以詞曲都是長短句，而不再是通篇五言或七言。

㈢作詩只調平仄，填詞製曲還要細分四聲。詞及南曲，每個調子中都有若干字的四聲是固定的，該用平聲或上或去或入，不能移易，名篇佳作，莫不如此。

二、相異點

㈠詞較詩進步的地方，就是句法長短各異。但是詞的格式還是死的，雖然不像五七言詩的平板堆積，而句法字數仍有一定，不能隨便增減攤破。到了曲，特別是北曲，因為許加襯字，彈性比詞更大，更易於伸縮變化，也就更能充分發揮其作用。

㈡曲韻比詞韻更為合理，更為活潑適用。韻部的分合既與近代口語相近，又有四聲通押之例，入聲分派於平上去三聲之例。凡此種種，都使作者對於韻的運用更能迴轉自如，更能發揮音律的妙用。詞韻則既不如詩韻之古，又不似曲韻之新。押韻之外，曲在句子裡邊的平仄配合，即所謂調律方面，也因入聲之分派於平上去三聲，而增加不少方便。

㈢詞所用的文字，大部是典雅的；曲則加入若干後起的新字及方言俗語，或單用，或者很巧妙的與典雅的文字調和在一起。這樣，語彙就寬廣了很多。

㈣詞只是一首一首的單位。最長不過二百餘字，而且這樣長的調子占極少數，普通所謂長調總是在百字左右，小令更不必說。篇幅既小，自然施展不開。曲則小令之外又有套數；更可以擴大起來，與另一種文體，即作為賓白用的散文，合起來，寫成劇本。波瀾氣勢當然比詞大得多。

㈤詞曲風格皆為瀟灑俊逸，但詞似翩翩公子，曲則有點惡少氣味；詞表現中國文化的陰柔美，曲表現中國文化衰落時期一般文人對現實的反映。

9、試以關漢卿、馬致遠、張可久、喬吉為代表，舉其作品為例，以論述元代散曲的風格演變。（83中央）

10、元代散曲以成宗大德年間為界，約可分為前、後兩期，試比較兩者有何不同？（85彰師大）

11、試論元代散曲的興起與發展。（87逢甲）

答

元散曲的創作活動和雜劇一樣，以大德年間為界分為前後兩期。前期活動中心在大都（今北京），後期活動中心在臨安（今杭州）。

一、前期

前期著名的散曲作家有關漢卿、馬致遠、白樸、張養浩等人。其中成就高、影響大的大都是著名的雜劇作家。他們的作品風格質樸自然，清新活潑，帶有濃厚的民間文學色彩。

㈠關漢卿

關漢卿不僅是元代偉大的戲劇家，而且也是著名的散曲家。他的散曲今存者有套數十四，小令五十七。他的這些作品的成就不如雜劇的高，作品的現實主義精神也遠遜於雜劇，但其中卻也不乏優秀的篇章。他的散曲代表作〈南呂一枝花·不伏老〉可以說是他全部生活的自白。從這支套曲裡我們可以看出他是個有抱負、有才能、有豐富的生活經驗而性格頑強的人。曲辭自然活潑，比喻十分生動，句子潑辣而又有趣味，能給人極深的印象。

關漢卿散曲有很大一部分是描寫男女愛情和離愁別恨的，對婦女心理的刻畫，細致入微。〈中呂古調石榴花．閨思〉、〈雙調新水令二十換頭．題情〉等都是描寫深刻細膩、充滿了委婉真摯的感情。而〈沈醉東風．失題〉中的一首，則很好地寫出了淒婉的別離場景。

此外，關曲的景物描寫也是很成功的，如〈南呂一枝花．杭州景〉，寫出了杭州市井的繁華，景物的秀麗，自然樸素，與後期一些曲家寄情詩酒、嘯傲風月的山水之作是截然不同的。

關漢卿散曲的藝術成是：語言潑辣、通俗、口語化，形象鮮明，心理刻畫深刻，獨具風格，有濃厚的民間文學氣息。寫男女幽情別意，無不入木三分。不過小令全憑白描，純然民歌本色；套數則風格婉麗，為漢卿散曲之另一面。無論本色婉麗，其詞氣皆生動自然，具有前期散曲之特色。

(二)馬致遠

馬致遠，號東籬，大都人。曾任江、浙行省務官，其他事跡無考。任中敏輯《東籬樂府》，有小令一百零四，套數十七。前期作家之散曲，以此為最富。馬致遠以高才陸沈下僚，所作多懷才不遇之悲慨，辭氣豪放。故世人每以馬致遠為元人散曲之豪放派領袖。

最能代表馬致遠的思想感情和生活面貌的要算〈北雙調夜行船．秋思〉，這是一篇充滿激憤和厭世之情的套曲：這個套曲反映的思想是複雜的，它反映了對舊社會中功名富貴的否定，揭露了那些心硬如鐵的財奴和庸庸碌碌、爭名奪利之輩的醜惡面目，具有一定的現實意義。但由於作者對現實的失望，逃避現實，寄跡於竹籬茅舍之間，因此作品中又充滿了年華易逝的感嘆和閒適恬靜、超然物外的心情，這是作品所表現的主要情緒。

除此之外，也還有些現實意義較弱、寫得較深刻的作品，如〈耍孩兒．借馬〉中，對一個吝嗇鬼作了幽默而辛辣的諷刺。這個愛馬如狂的人新買來一匹馬，他的朋友來借，於是這個吝嗇鬼的心理面貌，便通過一系列的表情動作，在極其生動的、個性化的語言中表現了出來。這篇套曲是一篇詼諧活潑、富有獨創性的諷刺喜劇。同時，他還有些描寫男女戀情的作品，如〈落梅風．失題〉等也寫得很清新感人。然而最能代表馬致遠的風格的還是他的描寫自然景物的散曲。這類作品語言清新流利，意境開闊，色彩明朗，每一首都是一幅構思新穎的清麗的水墨畫。

馬致遠散曲的藝術成就是：語言清新俊麗而不枯澀，抒情寫景逼真自。他能把一些作品用於暴露社會的醜惡現實，在擴大散曲內容方面也是有一定貢獻的。

(三)白樸

白樸是這一時期有才華的散曲家，有許多很生動的作品。他是金代遺民，金滅後，深懷故國衰亡之感。後隨元好問北渡，幾經引薦，不仕元。徙家金陵，從諸遺老放情山水間，日以詩酒優游而終。其詩詞悲壯淒涼，與元好問相若。其散曲近人輯為一卷，名《天籟集摭遺》，內容亦多遺民悲慨。

白樸散曲的藝術成就是：寫景者細密雅麗，抒情者坦率自然。前者無疑受有詩詞之影響。蓋白樸自小受元好問之薰陶，古典文學之根基極深，故能造語細密雅麗。至於後者，則時代風尚如此，因元代前期散曲之情語，罕有含蓄不露者。

(四)張養浩

張養浩是寫實主義的散曲作家。他做過元朝參議、陝西行省御史中丞，最高做到禮部尚書。他是個正直的知識分子，為官清廉，始終為實現開明政治而努力。曾因上書論時政，險遭慘禍。後因政治的迫害，化名隱遁於嶼山，著有《雲莊休居自適小樂府》。

張養浩散曲的藝術成就是：他將自己力圖改革黑暗政治的思想和遭遇，在散曲中反映出來，因此他的一些散曲道破了專制社會中歷代興亡的實質，飽含著悲壯沈痛的淚水，訴說了人民的災難。曲子意境廣闊，造意深遠，氣勢雄渾，情景交融。他的懷古散曲，也都充滿著悲壯激昂的感情。

張養浩有不少散曲是表現棄官以後的田園生活的。這類作品大部分反映了隱歸思想，寄情於山水之間，著意於風月的吟詠。

二、後期

後期散曲趨於雅正典麗：後期散曲作家的活動中心，逐漸移到杭州一帶。這時期出現了一批專攻散曲的作家，如張可久、喬吉、貫雲石及徐再思等。他們從事散曲的理論研究，寫出了不少好作品，豐富了散曲的園地。從發展的趨勢看，雖然出現了像睢景臣〈高祖還鄉〉一類的通俗、活潑的作品，但整體的創作傾向，卻是趨於雅正典麗，逐漸失去了前期散曲的生命力。

㈠貫雲石

貫雲石本名小雲石海涯，畏吾族人。幼時雄武多力，善騎射。稍長始折節讀書。自號酸齋。貫雲石籍出畏吾，故其散曲有西北人豪放質樸之氣；後居杭州，故亦染有南人含蓄琢鍊之習。著有《酸甜樂府集》。貫雲石雖為散曲後期作家，但生於前期，與關漢卿、白樸及馬致遠等前輩作家相及，故其部分散曲尚存前期風格。

㈡喬吉

喬吉字夢符，號笙鶴翁，原籍太原，流寓杭州。他曾流落江湖，「批風抹月四十年」，一生是十分坎坷的，不少作品也流露了窮愁潦倒，和人生如夢的感嘆。〈折桂令．自敘〉、〈水仙子．習隱〉中都反映了退隱的思想情緒。

《散曲叢刊輯》存喬吉散曲，有小令近二百，套數十套。其存曲數量之豐，僅次於張可久，小令除上錄自述一類作品尚能直抒胸臆外。其他或奇詭，或雅麗，而無不由雕琢鍛鍊得之。

喬吉描寫山川景物的小令中還有些可取之作，寫得比較清新優美，如〈水仙子．重觀瀑布〉，這裡把瀑布寫得很壯觀，有氣勢。此外，他還有些情詞也寫得不錯，如套曲〈南呂一枝花．雜情〉和小令〈折桂令．寄遠〉等都是。但在喬吉的散曲裡，像這些較好的作品是不多的，而大部分作品也和張小山一樣，都是抒寫遊興感慨、唱和贈答和閨情，而其風格則更為濃豔，也缺乏現實主義，他在形式上也力求字句的典雅，節奏的和諧，喜歡引用前人的成句，如〈沈醉東風．題扇頭〉即是；有的則純粹玩弄字句，如〈天淨沙．即事〉。

㈢張可久

張可久，字小山，浙江慶元人。在仕途上他是頗不得志的。在元代散曲家中，他是產量最多的一個。性好遊山水，足跡殆遍。晚年隱居杭州。故其作品，以寫景者最多，其傳世作品，《散曲叢刊輯》有小令凡七百五十一首，套數僅七套，雜劇無，可見其專工小令。

張可久的小令代表元代後期散曲之最高成就。就題材言，抒情、即景、送別、贈答、懷古、詠物、說理、談禪等等，無所不包。散曲至此，已完全取詩詞之正統地位而代之。就風格言，典雅婉麗，有與詩詞合流現象。張可久則無論小令套數，絕少俚俗之作。故張可久素被認為婉麗派領袖，與前期以豪放著稱之馬致遠各為一派之主。

㈣徐再思

徐再思字德可。徐曲一向與貫（雲石）曲並稱為「酸甜樂府」（徐號甜齋，貫號酸齋），可見他們的風格是相近的。徐曲與張、喬之作可以說是一脈相承，大多為詠物寫情，更講究字句的雕琢，對仗的工整，力求含蓄秀麗，內容卻更貧乏。從〈喜春來．皇亭晚泊〉、〈喜春來．春情〉這些小令中，我們可以看出作者是力求以華美的形式來掩蓋其蒼白空虛的內容的。

12、解釋名詞：「襯字」。（65政大）

答　詞和曲都是按照曲調撰寫的長短句歌詞，從配合曲調的關係上來說，兩者最大的不同，就是曲在正字（即按照本調該用的字）之外，還可以加襯字。有了正字和襯字的配合，使得作者有更大的自由，可以淋漓盡致地去抒情、敘事，而不必將內容削足適履去遷就固定的曲調，例如〈南呂．黃鐘尾〉開頭兩句的字數是六、七，但關漢卿在〈一枝花．不伏老〉套中卻增加到五十三字。由於增加了襯字，抒發的感情就格外強烈，增強了語言的表現力和生動性。襯字的運用有一定規律，一般用在句首和句子的兩個詞組之間，用在句子中間的大都是虛字，用在句首的則是多式多樣的。襯字的字數以單數為宜，又一般不宜超過正字，以免把原來曲調搞得面目全非。有了正字和襯字的配合，解決了固定的曲調和靈活的口語之間的矛盾。

第二十二章　元代雜劇

研讀重點

一、中國戲曲的分類與特色
二、元雜劇興盛的原因
三、元雜劇的體制與結構
四、元雜劇在文學史上的地位
五、元雜劇的代表作品及其特色
六、元明雜劇的異同
七、關、馬、鄭、白、王五大作家的藝術成就與貢獻
八、元代的詩歌

1、戲曲分幾類？試敘述其特色與異同。（53文化）

答

雜劇、傳奇、皮黃三者是我國戲劇的主流，其特色如下：

一、雜劇

以「雜劇」為名的，有宋雜劇、元雜劇和明清所謂「南雜劇」及「短劇」，雖同屬一系統，但由於逐漸演變的結果，使得在內容形式上產生了很大的歧異。由於宋雜劇初雛形，還不能算是戲劇，明清雜劇已居次要地位，所以這裡只談元雜劇的形式。

元雜劇的體制規律非常謹嚴：

㈠每一單位叫做一本或一種。

㈡每本分四段（元末明初以後，一段叫一折；每折包括若干場次），有時還可以加上一兩個「楔子」（在第一折之前屬引場性質，在折與折間屬過場性質）。

㈢戲本開頭有「總題」，結尾有「題目正名」。

㈣每折由一套北曲，加上賓白和科介組成，有時還用上插曲。

㈤每折的宮調大體一定，如首折必用仙呂，二折多數用南呂或正宮；三折、四折大致用中呂、雙調。

(六)套數的組織相當嚴密，那些曲牌該在前，那些曲牌該在後，那些必須連用，那些可以互相借宮，都有一定的規矩。

(七)每套曲限押一個韻部；一本四折更由一人獨唱到底，幾無變例，由正末獨唱的叫「末本」，正旦獨唱的叫「旦本」。

二、傳奇

傳奇盛行於明清兩代，其體製規律與元雜劇的主要不同是：

(一)以南曲為主而可以兼用北曲。

(二)出數短至十餘齣，長可以至二百四十齣，普通為三十出至五十齣。

(三)三十齣至五十齣的傳奇往往分為上下兩部，最高潮多在上部的結束處。

(四)開場用家門，由兩闋詞組成，一用以櫽括本事，一用以虛籠大意。

(五)套數結構較自由，一般由引子、過曲、尾聲組成，有時重疊隻曲或單用集曲，即可成套。

(六)一出中排場轉換時，可以移宮換調，使聲情、曲情合一。

(七)各門角色皆可任唱，但以生旦為主，其他角色則講求勞逸均等。

(八)生旦有生旦之曲，淨丑有淨丑之腔，不可互相假借。

由於曲類、齣數、宮調、任唱等，俱較元雜劇自由而合理，所以傳奇在舞臺上的藝術，獲得了許多的改進和成就。但文人作劇好奇逞博，務事藻麗，關目且採取多線式發展，而針線卻未能細密貫穿，埋伏照應又往往前後失調，以致於全劇結構，顯得散緩冗長。許多作家，不得已只好運用物件作為始終媾合的憑藉，於是這物件便像織布機上的梭，往來穿織其間，名作如《荊釵記》之荊釵，《還魂記》之畫像，《長生殿》之鈿盒，《桃花扇》之桃花扇，莫不如此；而這種手法也成為傳奇結構的特色。

三、皮黃

皮黃是由清乾隆間的花部亂彈，逐漸發展而成的新劇種，同光間最為興盛，乃取得劇壇盟主的地位。它的舞臺藝術，可以說是崑曲的通俗化，而音樂則是以徽漢二調為主，同時吸收崑、弋、秦諸腔的長處而成。因之它在體制上的特色是：

(一)全本戲的長度即齣數，在元雜劇與明清傳奇之間，但以散齣為多。

(二)唱詞為三四或四三的七字句或三三四的十字句，偶然也加上一兩個襯字。

(三)只注腔調，不用曲牌，故無所謂宮調或套數。

(四)採用崑曲的曲牌，已逐漸變成吹打曲牌，如出征所用的五馬江兒水、一江風、風入松，圓場所用的普天樂，帝王上朝所用的朝天子，久別重逢所用的哭相思，以及武將「起霸」的點絳唇，黑夜探路「走邊」的小桃紅等，大多只以動作表示，極少照原詞唱念，幾乎可以說是純粹的音樂演奏。

因為皮黃的散齣往往自雜劇、傳奇的散齣改編，所以顯得片段不具首尾；但各門角色卻因此有其專長的劇本，所以品味紛披，很能滿足觀眾的口胃。可是由於取法通俗，其曲詞在文學上多數無意味可言。

2、我國戲曲在元明清的演變及我國傳統戲曲的特色。（85東海）

3、請說明中國戲曲自宋代以下的發展脈絡。（89清華）

答 自宋至明，戲曲演變之經過大致如下：

一、戲文

這種形式產生得最早。最初，盛行於浙江的溫州，所以在南宋初年，乾脆把它叫做「溫州雜劇」。早期的作品，有〈趙貞女蔡二郎〉、〈王魁負桂英〉、〈樂昌分鏡〉及〈陳巡檢梅嶺失妻〉等。到了後代，由於它是在南方的民間產生起來的，就稱為「南戲」，以與後來產生的「北曲」對稱。這種戲文，初期篇幅較短，其後卻變得較為冗長。

二、院本

這是在北方產生出來的一種早期戲劇形式，盛行於金元之間，所以又稱為「金元院本」，演唱腔調與角色分配，跟南方的「戲文」大不相同。現在仍然可以考知的作品，名目繁多，不下數百種，著名的有〈三笑圖〉、〈雙打梨花院〉、〈蝴蝶夢〉、〈杜甫遊春〉及〈張生煮海〉等。這許多「院本」，有些是演而不唱的，有些是唱而不演的，它們的表演形式，還沒有定型，也不曾確立一定的規準。

三、雜劇

這是從元代開始產生出來的一種戲劇形式，又稱為「北曲」，前身就是金元院本。它的表演與歌唱，都最為嚴格；每一幕中的演唱，均須主角一人獨唱到底，因之篇幅較短。在初期，大率以四折（幕）組成。有時加上一個「楔子」，變成五折。）如果四折不能把一個故事說完，就把它分為二本或三四五本，但究竟以一本四折者為最多。到了後期，這種「雜劇」已變成了短劇或獨幕劇的別稱，最多是一本一折的了。（間有少數多到一本九折。）重要的作品，如《西廂記》、《漢宮秋》、《竇娥冤》及《梧桐雨》等是。

四、傳奇

這是從明代發展起來的一種戲劇形式，比雜劇更進了一步，解除了雜劇加之於舞臺表演與角色歌唱方面的種種限制，承接了「南戲」的傳統，而與「北曲」對稱，所以又稱為「南詞」。它的篇幅，不像雜劇那樣，每本只限四折，可以自由伸縮，每部戲，少的有二三十齣

(幕),多的有一二百齣。著名的作品,如《琵琶記》、《荊釵記》、《白兔記》、《拜月亭》及《殺狗記》等,都在三四十齣之譜,而清代的宮廷戲如《勸善金科》、《蓮花寶筏》及《鼎峙春秋》等,卻多到二百餘齣。

五、地方戲

雜劇與傳奇發展起來以後,本來唱法各有一定的標準,但因為中國幅員廣大,而古代交通不便,各地之間方言隔閡,所以便演變而成各種各樣的地方戲。其間,廣東的「粵劇」是很有名的,「紹興戲」和「四明戲」也盛行於浙省。此外,尚有所謂「徽調」、「漢調」、「秦腔」、「楚劇」、「湘劇」、「川劇」、「桂劇」、「滇劇」等等,都是代表的地方戲。

4、試述中國戲劇的特色。(台大期末考)

答

我國戲劇特質是以詩歌為本質,密切配合音樂、舞蹈,加上雜技,而以講唱文學的敘述和象徵方式,通過俳優以代言體搬演而表現出來的綜合藝術。說明如下:

㈠我國戲劇深受講唱文學的影響

我國戲劇在形式上受到講唱文學影響的有:

1、保留敘述的方式,如自述姓名、履歷、懷抱,由某一角色介紹其他劇中人物;對於劇中人物舉止以及風景陳設等的描述；探子演述戰爭的場面，或甚至採用彈唱的方式述說往事等，也因此，劇本中往往還保留許多講唱文學的痕跡。而我們觀察諸宮調、打連廂、燈影戲、彈詞、灘簧等俗文學，也都可以尋出它們逐漸由講唱演變成為戲劇的跡象。

2、講唱文學就其唱詞的形式，大抵可以分成「詞曲」和「詩讚」兩個系統；雜劇傳奇的曲詞，可以說就是詞曲系講唱文學的進一步發展；而皮黃的曲詞則顯然是採用詩讚係講唱文學的形式。所謂詞曲係講唱文學，如諸宮調和唱賺；所謂詩讚係講唱文學，如變文和彈詞（宋代稱為陶真）。

㈡我國戲劇無論那一個劇種，都可以單齣搬演

宋雜劇、金院本所謂的艷段、正雜劇二段、散段，已經各自獨立，內容上互不相涉；元雜劇一本四折也不是一口氣演完，而是在折與折之間插演其他與本劇無關的技藝，事實上也等於單出搬演，所以改編元雜劇的皮黃劇本，便取其單齣。至於傳奇、皮黃，更不用說了。傳奇在《金瓶梅》的年代（約當明嘉靖間），就已經很少演全本，倒是零折散出的情形為多。

㈢音樂是我國戲劇的主要成分之一，而其曲調，無論那一劇種都是多源的

皮黃已如上述；傳奇的前身南戲，本只是里巷歌謠，後來逐漸吸收大曲、詞和北曲的曲調，從而按宮分調，使各曲牌俱有歸依，才形成了現在的面目；元雜劇據王國維的分析，其曲調的淵源可考者有大曲、唐宋詞和諸宮調，其他顯然也有胡樂的成分，如〈忽都白〉、

〈呆骨朵〉、〈者剌古〉、〈阿納忽〉等即是。

㈣採用象徵的方式來表現，這是我國戲劇最主要的特色

我國戲劇在舞臺的構築、道具的運用、角色的類別，以及言談舉止和服飾妝扮等方面，無不表現著象徵性的意味；也因此我國的戲劇便成為超越現實的藝術。

㈤我國戲劇在文學上是以詩為本質

我國略帶著詩文之美的戲劇和音樂舞蹈緊密結合，但文人作劇又往往過分注重辭藻，因此常使戲劇脫離群眾，甚至於有些作品，僅能算是辭賦的別體而已。

㈥我國戲劇表現方式是象徵性的，所以著重在抒情和意念的表達，所謂時空的條件，從不被重視

我國戲劇如《漢宮秋》首折，毛延壽開場說明奉命選刷宮女和點破昭君花容的因果之後即下場，王昭君緊接上場，即謂「一日承宣入上陽，十年未得見君王。」又如陳母教子首折，陳母馮氏從頭至尾未見下場，而三子良資、良叟、良佐分三科連中狀元、探花返鄉。其時間的流轉可以說極為快速。因此我國戲劇常顯得結構散漫，內容有時也不受節制而顯得荒唐。

5、元雜劇興起之因。（64政大）
6、請說明元雜劇興盛之原因並述其體制。（78清華）
7、元代雜劇的組織要素為何？試詳細說明。（83中正）
8、元雜劇之起源與組織如何？又元代前期雜劇有何重要作家？其代表作為何？並願聞之。（85文化）
9、元雜劇興起的內因與外緣。（85靜宜）
10、為什麼中國真正的戲劇，始自元雜劇？元雜劇的作家為何？其特色如何？（86東海）
11、試述元雜劇產生的時代背景、幾齣重要作品、及其所所應的元代社會。（85成功）
12、宋、金雜劇對元雜劇之形成，有何影響？試述之。（89中山、中興）
13、試說明元雜劇的組織結構。（87清華）

答

一、元雜劇興盛的原因

(一)戲劇文學的發展

宋金以來，戲劇文學的形體已經粗備。流行於金中都的院本直接影響元雜劇，金院本和元雜劇的劇目有許多都是相同的，就是明顯的證據。至於宋金以來的諸宮調（用多種宮調來說一個故事），對元雜劇曲調的運用，也有明顯借鑒的痕跡。可以說，戲劇文學本身的發展，給元雜劇興盛打下一個良好的基礎。

㈡利於戲劇發展的物質環境

元代城市的繁榮為元雜劇的發展提供了良好的物質環境。隨著城市的繁榮、市民人數的增加，雜劇等適應市民需要的文化娛樂活動自然興盛起來。並且也只有在繁榮的城市，才可以出現眾多的觀眾，經營戲場的人才可以得利，演員和劇本的報酬才可以增加，在這種情況下，劇本的需求量大，且精益求精，以期符合觀眾的味口。

㈢利於戲劇發展的精神環境

元代在文學思想上的自由，為雜劇的發展提供了良好的精神環境。在元代，儒家思想衰落，載道的文學理論消聲匿跡。戲曲本是載道派認為是卑不足道的東西，恰好在這個文學思想自由的時代蓬勃發展起來。此外，蒙古帝王對歌舞的愛好，對元雜劇的發展也有推動的作用。

㈣科舉的廢除

元代輕儒生，鄙文士，廢考試，知識分子讀書做官的道路被堵塞了；此時雜劇興起，既可抒情怨、寫故事，展示才華，又可作為娛樂、解決生活，於是將往日作詩賦古文之精力從事於此，而雜劇的藝術因此得以進步，大作家與好作品應運而生。

二、元雜劇的體制

㈠雜劇劇本的結構

元雜劇劇本，一般是一本四折演完一個完整的故事，一折大致相當於現在的一幕。一折又可分為幾場。「折」是故事發展的自然段落。有的雜劇還有「楔子」，它的篇幅比較短，位置也不固定，一般在第一折的前面演出，對故事的由來作簡單的介紹；但也有在折與折之間演出的，作用和後來的過場戲相同。

㈡雜劇的曲調

「折」又是音樂組織的單元。每一折用一套曲子，這些曲子可多可少，但都要屬同一宮調。在第一支曲子標出宮調的名稱，最後一支曲子一般要用「煞」或「尾」。

㈢雜劇的曲詞

雜劇曲詞的主要作用是抒情，也可起渲染場景、貫串情節的作用。元雜劇四折的曲詞，一般說來是由一個主要演員演唱——正末主唱的劇本叫「末本」，正旦主唱的劇本叫「旦本」，其他角色只有說白，如果必須歌唱，也只限於楔子之內。曲詞有嚴格的規律，同一折的各支曲子押同一韻。

㈣雜劇的賓白

雜劇的「賓白」就是劇中人物的說白。元雜劇以唱為主，以說為輔，所以把說的部份叫做賓白。賓白在劇中的主要作用是要交代情節。賓白還起逗笑的作用，也可調節氣氛，也可以進行諷刺。

㈤雜劇的科範

雜劇的「科範」簡稱「科」。科是對演員的主要動作、表情和舞台效果的提示。如「做悲科」、「舞科」、「雁叫科」、「把盞科」等。

㈥雜劇的角色

元雜劇的角色大約可分為末、旦、淨、雜四類。「末」是男角，男主角叫「正末」，此外還有「副末」、「小末」等。「旦」是女角，女主角叫「正旦」，此外還有「副旦」、「外旦」等。「淨」扮演剛強、兇惡或滑稽人物，有男有女。「雜」是末、旦、淨之外的雜角。

> 14、試述元雜劇在中國文學史上之地位，並略述主要作家及其代表作品之特色。（76成大）

答

一、元雜劇在中國文學史上的地位

元代雜劇的大量創作和上演，使得中國戲劇成為一種較為完整、穩定的藝術體制。可以說，元雜劇是中國戲曲的第一個黃金時代。

㈠元雜劇有著穩定的藝術體制

我國戲曲起源約在唐宋時期，然唐宋兩代的戲曲只能視為戲曲形式的雛形，唐參軍戲、宋雜劇都是因題設事，以諷刺、調侃、詼諧為宗旨，故事情節較為簡單，又缺乏一定的劇本文學，因而都還是粗糙的，不成熟的。到了元代雜劇中國戲曲才成熟。因為元雜劇中，一本四折的結構體制扣合著事件發展的起承轉合，「一人主唱」的格局，鮮明地表現著人物性格，尤其是成熟劇本體制出現。

㈡元雜劇作家與作品為數均相當可觀

元雜劇之成為中國戲曲的第一個黃金時代，其編劇隊伍的龐大和劇本文學的繁多也是一個重要因素。據元．鍾嗣成《錄鬼簿》和明初賈仲明《錄鬼簿續編》所載，元代雜劇作家有近二百人，有姓名可考的劇作家亦有八十餘人，前期的關漢卿、白樸、王實甫及馬致遠等，以大都為中心從事創作活動；後期之鄭光祖、喬吉、秦簡夫及宮天挺等則以杭州為中心，創造了豐富的劇本文學。這種劇作家隊伍的固定和興起，是元雜劇繁榮的一個不可或缺的主體因素。在這些劇作家的筆下，大量的優秀作品不斷問世，傅惜華編著《元代雜劇全目》，著錄了有姓名可考或無名氏作家的雜劇作品竟達七百餘種。在近百年的元代社會，出現如此眾多的戲曲作品，真可謂為大觀了。

㈢元雜劇內容與手法變化多樣

元雜劇不僅劇作家隊伍龐大和作品繁多，而且在思想內容和藝術風格上也是競相爭豔，各呈異采。內容之豐厚、風格之多樣都是前代戲曲所難以匹敵的。元雜劇出現了許多傳頌後世的優秀作品，如關漢卿的《竇娥冤》、王實甫的《西廂記》、馬致遠的《漢宮秋》及白樸的《梧桐雨》等等。

㈣元雜劇有衆多的劇場與演員

元雜劇之成為中國戲曲的第一個黃金時代，還在於表演劇場所的衆多和固定，及演劇隊伍的壯大。在元代，有在勾欄固定演出的，也有「歧路」藝人流動「作場」的；而演劇隊伍中也出現了許多重要的戲班和優秀演員。

所有這些，都使元代雜劇得以登上中國戲曲藝術的寶座，而成為中國戲曲的第一個黃金時代。

二、元雜劇的代表作家

元雜劇的主要作家有關漢卿、馬致遠、鄭光祖、白樸及王實甫等人，這些作家的雜劇作品及其特色——請參見本章第23、24題。

15、試論元雜劇之結構，並以實例證之。（68輔大）
16、解釋名詞：題目正名。（84東吳）
17、元雜劇是一種體制非常嚴謹的劇種，試從結構形式、腳色、曲辭、賓白及科白及科範，說明其特色。（89靜宜）

答

雜劇名稱，起自宋代。而這裡所說的雜劇，是指元人所創一種代言體的戲曲，它融合了歌曲，賓白、舞蹈、表演等藝術成為具有特殊結構的戲曲形式：

一、每本折數

元劇以同一宮調的曲，一曲稱為一折。普通雜劇，每本只限四折。紀君祥的《趙氏孤兒》，一本有五折；張時起的《花月千秋記》，一本卻有六折，這算是特格而非通例。

二、楔子

雜劇每本四折，如有餘情未盡，再用小令一二支來補充，那就是叫做「楔子」。吳霜厓先生曾解釋說：「楔所以輔佐門限，此則輔佐劇情之不足。」（見吳著《元劇方言釋略》）楔子用法，或加在第一折之前，或加在各折中間。所用曲牌，大抵不出仙呂〈賞花時〉或〈端正好〉二調。惟《西廂記》第二劇中的楔子，卻用正宮〈端正好〉全套，不止一二小令，幾乎等於一折，這也是特例。

三、宮調

每折的曲子，必須同一宮調。

四、韻目

每折須一韻到底，不得中間換韻。至於各折所用的曲牌，從《元人百種曲》計算起來，大約是這樣的：

第一折多用仙呂〈點絳唇〉套曲

第二折多用南呂〈一枝花〉套曲

第三折多用中呂〈粉蝶兒〉套曲

第四折多用雙調〈新水令〉套曲

五、角色

雜劇角色，有末、旦、淨、丑、四種。此外末又分外末、沖末、二末、小末；旦又分老旦、大旦、小旦、旦、徠、色旦、搽旦、外旦、貼旦等名色。

六、歌唱

雜劇每折，大都限正末或正旦一人獨唱，其他腳色，只許說白，不得歌唱；如果必須歌唱，也只限於楔子之內。

七、題目正名

雜劇末端，必有「題目」和「正名」，用整齊相對的二句或四句，以提出全部綱領，總結全劇節目，並於其中摘取數字，作為本劇的定名。例如馬致遠的《漢宮秋》雜劇，「題目」和「正名」是：

題目：「沈黑江明妃青冢恨」

正名：「破幽夢孤雁漢宮秋」

本劇名稱，就是從「正名」中摘取「漢宮秋」三字。用四句的，如白樸的《梧桐雨》雜劇，「劇目」和「正名」是：

題目：「安祿山反叛干戈舉，陳元禮折散鸞鳳侶。」

正名：「楊貴妃曉日荔枝香，唐明皇秋夜梧桐雨。」

本劇名稱，也是從「正名」中摘取「梧桐雨」三字。念唱「題目」、「正名」的，並不是舞臺上的劇員，而是劇員下場後，由後臺伶人代為念唱，這分明還是唱連廂的遺法。

18、元詩人之劇與劇人之劇之異？（台大期末考）
19、元代統一中國之前，雜劇完全發展於北方，所以此一時期之作品，質樸直率，富有北方文學之特質，但仔細分析，由於作者個性之不同，約略可分為兩派，一派以王實甫為代表，一派以關漢卿為代表，試將兩派之特徵，作一比較。（80清華）

答

劇人富有戲劇經驗，在編劇上運用技巧以求得最大戲劇效果，所以適合於舞臺的演出。此派劇作家以關漢卿為代表。至於詩人撰劇，往往挾其對古典文學之高深修養，專注在曲文辭藻之美，以創作純文學作品之態度編劇，初未顧及其演出之效果，所以詩人之劇，則最好在案頭吟詠。此派作家以王實甫，白樸等人為代表。像白樸《梧桐雨》等作品，恐怕是不能原樣搬演的。下面分析兩者相異之處：

一、在關目上

劇人之劇重視關目，能佈置得曲折嚴密；能運用伏筆、懸疑製造戲劇效果。高潮一過，儘快終場。而詩人之劇則不重視關目，不能巧妙佈置，所以關目常較單調，甚至有矛盾疏漏。而且很少使用伏筆和懸疑，高潮過後，還唱個沒完。

二、人物刻畫上

劇人之劇重視並擅長刻畫人物性格。或利用上場詩，或利用賓白，甚至利用某種情節。詩人之劇多半不注意刻畫人物，時有性格含糊或矛盾的現象。又劇人之劇能利用丑角插科打諢，製造笑料；詩人之劇常省去丑角，有也不能妥加運用。

三、在戲曲文上

劇人之劇曲文較少，曲文有各種風格，視劇情及劇中人身分而定。詩人之劇曲文多，風格偏於典雅或工麗，甚至有不顧劇情一味引經據曲、賣弄文才的習氣。

四、在賓白上

劇人之劇賓白俚俗，分量多；詩人之劇賓白較文雅，分量少。劇人之劇的賓白常符合說話者的身分，因之能產生刻畫人物的效果；詩人之劇很少能利用賓白刻畫人物。

20、試述元明雜劇體制演變之情形。（57師大、政大）
21、比較元明雜劇的異同，並論其優劣。（61師大、66台大）
22、請比較「北雜劇」（元雜劇）與「南雜劇」（明雜劇）體制之異同。（81清大）

答　元明兩代無論在政治、社會、思想、文學等各方面的背景都不同，所以表現在「雜劇」上的，也有不同的面貌。元雜劇文辭優美，純文學的價值較高；內容較為豐富，所保存和表現當時的政治社會狀況較深刻，屬於庶民文學。明雜劇則在貴族和士大夫的手中成長，藝術的成就較高，其體制獲得改進，因而使得雜劇成為更合理更精緻的戲劇形式。只是這樣的戲劇形式，到了清代便逐漸辭賦化，終於脫離舞臺，趨向案頭，而失去了戲劇之所以為戲劇的使命了。下面試分析其異同：

一、劇作家

元雜劇前期偏向於北方，後期偏向於南方，南戲潛伏民間，所以雜劇作家沒有兼作南戲者。明雜劇的重心在南方，分布的範圍較元雜劇略廣，人數亦較多。而明雜劇作家兼作傳奇者則有寧獻王朱權等三十一人。也就是說北劇南戲在明代是並行的，雜劇與傳奇在作家們的眼中，幾乎只是長短之別而已。

二、內容思想

我國戲劇的題材，大都取自說話人口中的歷史故事和傳奇小說，而尤以改編前人的劇作為多。所以元明雜劇的題材，基本上並沒有兩樣，其中元雜劇內容多麼多彩多姿，其自由發展的恢宏氣魄，很自然具體的反映了那蒙古鐵蹄下的元代社會。明雜劇則因明初的一道禁令中卻使得戲劇的內容趨向狹隘而貧乏，並使得明代以後的戲劇，只具備倫理教化的功能，其內容思想也自然萎縮了。

三、體制

元雜劇的體制非常謹嚴，每一單位叫做一本或一種。每本分四段有時還可以加上一兩個「楔子」。劇本開頭有「總題」，結尾有「題目正名」。每折由一套北曲，加上賓白科介組成，有時還用上插曲。每折的宮調大體一定，每套曲限押一個韻部；一本四折更由一人獨唱到底。現存元雜劇中，例外之作極少。

明初雜劇（憲宗成化以前約一百二十年間）尚保存元雜劇餘勢。到了中期（孝宗弘治以迄世宗嘉靖，約八十年間），其變化的跡象很顯然，有在折數、宮調、形式等方面嚐試求變化。到了後期（穆宗隆慶以至明亡，約八十年間），由於傳奇發展到顛峰狀態，雜劇作家在這種環境下，自然大量運用南曲來創作，傳奇中的許多規格形式，自然羼進雜劇之中。元明雜劇，至此成為完全不同的兩種面貌。

四、音律

元曲有死腔活板之說，襯字的運用較為自由，但每支曲中該平該仄或該上該去，句式仍有很嚴格的地方；其聯套規律也頗為謹嚴，幾無混用的現象。可是到了明代，這種謹嚴的規律逐漸被破壞了。守律的雖然仍有其人，但「韻雜宮亂」的情形隨時可見。其故是北曲明初已衰，嘉靖後幾成廣陵散，劇作者如不依樣畫葫蘆，便容易踰規越矩，而弄得面目全非了。

五、關目排場

元雜劇由於限定四折，於是關目的安排和推展，便形成了起承轉合的刻板形式元雜劇又由於限定一人獨唱，所以：作者筆力因而集中此人，其他角色遂難以表現。因此，像元雜劇這樣的戲劇形式，其關目排場自然不容易生動。加上元雜劇作家，除了像關漢卿、武漢臣等少數幾位外，對於關目一向不重視，有時還顯得很荒唐和鄙陋；所以關目布置拙劣可以說是元雜劇的共同特色。而其排場冷熱的調劑也極少處理得宜，這不止是元雜劇體制規律謹嚴刻板的緣故，元雜劇作家技不及於此，恐怕是最大的原因。

明雜劇則由於突破元人科範，汲取傳奇的長處，其長短在十一折之內自由運用，各門角色都有任唱的機會，加上曲類聯套的諸多變化，所以從周憲王開始，對於關目的配搭與排場的調劑，就很重視。除了那些題材、形式已經限定非供案頭不可的作品之外，大都能得體。其調劑冷熱的方法，有用插曲以演滑稽、歌舞，有用雜技以取勝，甚至於劇中演劇的情形也時有所見。

六、文學造詣

王國維《宋元戲曲史》謂元雜劇的佳處在自然，具體的說就是「坦率和眞摯」，而考其原因，則是因為元代新語言使用於新文體，語言的成分又極為多樣性；襯字、雙聲疊韻字、狀聲字，以及俗語、成語、經史語、詩詞語、歇後語等的靈活運用，其文辭自然顯得活潑而富機趣。所以無論以質樸本色見長的關派作家，或是以典雅清麗見長的王派作家，都有一股蒼莽的清剛之氣流貫其間；因之本色者不流於粗俗，雅麗者不落入萎靡。

明雜劇雖鉅構偉編仍所在多有，如王九思、徐渭等皆尚能略得元人之神髓。但其餘諸家，則因時代環境之轉移，完全籠罩在當時傳奇駢驪派下，文字典雅而往往失之板滯。其或出以白描者，又顯得平實迤沓，鮮明韻味可言。

23、元雜劇初期，關、王、白、馬四家之作品風格如何？可各舉出代表作品一種為證，並說明其劇情有無所本？（63政大）

24、試述「關、馬、鄭、白」的代表雜劇及作者特色。（74台大）

25、試以關漢卿或馬致遠一部代表作為例，分析元雜劇的特色。（87中央）

答 所謂「關、馬、鄭、白」是古人對元代四位傑出的雜劇作家關漢卿、馬致遠、鄭光祖、白樸的合稱，又稱之為「元曲四大家」。「關、馬、鄭、白」的稱呼最早見於元代周德清所著《中原音韻》，明代何良俊《四友齋叢說》也沿續此說。根據鍾嗣成《錄鬼簿》的分期，「元曲四大家」中的「關、馬、白」三位屬於元雜劇的前期作家，鄭光祖是元雜劇的後期作家。下面試分析各家特色：

一、關漢卿

關漢卿是一位由金入元的作家。在元代雜劇作家中他是一位多產作家，其藝術成就也極為卓著。

㈠作品特色

關漢卿平生從事雜劇創作，據《錄鬼簿》所載，他一生創作了六十餘部作品，現存十餘種。其中以《竇娥冤》、《拜月亭》、《救風塵》、《單刀會》等最為著名。關漢卿的雜劇創作反映生活面廣，思想深邃，氣魄恢宏，在藝術上排場嚴密，個性鮮明，語言生動質樸，被視為元雜劇中「本色派」的代表人物。

㈡代表作品：《竇娥冤》

《竇娥冤》的故事最初來自民間，早在西漢末年，人們就傳說東海郡有個孝婦，丈夫早死，她與年老的婆婆相依為命。婆婆勸她趁年輕時改嫁，但她不肯。為了不願耽誤媳婦的青春，婆婆自殺了。糊塗的地方官硬說是媳婦逼死婆婆，判她死罪，後來東海郡因此大旱了三年。

關漢卿的《竇娥冤》，就是根據這個民間所熟悉的歷史傳說編寫，同時賦予新的意義。劇本通過了竇娥對張驢兒父子和縣官的抗爭，一面深刻地揭露了蒙古人統治中國時期的黑暗政治和社會混亂；一面塑造了竇娥鮮明的人物性格。

二、馬致遠

㈠作品特色

馬致遠的雜劇作品共有十三部，今存七部，其中《漢宮秋》是最為著名的一部。他的創作在題材上較多的是「神仙道化」戲，表現了元代知識分子在殘酷現實面前的消極隱逸態度。馬致遠的《青衫淚》也是一部較好的作品。在藝術風格上，馬致遠的雜劇作品具有詩的意蘊，有著作者深深的投影。其語言風格「典雅清麗」。

㈡代表作品：《漢宮秋》

昭君出塞，是一著名歷史故事。《漢書》有記載，漢以後又在民間廣泛流傳。後世文人詠唱之作甚多，但大多流露悲怨情調。馬致遠則吸收前人傳說，在史實基礎上創新，將故事背景改為番強漢弱，昭君出塞是迫於無奈。她臨行留漢衣，未至匈奴而投水自殺，更表現出崇高的氣節。另外，毛延壽由畫師改為中大夫，則譴責矛頭直指朝廷大臣，暗寓作者對宋、金亡國之臣的批判，曲折反映了元初的民族情緒。藝術上，作者善於依劇情變化撰寫情調不同的曲辭。同時又善融化前人詩詞入句，使曲文高雅典麗。

三、白樸

白樸，幼年遭金亡，跟隨詩人元好問並得到其指授。白樸的作品已知有十六種，現存三種：《梧桐雨》、《牆頭馬上》和《東牆記》。

《梧桐雨》是白樸代表作，記唐明皇與楊貴妃的愛情。唐明皇與楊貴妃故事，自唐．白居易〈長恨歌〉、陳鴻〈長恨歌傳〉及宋．樂史《楊太真外傳》以來，詩詞文章，多有歌詠。白樸則在前人創作的基礎上，又有所創新發展。作者立意，並不在歌頌楊李愛情的純真，而以玄宗為主角，寫其對楊妃美色之戀；楊妃之於玄宗，愛情卻並不專一，故玄宗其實在某種程度上受其矇騙。諷諭昏主之意，由此而見。因而其劇悲而不壯，讀之令人深思、使人感嘆，是一部帶有批判意義的悲劇。此劇在藝術上取得了極高的成就，抒情意味很濃，情調迷惘悲涼，意境幽遠。其結局一反元雜劇的大團圓，也很值得注意。王國維《錄餘曲談》曾譽之為元雜劇的三大傑作之一。

四、鄭光祖

鄭光祖平生作劇十八種，較為著名者有《倩女離魂》、《王粲登樓》等。

《倩女離魂》取材於唐．陳玄祐傳奇〈離魂記〉，描寫對愛情的熱烈追求，真摯動人。鄭光祖在此基礎將故事深化，此劇敘張倩女自幼與王文舉訂婚，張母以「三輩不招白衣秀才」為名，逼文舉進京趕考。倩女因思文舉成疾，魂離身體追上文舉，同赴京城。文舉以狀元及第，修書張母，謂將偕妻同歸。張家始疑文舉已另娶。及文舉偕妻（倩女魂）至，全家皆驚，教倩女魂往見病臥倩女，二者翕然合一，方知為離魂。倩女病癒，皆大歡喜。

五、王實甫——請參見本章第28題。

26、請先寫出《竇娥冤》的作者，再簡要的說明它在戲曲史上的重要性。（84清華）
27、元代雜劇興盛之原因為何？關漢卿乃有元最具代表性之雜劇作家其所創作《竇娥冤》一劇，於文學史上具有高度之藝術成就與評價。試略述《竇娥冤》之故事容，並分析竇娥此一人物典型所具備之社會意義及藝術特色。（88華梵）

答

一、元代雜劇興盛之原因——請參見本章第5題。

二、《竇娥冤》所具備之社會意義及藝術特色

(一)《竇娥冤》的社會意義

《竇娥冤》的故事，是關漢卿取材於前代的故事傳說，讓情節發展的偶然性，反映出社會生活的必然性。因為在元代的社會，在外族統治及長期戰亂的交相結合下，整個社會嚴重失序，官吏貪污，冤獄的發生是必然的結果。世事如此乖謬，才有關漢卿筆下那位社會的渣滓張驢兒，他無惡不作，橫行鄉里，壞事作絕，而衙門竟成為他掩飾罪行的最佳場所。

而竇娥位三歲喪母，十七歲成為寡婦，這樣一位孤苦無依的女子，他性格善良，但受到的迫害越深，對社會的黑暗面看得是越發清楚，反抗越發強烈。起初他對官府寄予很深的期望，寧可「官休」，但被官府一頓毒打之後，他終於不得不相信「衙門自古向南開，就中無個不冤哉」這個道理，直至他被押到法場斬首之時，他才絕望的相信，在那個封建的社會裡是沒有公理的存在的，所以他才對天地哀嚎說：「地也，你不分好歹何為地，天也，你錯勘賢愚枉做天！哎，只落得兩淚漣漣。」而後關漢卿將竇娥的情緒推到極致，藉由異常的天象，向天地發出最深的吶喊，表達出關漢卿對世道不公的憤慨。

而《竇娥冤》中最耐人尋味的是，竇娥的冤是由自己任「兩淮提刑肅政廉訪使」的父親出面平反的，這其中審判者及被被審判者之間的關係，體現關漢卿希望由受害者親屬懲治惡人報仇雪恨的快感，並在一定程度上，表達出關漢卿對於人生及現實的痛切的感受。

(二)《竇娥冤》的藝術價值

《竇娥冤》的故事框架是漢代東海孝婦的故事，在經過長期的流傳後，內容越發的具體及豐富。其中所展現的藝術價值如下：

1、悲劇性格

《竇娥冤》是一個家庭悲劇的故事，王國維在《宋元戲曲史》一書中，將它列為世界大悲劇，其主要的關鍵點，在於竇娥這位悲劇性的人物。從「楔子」起，竇娥因高利貸而被賣給蔡婆做童養媳，開始他一生的悲劇。而後關漢卿寫賽盧醫的陰謀害命，張驢兒父子的強占，以及太守的草菅人命，一步步將竇娥送上悲劇的舞台上去。正如王國維所說的，竇娥不屈服的個性，就是他悲劇性的主因，此為竇娥之意志，雖赴湯蹈火也在所不辭。

2、本色當行的戲劇語言

關漢卿是個寫雜劇的能手，他熟悉劇場、演員與觀眾，並有實際的演出經驗。所以在他的劇作中最大的藝術價值在於本色當行的戲劇語言。

(1)儘快「入戲」

為了在有限的時間裡，表達出劇作最深廣的內容，讓強烈的戲劇情節牢牢的鎖住觀眾的眼睛，所以關漢卿很注重「入戲」的時間，因而他以洗練的筆調交代完劇情的前因之後，迅速將觀眾的焦點轉到戲劇的高潮上，引發觀眾看戲的性致。所以關漢卿將竇娥前十九年的人生歷程，僅在楔子與第一折中交代完畢，而後再逐步開展劇情的發展。

(2)以本色當行的戲劇語言為著稱

王國維最稱道元雜劇的是「曲盡人情，字字本色。」這也是關漢卿的戲劇語言特色，在他所寫的人物唱詞中，在抒情中蘊含著鮮明的動作性，切合特定的戲劇情境，所以劇中人物的語氣、措辭，會隨著角色的心情的轉變而有所轉變。諸如《竇娥冤》裡的張驢兒對蔡婆說：「你教竇娥隨順了我，叫我三聲嫡嫡親親的丈夫，我便饒了他。」這些令人作嘔的語言，將張驢兒面目可憎的樣貌，活脫脫的展現出來。

28、舉例說明關漢卿和王實甫雜劇的特色以及他們在雜劇史上的貢獻和地位。（79中央）
29、關漢卿在雜劇創作上有何重要貢獻？其代表作品為何？試舉其中一種說明之。（81成大）
30、關漢卿被稱為元代雜劇的代表作家，其代表作品為何成就為何？（87中正）

答

一、關漢卿在雜劇上的特色與成就

元代鍾嗣成在《錄鬼簿》中列關漢卿為雜劇作家之首，稍後的賈仲明在《錄鬼簿》輓詞中讚美關漢卿是「驅梨園領袖，總編修師首，捻雜劇班頭」，都充分肯定了關漢卿雜劇創作的傑出地位。關漢卿之所以贏得這種殊榮，除了他的作品具有深刻的思想內容外，還在於他的作品所體現的藝術成就。下面試分析如下：

㈠題材的廣闊

在關漢卿劇作中，他以深沈、凝練的藝術筆觸廣泛地解剖元代社會的多個側面。有抨擊社會黑暗勢力的，有揭示社會的不合理現象的，還有表現傳統禮教殘酷的，也有表現下層婦女機智勇敢、不畏強暴的，總之是從多種角度展現了當時的社會面貌。這種反映面的廣闊性是關漢卿劇作的突出之處。

㈡風格的多樣

在風格上，關漢卿作品有充滿濃重悲劇氛圍的《竇娥冤》，也有彌散輕鬆、詼諧色彩的《望江亭》，不拘一格，因事而異，體現了關漢卿劇作在藝術上的多姿多彩。

㈢高超的結構處理和細緻逼真的形象塑造上

元代雜劇四折一楔子和一人主唱的藝術體制，要求著雜劇創作要盡可能地不枝不蔓，從而突出主線。關漢卿的劇作在這方面確是頗有成就。比如《拜月亭》寫王瑞蘭的婚姻遭遇，《救風塵》述趙盼兒的俠義行為，主線清晰，一人一事。然而關劇的結構精練、清晰也並不是內容的單薄，他的作品之特異處正在於能在有限的形式框架下表現意蘊豐富的思想內容，在精練中追求豐饒，在集中之中努力充分刻畫，故在情節安排上體現了高超的藝術匠心。王國維曾評其《救風塵》是「極意匠慘淡之致」，這評語其實同樣也適合於他的其他劇作。

㈣獨特的語言風格

關漢卿的作品語言真切自然，不避俚言俗語，妙趣橫生而不落輕薄，質樸無華卻耐人尋味。他的戲曲語言是元雜劇中本色當行一派的最傑出代表。

二、王實甫在雜劇上的特色與成就

《西廂記》是中國古代戲曲中一部傑出的作品。它歌頌了青年男女追求愛情、衝決傳統禮教的叛逆精神，並且抒寫了「願天下有情人都成眷屬」的崇高理想。《西廂記》曾被後人譽為元雜劇的「奪魁」之作，它之所以能獲此殊榮，除了其深刻的思想意義外，和它突出的藝術成就是分不開的：

㈠《西廂記》的藝術成就，首先表現在恢宏龐大、嚴謹整飾的藝術結構上。

元代雜劇在藝術體制上一般是一本四折，而《西廂記》卻突破了元代雜劇的這個固有體制，以五本二十折的龐大篇幅抒寫「西廂」情事。在元雜劇中，這種藝術結構是絕無僅有的。《西廂記》雖然有此宏大的結構，但不枝不蔓，關目清晰，結構整飾，而且高潮迭起，波瀾起伏，充分顯示了《西廂記》結構的藝術成就。

㈡《西廂記》的藝術成就，其次表現在善於從戲劇衝突中表現人物性格，塑造了鶯鶯、張生、紅娘等栩栩如生的藝術形象。

在《西廂記》中，構成戲劇衝突的有兩個層次：一是張生、鶯鶯和老夫人之間的外在衝突，二是張、鶯、紅之間以及鶯鶯內心情感的內在衝突，《西廂記》的作者即是在這雙重衝突中塑造人物性格的。以前者而言，老夫人代表了封建正統觀念和禮教對男女愛情的制約和束縛，而張、鶯愛情正是在與老夫人的衝突和爭勝中表現了自身的形象特徵，如張生癡情、志誠的「傻角」形象，鶯鶯的嬌羞、懦弱等。而以後者言之，作為相國之女的鶯鶯，她要衝破來自外在和內心的束縛去追求愛情的自由，確是需要一定的情感準備和勇氣的。鶯鶯的形象塑造在如此多種複雜的約束中突現出來，故她給人的印象既有嬌柔、尊貴的一面，亦有勇敢、任性的一面，人物形象確是頗為豐滿的。

㈢《西廂記》的藝術成就同時還表現在獨特的語言風格上。

中國古代戲曲素稱「劇詩」，而《西廂記》正是「劇詩」風格的典範之作。《西廂記》的語言典雅而不呆板，清新而不流俗；它既富有詩歌的韻味，亦不乏民間口語的靈活運用。總之，《西廂記》語言是雅而不迂、清而不俗，在雅俗之間達到了較高層次的結合。

31、《太和正音譜》評關漢卿云：「關漢卿之詞，如瓊筵醉客。觀其詞語乃可上可下之才。蓋所以取者，初為雜劇之始，故卓以前列。」其說當否？試評述之。（69台大）

答

前人論雜劇優劣，每專就曲文方面置評。如朱權《太和正音譜》論古今群英樂府格勢，列關漢卿於第十名，評曰：「關漢卿之詞，如瓊筵醉客。觀其詞語，乃可上可下之才。蓋所以取者，初為雜劇之始，故卓以前列。」即以曲文之典雅者為勝，然雜劇作家，有劇人、詩人之別。劇人富有戲劇經驗；其編劇也，致力於情節之曲折緊湊，人物之性格分明，對話之流利生動，以求得最大戲劇效果。

關漢卿即為劇人作家之領袖。關漢卿能「躬踐排場，面傅粉墨，以為戾家生活，偶倡優而不辭。」（臧懋循《元曲選序》語）可見其富於舞臺經驗。漢卿之於雜劇，殆以畢生精力為之，故作品多而佳。稱之為元代最偉大戲劇家，絕非過譽。

至於詩人撰劇，往往挾其對古典文學之高深修養，專注曲文辭藻之美，甚至用典引書，力求風格之雅正；蓋以創作純文學作品之態度編劇，初未顧及演出之效果。王實甫即為詩人作家之代表。自然，劇人筆下亦不乏曲文典雅之作，然其典雅之曲文必符合劇中人之身分。兩者相較，以演出效果而論，自以劇人之作為勝；以閱讀感受而論，則詩人之作能多予人吟詠之美。

漢卿編撰雜劇，擅於安排關目，刻畫人物，運用口語。然漢卿曲文，並非純然白描：清新典麗者有之，雄壯豪邁者有之，旖旎嫵媚者亦有之。蓋完全視劇中人之身分環境而定。《四春園》中王閏香唱詞，清新典麗；《單刀會》中關羽唱詞，雄壯豪邁；《玉鏡臺》中溫嶠唱詞，旖旎嫵媚；無不酷肖其口吻。此等手法，自為戲劇藝術之高度表現。然因關漢卿雜劇以描繪社會現實者佔多數，故其所撰雜劇之賓白固為當時日常用語，即曲文亦口語化。此即所謂「本色」。此類本色作品，在朱權王爺眼中，自覺不夠典雅也。

32、簡答題：關漢卿何以被推為雜劇之祖？（81中央）

答

關漢卿是中國文學史和戲劇史上一位偉大的作家，他一生創作了許多雜劇和散曲，成就卓越。他的劇作為元雜劇的繁榮與發展打下了堅實的基礎，是元代雜劇的奠基人。他在生時就是戲曲界的領袖人物，《錄鬼簿》中賈仲明弔詞說他是「驅梨園領袖，總編修師首，捻雜劇班頭」。從元代周德清的《中原音韻》、明代何良俊的《四友齋叢說》到近代王國維的《宋元戲曲史》，都把他列為「元曲四大家」之首。

關漢卿所以被為雜劇之祖有以下兩個原因：

一、作品數量最多，題材最豐富

關漢卿一生共寫了六十多個劇本，現保存下來的只有《感天動地竇娥冤》、《趙盼兒風月救風塵》、《望江亭中秋切膾旦》、《閨怨佳人拜月亭》、《關大王單刀會》、《包待制三勘蝴蝶夢》、《包待制智斬魯齋郎》、《詐妮子調風月》等十八個劇本。是現存元雜劇總數的十分之一。創作量相當可觀。就他現存的劇本來看，題材廣泛，內容豐富。其中有的寫婦女的冤屈，有的寫人民與昏官、惡霸的機智論辯，有的歌頌歷史上的英雄人物，有的寫社會上的公案故事。在他筆下出現了各色各樣的人物——妓女、婢妾、寡婦、流氓、衙役、浪子、文士乃至古代英雄。儘管選擇多種多樣的題材，描寫了形形色色的人物，都能生動活潑。

二、藝術成就最高

關漢卿的雜劇善於在激列的戲劇衝突中去表現人物性格，又善於對人物作細致、深入的心理描寫。關劇在藝術上的另一個特點是適合舞臺演出。由於關漢卿既有創作經驗又有舞臺實踐經驗，所以他的劇作場面安排集中、緊湊、富有典型性；關目處理變化莫測、富有戲劇性，的確堪稱「當行」。關漢卿是元雜劇中本色派的代表作家，他的劇作語言樸素自然，通俗淺顯，不事雕琢，充滿生氣，具有本色的特點。前人對關劇在這方面的成就十分推崇，王國維說：「關漢卿一空倚傍，自鑄偉詞，而其言曲盡人情，字字本色，故當爲元人第一」（《宋元戲曲史》），並非溢美之詞。

33、關漢卿之《單刀會》、《竇娥冤》與馬致遠之《陳摶高臥》在風格上有何不同？（81成大）

答

一、關漢卿之《單刀會》、《竇娥冤》的風格

關漢卿的《單刀會》、《竇娥冤》，一寫貞烈不屈，含冤莫伸的少女；一寫電掣山崩，氣勢浩莽的英雄遭際。前者充滿了悲劇氣氛，後者則於壯烈中帶著慘切，兩者皆能以通俗的語言，適應題材，貼切地表現出劇中人的身分來。毫無雕琢，本色與自然自存，由那些美妙活潑的臺詞，將各種人物的性格和心理，表現得非常顯明。在關漢卿的劇本中，看不出一絲作者的影子，我們可以說他確是一個人生社會的寫實者，是一個民眾通俗的劇作家。

二、馬致遠《陳摶高臥》的風格

馬致遠的《陳摶高臥》，表現的是一種神仙道化的思想，而其底子則是不得意的聊且以遺世孤高為快意的寫法。與作者本人的情緒思想很有關係。同時他無論作曲作白，都歡喜引書用典，因此往往寫出與人物身分不合的話來。但他這種貴族的精神，與失望的憤慨，卻最能投合那些失意的士大夫的心理，而得到頌讚稱許，我們可以說他的作品是屬於文人學士的階層，而不是屬於民眾的了。

34、解釋下列一組名詞：《西廂記論宮調》、《西廂記雜劇》。（64台大）

35、何謂「董西廂」？何謂「王西廂」？二者分屬於何種文類？體制有何不同？又其

故事源頭為何？（80清大）

答

《董西廂》和《王西廂》都是我國文學史上詠寫「西廂」故事的傑出作品。兩者之間有著明顯的一脈相承關係，下面試分析其中的關係：

一、體制

《董西廂》是金代董解元《西廂記諸宮調》的簡稱，是敘事體的說唱文學，《王西廂》則是指元代王實甫的北曲雜劇《西廂記》。是代言體的戲曲藝術。「諸宮調」這種說唱藝術是在唐宋大曲、詞調以及宋代纏令等的基礎上發展改造而來。它的藝術容量已經大大地超越了長篇敘事詩和唐代傳奇小說，因而《董西廂》與〈鶯鶯傳〉相比較，已進步很多。但「諸宮調」畢竟是一種敘事體的說唱文學，它只能限於第三者的敘述，故其在人物內心的揭示和形象生動地反映生活方面，是難以和代言體的戲曲藝術相比的，《董西廂》與《王西廂》的首要區別也正在此。

二、主題

《董西廂》雖以〈鶯鶯傳〉為藍本，但對〈鶯鶯傳〉「始亂終棄」的悲劇故事結局一改為追求婚姻自由，最後終實現愛情追求的喜劇故事，因而在主題思想上已經超越了前代「西廂」

故事中所代表的那種傳統思想。但《董西廂》猶存在著許多庸俗情節和低級趣味，如當張生遭到鶯鶯拒絕之時，竟要求與紅娘「權做夫妻」，這就損害了張、鶯愛情之間的純潔性，從而在某種程度上降低了作品的思想意義。《王西廂》則在情節設置和人物塑造上有意改變了這種缺陷。他一方面再三地突出張、鶯與老夫人之間的對立關係，同時又努力改變張生身上的輕薄之習，強調了張生的志誠和鶯鶯的叛逆，從而深化《王西廂》的主題思想。

三、藝術成就

《董西廂》在藝術上也取得了很高的成就，但亦存在著明顯的缺點，如人物形象前後不太統一，結構有所拖沓，過分渲染了上不必要的場面等。《王西廂》在藝術處理上則較好地解決了上述問題，張生和鶯鶯的形象在作品中更為豐滿、深刻，它的藝術結構雖然長達五本二十折，但卻緊扣主題，關目清晰，場次謹嚴。另外，《董西廂》曲辭對《王西廂》有很大影響，但王實甫在創作時大膽化用了《董西廂》的語言而作出了創造性的超越。

36、試述《西廂記》之來歷及重要的評點本。（政大）

答

一、《西廂記》的來歷

《西廂記》是王實甫的代表作，是我國文學史上的一部傑出的名著，也是我國較早的一部規模巨大突出的戲劇作品。

西廂的故事最早見於唐．元稹（西元七七九～八三一年）的〈鶯鶯傳〉（又名〈會真記〉），而後在流傳中不斷地被加工，如宋代的趙令畤（約西元一〇七五～一一三五年）寫了〈商調蝶戀花〉鼓子詞，宋代佚名的作家寫了《鶯鶯六么》官本雜劇，金代的董解元（約西元一一九〇年左右）寫了《西廂記》諸宮調。整個故事由大綱式的，逐漸增添許多情情節，並到了「董西廂」時，變悲劇為喜劇，變更了主題。使得故事不僅暴露了門第之間的問題，而且反映了青年男女爭取戀愛自由的願望。

《王西廂》的故事基本上沿襲《董西廂》的情節，但王實甫作了更進一步的加工、提高和創造性的發展，並摒棄了《董西廂》中一些不合理的情節，使人物性格的發展更為合情合理，更符合各人的身分。如《董西廂》中幾乎有六分之一的篇幅是敘述孫飛虎兵圍普救寺的事件，離主題較遠。《王西廂》則緊緊地抓住戀愛事件，一切都圍繞這個中心，這就使得主題更明確、更集中。《王西廂》的人物形象在《董西廂》中已經有了初步的基礎。這些人物形象到了王實甫的筆下就變得更鮮明、更突出、更感人。

二、《西廂記》的評點本

《西廂記》雜劇的版本流傳得非常多，今天我們還能夠見得到的就有四十種以上，其中重要的評點本有以下幾種：

(一)《新校注古本西廂記》六卷明．王驥德（伯良）校注，明萬曆間香雪居刊本。

(二)《元本出相北西廂記》二卷題「李贄、王世貞」評，明萬曆三十八年起鳳館刊本。

(三)《新刻魏仲雪先生批點西廂記》二卷明．魏浣初評，明萬曆間陳長卿刊本。

(四)《三名家合評元本北西廂記》五卷題「湯顯祖、李贄、徐渭」評，明崇禎間彙錦堂刊本。

(五)《貫華堂注釋第六才子書》八卷清．金人瑞（聖歎）評，清初刊本。

(六)《毛西河論定西廂記》五卷清．毛甡評，誦芬室景印清初原刊本。

(七)《西廂記》不分卷清．朱璐評，稿本。

37、試舉以〈鶯鶯傳〉為題材之重要戲劇二種，並略述之。（69台大）

答

一、王實甫《西廂記》

《西廂記》的作者王實甫，他和元代另一位偉大的戲劇作家關漢卿是好朋友，並都屬於元雜劇前期著名的作者。據元人鍾嗣成所著的《錄鬼簿》所載，王實甫生平共著有雜劇十四種；但現存僅有《西廂記》和《麗春堂》兩種的全本，以及《芙蓉亭》和《販茶船》兩劇的一些殘文。而最使王實甫得以名垂不朽的，就是這部《西廂記》。元人雜劇的通例是一本四折，但王實甫卻突破了這個限制，他根據劇情發展的需要，破例地把《西廂記》寫成了五本，並使五本密切地聯繫為一個整體，這樣就更能夠有足夠的篇幅去刻畫人物，圍繞戀愛故事寫出多方面的複雜矛盾，也使作者有了充分發揮才能的餘地。《西廂記》的劇情，描寫唐代一個相國之女崔鶯鶯，與一位窮書生張君瑞之間的曲折遇合，過程十分動人。

《西廂記》的原始故事，出自唐代大詩人元稹所寫的傳奇小說〈鶯鶯傳〉。在宋、金對峙時期，金人統治下的說唱家董解元，利用民間流行的說唱體裁，編寫了一本《西廂記彈詞》；王實甫根據董詞改編而成現今流傳的雜劇《西廂記》。不過，王實甫作了更進一步的加工、提高和發展，他摒棄了董詞中一些不合理的情節，又增添了不少的內容；特別是在人物性格的刻畫上，雜劇《西廂記》更有了驚人的藝術創造。

二、李日華《南西廂》與陸天池《南西廂》

據《百川書志》的記載，第一個把北曲「西廂」改為南曲「西廂」的作家，乃是明代海鹽人崔時佩。他只寫成了二十八折，便告中斷；接著又有吳縣人李日華續寫下去，終於完成了第一部《南西廂》。不過，參看明人的其他戲劇理論著作，都說《南西廂》是李日華一人的作品，沒有提及崔時佩；近人也差不多一致採納了多數的說法，把《南西廂》視為李日華個人的創作。

李日華改寫《西廂記》的動機，就是鑒於當時的雜劇已日漸走向下坡，而且這種表演方式也實在存有缺點，所以就決心把雜劇改為傳奇，把北曲變成南曲。這種改變，主要在於唱腔方面，至於故事情節、人物性格以及作品的主題思想等等，則極力保存王實甫原作的本來面目。因此，就舞臺效果來看，《南西廂》較原來的《北西廂》實在已向前推進了一步。它的出現，是符合中國戲劇的發展道路的。

可是，這位戲劇作家費煞心思寫成了《南西廂》，卻受到當世與後代許多批評家的指責，認為他竄改王實甫的作品，又不能發揮南曲的優點。清初的著名戲劇理論家李漁，就曾經大聲疾呼，說李日華破壞了詞曲的格律。他在《閒情偶寄》一書的〈音律〉篇上說：「詞曲中音律之壞，壞於《南西廂》」、「玷《西廂》名目者此人，壞詞場矩度者此人；誤天下後世之蒼生者，亦此人也！」把李日華罵得體無完膚。而且，早在李日華的《南西廂》問世不久，就有另一位戲劇作家陸天池，針對李日華的劇本，寫成了第二部《南西廂》，想把李本《西廂》壓倒。

陸天池是長洲（今江蘇吳縣西南）人，原名采，一字子元；天池是他的別號。他的哥哥陸粲，是明世宗嘉靖五年（西元一五二六年）的進士；照此推測，陸天池也生活於嘉靖年間。他的劇作，除了《南西廂》外，還有《明珠記》、《懷香記》、《椒觴記》和《分鞋記》（後二種未見有傳本）。他之所以寫作《南西廂》，照他在序文中的話是：「李日華取實甫語，翻為南曲，而措辭命意之妙幾失之矣。予自退休日，時綴此編，固不敢媲美前哲，然較之生吞活剝者，自謂差見一斑。」這部作品的最大特點，就是它的關目雖與王實甫原著大致相同，但曲詞則完全新創，一句也不翻用王實甫的舊作。

不過，從歷史的發展來看，陸本《南西廂》顯然經不起時間的考驗，到了現代，它在舞臺上早已響絕聲沈；只有李本的《南西廂》，依然流傳不衰，受到廣大人群的喜愛。今日在舞臺上演出的《西廂記》，就是由王實甫原著、李日華改編的。

38、試述《西廂記》的源與流。（82中山）

答

一、《西廂記》的源——請參見本章第36題。

二、《西廂記》的流——請參見本章第37題。

39、試述鍾嗣成《錄鬼簿》的理論思想和歷史地位。（台大期末考）

40、簡答題：說明《錄鬼簿》之作者及其書的性質與特點。（77淡江）

41、試簡介《錄鬼簿》之作者並說其書之性質。（85暨南）

42、解釋名詞：《錄鬼簿》。（90華梵）

答 元代鍾嗣成《錄鬼簿》的問世是元雜劇創作繁榮的必然結果。它是一部記錄元曲作家生平事跡、作品篇目以及戲曲批評的專門性著作。《錄鬼簿》初稿完成於元至順元年（西元一三三〇年），後經過兩次修訂。此書收錄作家一百五十二人，雜劇作品篇目四百五十多種，為戲曲史之研究立下了不朽功績。

一、《錄鬼簿》的理論思想

鍾嗣成以《錄鬼簿》為書名乃是有感於雜劇作家「門第卑微」、「湮沒無聞」。在他看來，雜劇作家「高才博識，俱有可錄」，他們創造了雜劇藝術，是雖死猶生，乃人間真正之「不死之鬼」。因而他要為其「傳其本末，弔以詞章」。《錄鬼簿》的理論批評主要包括在下列三方面：

㈠突破傳統為戲劇作家立傳

在中國古代，戲曲歷來被視為「小道」，而難以進入藝術的殿堂。鍾嗣成在《錄鬼簿》中則拋棄了這種世俗偏見，置「得罪於聖門」而不顧，給所謂「倡優」作家立傳立傳，並將其置入「名公才人」之列，戲作家應有的歷史地位。鍾嗣成的這種膽識和勇氣誠為可貴，為中國戲曲批評史的產生和發展開創了良好的風氣。

㈡勾畫出元雜劇的發展輪廓

鍾嗣成以自身為基點，以「前輩」和「方今」為時序，將作家按期分類排比。他以「前輩已死名公才人，有所編傳奇行於世者」、「方今已亡名公才人」和「方今才人相知者」三類按時代順序加以排比，大體確立了元雜劇的初步分期。

㈢對戲曲作家進行評價

鍾嗣成在《錄鬼簿》中高度評價了戲曲作家的創作業績和作品的風格特色，其中不乏得其精髓的深中肯綮之論。如他評宮天挺：「豁然胸次掃塵埃，久矣聲名播省台，先生志在乾坤外，敢嫌天地窄，更詞章壓倒元白。憑心地，據手策，數當今，無比英才。」

鍾氏在評論中，有時還歷指作家創作之弊而不一味褒揚，比如評鄭光祖「貪於俳諧，未免多於斧鑿」。如此等等，不一而足。

二、《錄鬼簿》的歷史地位

鍾嗣成《錄鬼簿》在中國戲曲史和戲曲批評史上有著重要的地位：

㈠它對戲曲史和戲曲批評史的研究有著其開拓之功。

㈡作為大規模地記錄和評論元代雜劇作家及其作品的最早一部著作。

㈢以豐富的史料為元代雜劇的研究奠定了堅定的基礎。

㈣對元雜劇的分期也啟迪了後學，從而為開創戲曲史研究立下了不朽的功績。

43、簡答題：何謂「參軍戲」？（83清大）

答 參軍戲，原稱「弄參軍」。唐宋流行的一種表演形式？淵源於秦漢的俳優，但具體形成時期則有始自東漢、後趙、唐等說。見唐．段安節《樂府雜錄》、宋《太平御覽》卷五百六十九轉引《趙書》。最初為一節目名，後發展為表演形式。主要由參軍、蒼鶻兩個腳色作滑稽的對話或動作，引人發笑，有時用以諷刺朝政或社會現象。宋時也稱為雜劇，腳色並有所增加。據唐．范攄《雲溪友議》，當時參軍戲也有女演員參加表演歌唱的。

44、簡答題：何謂「旦本」與「末本」？（83清大）

答 元雜劇中以旦主唱的劇本叫做旦本。以末主唱的劇本叫做末本。《錄鬼簿》在一些劇目下標有「旦本」字樣，以區別同名雜劇的末本。如王實甫《破窯記》下注「旦本」，以區別於關漢卿的《破窯記》。有些旦本在劇名上體現，如關漢卿《切鱠旦》、《澆花旦》，楊顯之《師婆旦》等。《錄鬼簿》也在一些劇目下標有「末本」字樣，以區別於同名劇雜劇的旦本。如白樸《崔護謁漿》下注「末本」，以區別於尚仲賢的《崔護謁漿》。有些末本則在劇名上體現，如吳昌齡的《貨郎末泥》、李致遠的《還牢末》等。

45、簡答題：「戲曲」與「散曲」有何不同？（83清大）

答 中晚唐以來，經過長期醞釀，民間長短句歌詞，吸收民間興起的曲詞和少數民族樂曲，逐漸形成一種新的詩歌形式，即散曲。它包括小令和散套兩種主要形式。小令通常以一支曲子為獨立單位，可重覆，各首用韻不同。散套通常用同一宮調的若干曲子組成，長短不論，一韻到底。散套盛行於元、明兩代。

散曲不論是小令或散套都是用來清唱的。戲曲則是用來搬演。中國的戲曲不論是雜劇、傳奇或者是皮黃，都須具備科、白、曲三部分。其中的曲就是以散曲的散套作為唱腔的部分，科是動作，白是對白。

46、請問元代詩歌有那些代表性的作家？若就整體而論，請問元詩有何特殊風格。（84淡江）

答 儘管元代的詩文作家和作品的數量相當多，但成為中國文學正統的詩文，就是無法與前代相比，這是因為在元朝的民族壓迫下，漢族文人的地位不再像前代那樣的風光，所以這些詩文也不再是踏入仕途的敲門磚，因此在元代的詩作中很少見到對統治者歌功頌德的詩作，反而是透露出隱逸思維及揭發統治者罪惡的詩作多。一般而言，元代的詩歌約可分為三期。

一、前期

元初詩文作家多為宋金遺老，有的眷念故國，慷慨悲歌；有的潛隱遁逃，常言隱痛，此期詩風受元好問及江湖人影響較深。而此期的代表作家有由金入元的元好問、李俊民等，由宋入元的方回、戴表元等，還有元的開國元老耶律楚材、郝經等。由此可知此期的詩歌創作，是南北詩風交錯、融合的時期，所以詩壇上展現樣多樣化的思想傾向及藝術風格。在這時期以劉因的成就比較高的。

劉因，元世祖稱其為「不召之臣」，他不是南宋人，而且一度出仕元朝，但他一生心繫宋朝，這主要是因為維護民族傳統文化使然，所以他在詩中多次對南宋的覆亡表示哀悼：「白首歸來會同館，儒冠爭看宋師臣。」（〈書憤〉）他的詩論推崇韓愈，也豔羨元好問。他的七古歌行氣勢磅礡，同時因為他也是理學家，所以不少詩作中受到理學的影響：「紀錄紛紛已失眞，語言輕重在詞臣，若將字字論心術，死有無邊受屈人。」（〈讀史〉），並開創元代理學家詩文創作的先河。

二、中期

此期社會漸趨穩定，詩歌的創作日盛。詩歌內容雖是號稱崇尚「雅正」：一、是詩風以溫柔敦厚為依歸，二是題材以歌詠昇平為主導。然而在太平盛世裡，詩風漸變，一以唐人為宗，但大都是追求詞采雅麗，對仗工整，很少創造化。多是粉飾太平和贈答酬唱，題詠書畫的題材，代表詩人為「元詩四大家」：虞集、楊載、范梈及揭傒斯四人，其中以虞集較為優秀。

「元詩四大家」並不是表示此四人詩人的詩作是當代最好的，而是此四人多為當時的館閣文臣，流風所致，為時人爭相稱譽，同時這四人的詩歌創作在諸多方面都大致相同，所以明．胡應麟說：「皆雄渾流麗，步驟中程。然格調音響，人人如一，大概多模往局，少創新規。」（《詩藪》）。只是「元詩四大家」之所以成為名家另一主因，在於他們詩風雖相似，但在相似中仍保有自我風格，這是他們超越當代其他詩人之處。

三、後期

後期的詩風多半學晚唐穠纖縟麗之體，但因為此期元朝政治越發動盪不安，社會暴動不安，詩壇的文風逐漸轉為寫實風格。此期的代表是楊維楨的「鐵崖體」。

楊維楨，號鐵崖，在元末據有詩壇領袖的地位，自宋末到元末，模仿李賀詩的風氣，從未絕跡，楊維楨在這方面特別突出，所以聲名顯著，因而被傳誦，一時成風，號為「鐵崖體」。楊維楨力圖打破元代中期缺乏生氣，面目雷同的詩風，所以他的詩作半是擬古、詠史之作，題材不新鮮，但是在藝術風格上卻是令人耳目一新。諸如《四庫提要》評價為「有三百篇風人之旨」的〈詠史〉：「買妾千黃金，許身不許心。使君自有婦，夜夜白頭吟。」就是最好的例子。

第二十三章　明代戲曲

研讀重點

一、南戲的起源與發展
二、南戲與雜劇的區別
三、傳奇與南戲、唐傳奇的關係
四、傳奇與雜劇之區別
五、明傳奇的發展與代表作品
六、「荊、劉、拜、殺」四大南戲的作者與內容
七、《琵琶記》的內容與藝術成就
八、崑曲的興起與影響
九、吳江派與臨川派的作品特色與理論比較
十、《玉茗堂四夢》的內容與藝術成就
十一、明代雜劇的特點與發展
十二、徐渭雜劇的特色與成就
十三、明代的戲曲理論
十四、明代的散曲作家

1、何謂「南戲」?它與「北戲」大體上有何不同?它約起於何時?往後有何發展?以上問題,請簡述之。(82中央)
2、何謂南戲?南戲在形式結構上有什麼特點?(82東吳)
3、元代雜劇何以由北而南移?雜劇南移之後,至明代,對於原來南戲的發展有何影響?(85中央)

答 南戲,亦稱「戲文」,是宋元時以南曲演唱的一種戲曲形式。一般認為,這是中國戲曲最早的成熟形式。明代開始,南戲逐漸演化為「傳奇」,並對明清兩代的戲曲創作產生了頗為深遠的影響。

一、南戲的起源

明.徐渭在《南詞敘錄》中說:「南戲始於宋光宗朝,永嘉人所作《趙貞女》、《王魁》二種實首之。」在此,徐渭點明南戲發源的時間為宋光宗朝(西元一一九〇~一一九四年),地點為永嘉(即溫州,故又稱其為「永嘉雜劇」或「溫州雜劇」),並指出了最早的劇目。比徐渭略早的祝允明在其《猥談》中則持異說:「南戲出於宣和之後,南渡之際。」將南戲的起源提前了七十來年。

此二說均有一定道理，南戲在宣和年間（西元一一一九～一一二五年）實已濫觴，但還只是溫州地區民間技藝之一種，各方面猶未成熟；而到宋光宗朝，即十二世紀末，南戲才形成為較為完整的戲曲形式，並出現了《趙貞女》、《王魁》等劇目。

二、南戲（傳奇）的發展

《張協狀元》是現存最早的南戲劇本，一般認為是南宋後期作品。劇中已把曲辭、念白、科介等不同表演手段結合起來，相互配合，形成了一種綜合性的舞臺表演體系。但此劇曲白都比較粗糙，某些情節也不甚合理。結構鬆散，不分齣，場面安排較為瑣碎，與主題無關的科諢過多。說明此時南戲在形式上還不夠完善，尚未最後定型。

元滅南宋以後，北雜劇傳入江南，並以其嶄新的內容及表演壓倒南戲。南戲曾一度退出城市舞臺，但仍在廣闊的南方鄉村繼續流行，並吸取了北雜劇的一些優點，使劇本的文學素質和舞臺表演的藝術水準不斷提高。而一些南方的或流寓南方的雜劇作家如馬致遠、蕭德祥、汪元亨等人都可能創作過南戲。一大批雜劇題材被改編為南戲，豐富了南戲的演出劇目。在劇本結構上，南戲也不斷吸收北雜劇的聯套方式，改變了原來的零支歌曲拼湊的簡單結構，轉而採用使音樂結構與場面安排結合在一起的曲牌聯套方法。同時，北曲曲調也被引進南曲的唱腔之中，創立了南北合套的音樂新體制。這一切都使南戲劇本及演出體制更加成熟和完善，並日趨定型。

元代末年，隨著雜劇的衰落，南戲以其成熟的藝術形式，又重新繁榮起來。「荊、劉、拜、殺」四大傳奇及《琵琶記》的出現，標誌著南戲的最後定型。即由早期的地方劇種「戲文」發展為全國性大型劇種「傳奇」。南戲開始成為與北戲分庭抗禮的舞臺表演體系，並對明清的傳奇創作產生了十分深遠的影響。

三、「南戲」與「北戲」之比較

南戲起源於南方，在藝術淵源上不同於北雜劇。北雜劇主要從金院本發展而來；而南戲則更多地源於南方民間的歌舞小戲，並在這基礎上，吸收了部分宋雜劇和民間技藝的藝術成分而趨向於成熟的。南戲北雜劇它們相同之處很多，如曲白分工、角色分行等等。但由於南北社會的發展不同，文化背景、方言風俗各異，藝術傳統也各有其特殊性。大致有如下一些明顯的區別：

㈠就篇幅而言

雜劇的基本體制是四折一楔子，篇幅緊湊，情節集中。南戲則無固定限制，一般採取分場形式，以人物上下場為界線，根據內容需要，靈活安排場次。早期南戲篇幅長短比較自由。如《張協狀元》可劃分為五十三場，《小孫屠》為二十一場，《宦門子弟錯立身》則只有十四場。南戲定型以後開始趨於整齊，如「荊、劉、拜、殺」四大傳奇就分別為四十八齣、三十二齣、四十齣及三十六齣。當然，這種具體標明分出並安上一個曲目的方式乃是明人改編本所加。但卻成為明以後傳奇的固定體制。明清傳奇大多數都在三十至五十齣左右，篇幅較雜劇宏大，能納入複雜的情節和反映更廣闊的社會場面，但往往失之冗長鬆散。

㈡就唱法而言

北戲嚴格限制為一人主唱。南戲則登場角色不論生旦淨丑都可以唱，唱法靈活多變，有獨唱、對唱、接唱、合唱等多種形式。而且，南戲唱腔每出不限於一個宮調，也不限於一韻。南戲每出聯套方式也與北戲比較固定的情況不同，它靈活自由，一般可分為引子、過曲及尾聲三個部分。

㈢就曲辭而言

北戲主要用北曲，特點是七聲音階，節奏比較急促，風格粗獷樸實。南戲主要用南曲，特點主要是五聲音階，節奏比較舒緩。南曲是在唐宋大曲、宋詞及南方民間曲調的基礎上形成的，較北曲襯字要少，用韻為南方音，四聲皆備，與明初編的《洪武正韻》大體相符。北曲用弦樂伴奏，以琵琶為主；南曲則以管樂伴奏，配以鼓板。故北曲聲調遒勁樸實，南曲則柔緩婉轉。徐渭《南詞敘錄》說：「聽北曲則神氣鷹揚，有殺伐之氣；唱南曲則流麗宛轉，有柔媚之情。」因此南戲的題材以愛情糾葛、家庭離合、發跡變泰，貧富演化者居多。

㈣就結構而言

南戲定例第一齣為「副末開場」，不唱曲，念詞二闋，以表明作者主旨及戲文大意，接著，生、旦分別登場。結構多為雙線並進，生、旦各領一線。至最後一齣，照例為全劇人物一同登場歡聚，生旦團圓。著名雜劇不少是悲劇，南戲則多為喜劇或先離後合、始困終亨的悲喜劇。

㈤就賓白而言

雜劇較俚俗，而南戲在進入上層社會以後則比較文雅，明以後更有用四六駢文者。人物出場，雜劇先白後曲，南戲則大都先曲後白。

㈥就角色而言

南戲分行較雜劇更為細緻，一般可分為生、旦、貼、末、淨、外、丑七類。南戲以生代替雜劇中的末，作為劇中男主角。末仍保留，但僅作為扮演老年男人的配角。南戲中還添設了丑，以便增加插科打諢、滑稽調笑的內容。

總之，南戲定型後的戲劇形式，較雜劇有了明顯的改進，運用戲劇手段反映生活、塑造形象的能力有了很大的增強，故在明清兩代，南戲以傳奇的形式，在劇壇上顯示出蓬勃的藝術活力。

4、唐人傳奇是指短篇小說，而明清傳奇是指戲曲，同是「傳奇」，何以時代不同而用詞相同？唐人傳奇與明清傳奇之因緣何在？唐人傳奇對明清傳奇有何影響？（78師大）

5、試述宋傳奇、元雜劇、明傳奇之間，在結構上的傳承關係。（85輔大）

6、略述南曲戲文、傳奇在元、明、清三代的發展概況。(85東吳)

答

一、傳奇的涵義

傳奇是明清時期的重要戲劇體裁之一。傳奇，這個名稱，原來是指唐代的短篇文言小說，宋金以後轉借為戲劇的通稱，明代中期才專指當時用南曲寫的長篇戲曲劇本。從唐宋到明清，傳奇的涵義雖多有變化，但根本的出發點是相同的：所表述的內容，都離不開奇聞異事的描寫。

在唐人傳奇小說裡，用生動的情節來寫人物神鬼故事，如裴鉶作的《傳奇》一書，現存六個短篇故事，寫俠士神仙和男女逸聞，奇異詭譎，很能代表唐代文言小說的基本風貌，根據這點，後人就稱這類作品為「傳奇」了。

兩宋之際，傳奇又指某些說唱伎藝。一種是「說話」，就像後來的「說書」；一種是「說唱諸宮調」，以唱為主夾有說白，接近後來的「評彈」，內容都是饒有奇趣的人物故事，所以當時稱為「傳奇」。

金元時期，北方形成了比較成熟的戲劇，這就是「院本」和「雜劇」，在舞臺上用歌舞形式演出人物故事，是「作意好奇」的「變異」之談，時人也稱之為「傳奇」。如元末鍾嗣成作《錄鬼簿》，其中有「名公才人有所編傳奇行於世」的標題，名公才人指元劇作家，傳奇就是「雜劇」。

為了和元雜劇一類的短劇相區別，明代中葉以後，才以「傳奇」專稱當時用南曲寫的長篇戲曲劇本。本來，與北方的院本、雜劇出現的同時，在南方江浙一帶，也出現了一種民間的戲劇形式，這就是南戲。南戲又叫「戲文」，也有人叫作「雜劇」，或者稱為「傳奇」。稱呼隨意，和北雜劇並沒有什麼界限。這是因為，無論南戲還是雜劇，都是戲劇，本來不必在名稱概念上嚴加區別。可能由於元末明初的高則誠，作了一本《琵琶記》，開頭有一闋〈水調歌頭〉詞，說明作劇意圖，其中說：「論傳奇，樂人易，動人難。知音君子，這般另做眼兒看。」高明還申明他的劇本是要教忠教孝，「只看子孝與妻賢」。因此受到明太祖朱元璋的讚賞，遂大加推崇。明代的劇作家競為仿效，按《琵琶記》的路子編成的劇本，皆稱為「傳奇」，和那些以元人雜劇為模式的短篇劇作區別開來了。從此相沿成習，所謂「明清傳奇」也就具有特定的涵義了。

二、明清傳奇和唐人傳奇的關係

唐宋傳奇小說給元明以來的戲曲創作提供了豐富的材料，啟發了劇作的主題思想，開闊了劇作家的眼界，因此其關係是極為密切的。這僅從戲曲劇本的題材來源即可概見：如裴鉶《傳奇》中的〈崑崙奴〉，對明代梁辰魚的《紅綃》、梅鼎祚的《崑崙奴》就有直接關係；《聶隱娘》是清初人尤侗所作《黑白衛》的本源；《裴航》為明末楊之炯《玉杵記》、龍膺

《藍橋記》題材的取資；再如白行簡作〈李娃傳〉，明代薛近兗的《繡襦記》遂作為本事；鄭若庸的《玉玦記》也顯然受到它的啟示。杜光庭寫的《虬髯客傳》，是張鳳翼所作《紅拂記》的依據之一。湯顯祖的名作《玉茗堂四夢》，有三夢都取唐人小說為題材：《紫釵記》敷衍的是蔣防的〈霍小玉傳〉，《南柯記》用李公佐〈南柯太守傳〉作根據，《邯鄲記》是據沈既濟的〈枕中記〉鋪排而成。再如清代洪昇的傳奇《長生殿》，是從白居易的〈長恨歌〉和陳鴻的〈長恨歌傳〉展開結構的。這種題材和思想上的啟發承傳關係，是不勝枚舉的。

7、試述傳奇之結構，並以實例證之。（台大期末考）

答

傳奇的名稱，始創於唐代，當時是指小說而言，宋金以諸宮調為傳奇，元明之間，南曲也稱傳奇。我們現在要說的，是以南曲為對象。南曲也有下列各種特徵：

一、齣和曲目

傳奇不稱折而稱齣，每本齣數沒有一定，如《還魂記》一本，多至五十五齣。《殿本傳奇》、《昭代簫韶》中，都有十本，每本二十四齣，凡二百四十齣，成為一全劇，但這是很少見的。雜劇因為只有四折，所以不必別製標題。傳奇齣數既多，就非各立齣目不可。齣目有用二字的，有用四字的。如《荊釵記》第二齣齣目是〈會講〉；《琵琶記》第二齣齣目是

〈高堂稱壽〉。這些都屬常例。此外如《荷花蕩》的用三字，《醉鄉記》的用五字，都屬變格。

二、開場與家門

傳奇在第一齣正生出場之前（南曲中的生角，往往是全劇的主題。）必用副末「開場」，略述全劇大意，叫做「家門」，也叫「開宗」。「家門」一齣，是填詞而非度曲，通例兩闋。第一闋，大都是全劇的題詞，第一闋詞完之後，也有接上問答式的賓白，來說明全劇大意。到了第二闋詞，才敘述全劇關節所在。

三、引子

引子是正角出場時，站在場口所唱的詞句，作用多是假借眼中所見的景物，或心中所蘊的情緒，先來一個籠統概括的敘述，以便引起下文。引子可不論宮調，詞句以簡短為原則，除正生上場第一支引子可以稍長外，其餘多從曲牌中摘取四句。引子曲牌，最常用的是：〈戀芳春〉、〈喜鶯遷〉、〈滿庭芳〉、〈絳都春〉、〈齊天樂〉、〈真珠簾〉、〈瑞鶴仙〉、〈于飛樂〉及〈東風第一枝〉等調。一人出場，只用一引子，也有多人合用一引子的。

四、宮調及韻目

傳奇在宮調與用韻上，比較雜劇自由得多。每齣中所用的宮調，可以前後不同，並且不限一韻到底；像《琵琶記》第二齣〈高堂稱壽〉，中間便有換「車遮」與「尤侯」二韻的曲調。

五、角色

傳奇裡的角色，跟雜劇頗有不同。有生、旦、末、淨、丑、外，六種角色。生又分正生、小生；旦又分正旦、貼旦、老旦、小旦；末又分副末；淨又分副淨、中淨、雜小淨；外又分小外等名色。

六、歌唱

南曲各角歌唱的辦法，不像雜劇那樣呆板，只限一人獨唱。在一齣中，可以各人分唱、輪唱，也可以眾人合唱。像《琵琶記》第二齣裡〈寶鼎現〉一曲調，由外、淨、旦，分唱之後，再來一次大家同在一曲中，輪唱與合唱。這個活動運用的辦法，也是雜劇所無的。

七、下場詩

下場詩也叫「落詩」。傳奇每齣和全劇的末了，都有一首下場詩，彷彿雜劇中的題目正名。但雜劇的題目正名，全由後臺的伶人代唱；傳奇的下場詩，卻全由扮演者自唱。如果在一齣中有四個角色，便每人各唱一句。《還魂記》每齣的下場詩，都集唐人詩句，可謂別開生面。

8、試述雜劇及傳奇之體制，並論述其優劣。（61政大、66台大）
9、元雜劇與明傳奇，在結構上有何殊異？試為較論之。（79師大）
10、元雜劇和明傳奇的體製有何不同？對其藝術表現有何影響？（83淡江）
11、試述南戲、雜劇、傳奇的淵源及異同。（84中正）
12、請詳述由「南戲」演進至「傳奇」的過程，並請說明傳奇之體製。（85清華）
13、南戲、傳奇、雜劇在藝術形式上之比較。（86東吳）
14、南戲、雜劇、傳奇為古代各具特色的戲曲，試說明其體製有何區別。（88高師大、花師）

答　元明兩代的戲劇，各有特點，它們在源流上與形式上，都是彼此不同的。元代的戲劇，現在通稱為「雜劇」，又叫「北曲」，它的來源，是原先流行在中國北部地區的一種小規模戲劇形式：「金元院本」；而明代的戲劇，有個專門的名詞，叫做「傳奇」，又稱「南詞」，它的前身，乃是早就流行於中國南部地區的初期戲劇形式——「宋元戲文」。這種「院本」與「戲文」，分別崛起於金元之間與宋元之際，都是民間的戲劇形式；由於發生的地域不同，唱法各異，最後發展起來，就有了形式上的分別。

從大體上說，元代的「雜劇」和明代的「傳奇」，有三個主要的不同之點：

一、體制不同

元代的雜劇，通常每本以四折為限；每折之中，又限用一個宮調，而且限由一人主唱，格律森嚴，不容逾越；而明代的傳奇，則每劇無一定的齣數，每齣無一定的宮調，而且唱時沒有人數的限制，各種腳色，都有白有唱，也有幾個角色合唱一曲的。這樣一來，傳奇的運用，就比雜劇靈活得多，它的體制，也比雜劇進步得多了。

二、語音不同

元代的雜劇，演唱時以北國的方言為主，其間雜入蒙古語，所以我們現在來看雜劇的劇本，往往有許多看不懂的詞語；而明代的傳奇，卻以南部的方音為主，其間異族語言雜得較少，所以讀起來比較易懂。此外，由於南北語音有別，所以雜劇中間，只有平、上、去三聲的字，入聲字是沒有的，而傳奇裡面，卻平、上、去，入四聲皆全，唱起來自然就更多音彩了。

三、風格不同

元代的雜劇，風格多半勁切而雄麗；明代的傳奇，卻多半清俊而柔遠。雜劇用字多而調子促，促處見其內容深厚；傳奇用字少而調子慢，慢處見其意匠輕靈。雜劇聲勝於辭，而傳奇辭勝於聲；雜劇的主力在乎絃，而傳奇的主力在於板；雜劇宜於和歌，傳奇宜於獨奏。雜劇的缺點，易流於粗；傳奇的缺點，易流於弱。這是兩者間的風格相異處。

看了以上的幾點說明後，我們自然會感到傳奇的唱法，要比雜劇來得合理些，但是雜劇的套數，也有它的特長處，那就是：聲調雄健，抑揚頓挫的地方，比南曲來得生色。事實上，我們現今衡量「南戲」、「雜劇」的主要標準，是以曲文的音調差異，也就是曲牌組織的不同表現作為根據的原則的。

15、戲曲中之傳奇起於何時？其代表作品為何？舉所知以對。（64文化）
16、請論述明傳奇的發展和流派。（88輔大）

答

一、傳奇的興起

傳奇戲曲的前身是南戲，即南曲戲文。產生在浙東溫州一帶。「傳奇」一名，由來已久。明代傳奇成為南戲的專稱，並且成為明代的主要戲曲形式。元末明初，五大傳奇的出現，這是雜劇時代向傳奇時代轉變的標誌。五大傳奇指《琵琶記》與荊（《荊釵記》）、劉（《劉知遠白兔記》）、拜（《拜月亭》）、殺（《殺狗記》）。其中《劉知遠白兔記》、《拜月亭記》和《殺狗記》三種可見民間通俗、質樸的本色，《琵琶記》、《荊釵記》二種則出現了典雅化的苗頭。這五本劇作可表現儒家的倫理思想：如《琵琶記》表現父子、夫婦的倫理關係；《荊釵記》和《白兔記》表彰節義夫婦的思想；《殺狗記》表現兄弟間的情誼；而《拜月亭》則有君臣、父子、夫婦、朋友之間的倫理教訓。

二、傳奇的發展和流派

㈠明初期：明成化、弘治年間

成化、弘治年間傳奇作品較大量地產生。比較著名的有姚茂良的《精忠記》、王濟的《連環記》和沈采的《千金記》等。《精忠記》寫岳飛抗金故事，曲詞質樸，情節動人。《連環記》寫王允巧使美人計，將歌妓貂蟬先許呂布為妻，又獻給董卓為妾，關目情節大體據《三國演義》；前人評它「詞多佳句」。《千金記》寫韓信故事：微時受辱，後在漢拜將，滅楚，最後封王。劇中寫韓信封王後，劉邦賜他千金榮歸故里，他將千金轉贈給漂母以報德。所以題名《千金記》。劇中有關項羽的戲，為後來戲劇《霸王別姬》之濫觴。曲詞本色，只是關目蕪雜。

(二)明中期：嘉靖時期

明代傳奇創作大盛是嘉靖以後出現的。此時的政治黑暗，民生凋蔽，因此劇壇發生較大的變化。有些傳奇作品，突破了教忠教孝的束縛，直接將現實生活的題材，搬上舞臺，產生了巨大的反響。這一時期出現了三部重要傳奇：《寶劍記》、《鳴鳳記》和《浣沙記》。《寶劍記》作者李開先，曾因嚴嵩同黨的傾軋而罷職閒居，因此，「特藉以詆嚴嵩父子耳」。劇本寫林沖被逼上梁山的故事，但作者有意加以改造，將林沖塑造成為一位英雄，以此表現作者對於黑暗統治的不滿和抗議。《鳴鳳記》傳為王世貞所作，或說是王的門人所作，劇本描寫楊繼盛等人力抗權臣嚴嵩，直接以時事入劇，具有更為深刻的社會意義。梁辰魚《浣沙記》，寫吳越興亡故事，最後以范蠡在滅吳後歸隱作結束，寄意深遠。在《鳴鳳記》以後，產生了大量反映當時重大的政治事件的作品，這是明後期傳奇創作中的一大特點。

(三)明晚期：萬曆時期

萬曆期間，傳奇作品大量產生，進入高潮階段。這一時期，傳奇在形式上也更加豐富多樣，有所發展，最突出的就是唱腔的變化及崑腔的興盛。

這個時期比較著名的作品還有高濂的《玉簪記》、周朝俊的《紅梅記》、孫鍾齡的《東郭記》、張四維的《雙烈記》、孫柚的《琴心記》、朱鼎的《玉鏡臺記》、徐復祚的《紅梨記》及葉憲祖的《鸞鎞記》等。而吳江沈璟與臨川湯顯祖則是這一時期的兩位最重要的傳奇作家。沈璟精通音律，所作傳奇十七種（世稱「屬玉堂十七種」），今存《義俠記》、《紅蕖記》等七種。沈璟傳奇創作，講究音律，強調戲曲語言本色。以沈璟為首的吳江派，以其創作實踐及主張，維護崑腔的地位。湯顯祖自稱不是「吳越通」。他的傳奇創作，在唱腔上，接受了海鹽腔及弋陽腔等「雜調」的影響，不受崑腔「正聲」的限制，在反映現實、抒寫情性上，強調「自然而然」，不受曲律所束縛。湯顯祖傳奇創作品種繁多，傳世作品《紫釵記》、《牡丹亭》、《邯鄲記》和《南柯記》，世稱「玉茗堂四夢」。其中，《牡丹亭》是明代傳奇創作的最高成就。沈璟、湯顯祖的傳奇創作形成了「吳江派」和「臨川派」。明末，傳奇基本上仍是「吳江派」和「臨川派」兩大派。被稱為「臨川派」作家的有孟稱舜和阮大鋮等，被稱為「吳江派」作家的有袁晉和范文若等，其中以袁晉的《西樓記》和阮大鋮的《燕子箋》最為著稱。

(四)清代

順治到康熙初年，以李玉為首的「蘇州派」作家，針對晚明傳奇文采繁縟、情節冗長、不合舞臺演出要求的弊端，大力從事改革。他們注重以戲曲反映時事，廣泛描寫市民階層的各種人物，努力表現人民的思想感情與願望。並且緊縮場次，運用通俗淺近的曲白；音樂方面，以南北合套的方式增強藝術的表現力，收到了良好的效果，受到戲班與觀眾的歡迎，給清初的劇壇帶來了清新的氣息。

在「蘇州派」作家創作的數量眾多的傳奇中，傑出的作品要推李玉、畢魏、葉時章、朱䁱合寫的《清忠譜》。該劇敘寫蘇州市民為抗議廠衛暴行和支持東林黨的活動。劇中創造性的夾寫了群眾場面，氣氛逼真。他如揭露酷吏草菅人命的《雙熊夢》（朱䁱撰，一名《十五貫》），歌頌草莽英雄豪俠仗義、斥責政治腐敗的《琥珀匙》（葉稚斐作），痛斥奸臣賣國的《牛頭山》（李玉作），也都是有影響的好作品。

與此同時，浙江蘭谿的李漁，專心致力於喜劇的創作，所撰《笠翁十種曲》，在士大夫中頗受歡迎，其中比較著名的是《風箏誤》、《奈何天》和《意中緣》。雖然他的劇作情節曲折，語言淺近易懂，但往往喜借劇中人物的生理缺陷製造矛盾，且雜有大量庸俗的惡諢。

康熙中葉，洪昇的《長生殿》和孔尚任的《桃花扇》相繼問世，使傳奇創作進入又一次高峰，世有「南洪」、「北孔」之說。兩部傳奇都藉歷史人物與愛情故事為線索，有意識地總結朝代興亡的歷史教訓，各有成就。《長生殿》的作者，精通音律，廣富才情。但由於一方面要歌頌李隆基、楊玉環生死不渝的愛情，另一方面又要批判這種愛情所導致的偏耽享樂，給國家和人民帶來了災難的罪惡，致使主題和主人公的形象存在矛盾。《桃花扇》中，主人公侯方域與李香君的愛情悲劇，卻因與國家的興亡、民族的命運及南明王朝內部激烈的政治衝突緊密結合，主題思想更顯鮮明深刻。在藝術處理方面，《長生殿》的情節結構，以金釵鈿盒（象徵李、楊情緣）為中心線索，縱橫展開，交織成篇。但前半部的寫實和後半部的虛構，風格不夠統一。《桃花扇》卻能巧妙地把衝突與侯、李的愛情波折，嚴密地組織成一個有機的整體，寓意深刻，感情強烈，情節曲折動人。

17、請說明「南戲」、「傳奇」、「崑曲」和「崑劇」之間的關係。（82清大）

答

一、從「南戲」到「傳奇」

明代傳奇的前身，是宋、元的南戲。由文字質樸，形式不夠嚴整的南戲發展而為優美完整的明代傳奇，是經過了一段長時期的。

所謂「南戲」，就是南曲戲文，是用南方的語言，南方的歌曲所組成的一種民間戲曲。開始於浙東溫州，逐漸向各處蔓延。到了元代中、末之期，雜劇南移，南戲受到影響，漸加改進，其文學地位亦由此提高，從前只為群眾欣賞的作品，現在也為文人所喜愛了。

南戲和傳奇的分界點，是以《琵琶記》和《荊釵記》、《白兔記》、《拜月亭記》、《殺狗記》這「四大院本」的寫定傳世為標誌的。五本戲都在元末寫成，現在通行的本子如《六十種曲》本，是經過明代文人潤色過的。從加工較少的本子來看，如明成化刊本《新編劉知遠還鄉白兔記》、清陸貽典鈔本《新刊元本蔡伯喈琵琶記》，都是不分「齣」的。明世德堂刊本《拜月亭記》每齣的標目遠比別的本子明白。上列劇本在體制風格上和早期南戲如《張協狀元》等是比較接近的，與後來的傳奇作品差別也不甚大，是南戲過渡到傳奇的中間環節。

後人或稱之為「傳奇」，或者稱作「南戲」，也有通稱「院本」的，正反映了這些劇本承上啟下的特點。

二、從「傳奇」到「崑曲」

成為明清傳奇的主流是「崑曲」，又稱為崑腔，是元末明初流行於崑山一帶的地方聲腔。隨著南戲在江南各地廣泛傳播，不同的地區因方言曲調的差別出現不同的聲腔。據祝允明《猥談》記載：當時即有「妄名餘姚腔、海鹽腔、弋陽腔、崑山腔之類」。這四大聲腔的流行地區，據嘉靖三十八年成書的《南詞敘錄》記載：「今唱家稱弋陽腔，則出於江西，兩京、湖南、閩、廣用之；稱餘姚腔者，出於會稽，常、潤、池、太、揚、徐用之；稱海鹽腔者，嘉、湖、溫、臺用之。惟崑山腔止行於吳中，流麗悠遠，出乎三腔之上。」崑山腔魏良輔的說法為元末人顧堅所創，歷史悠久，但只流行於蘇州一帶，遠不如其他三腔影響大。嘉靖年間，音樂家魏良輔在民間藝人幫助下，對崑腔音樂進行改進、整理和提高，使之發展成為一種細膩、婉轉的新腔，亦稱「水磨腔」。其特點是：字少腔多，紆徐綿緲，細致婉轉，啟口輕圓，收音純細，樂器兼用笛、簫、笙及琵琶等繁音合奏，加之表演上風格優美、舞蹈性強，因而成為我國戲劇史上最完整的一種舞臺藝術體系。故壓倒餘姚、海鹽二腔，將弋陽腔排擠出城市，並完全取代北曲。

三、從「崑曲」到「崑劇」

經魏良輔等人改革後的崑山腔登上歌場，受到聽者的普遍歡迎，北曲雜劇的餘音從此零落，南曲崑腔傳遍了大江南北。深得崑腔聲韻妙傳的梁辰魚，繼承魏良輔的成就，繼續鑽研，把崑腔用來填寫曲詞，著成《浣紗記》傳奇，搬上舞臺，從而使「清唱」的崑曲躍升為新的戲曲聲腔劇種。這是萬曆的初年，官僚貴族和豪商地主，為滿足聲色歌舞的享受，競相教習家庭戲班。崑腔婉轉柔媚，曼聲輕歌，本來就流行在庭院中的紅土上，當它和長篇的劇情相結合，很快就得到富豪之家和文人雅士的鍾愛，用崑腔撰作劇本，遂成為一時風尚。如梁辰魚的友人張鳳翼，也是崑曲大師，學《浣紗記》的體制，編寫崑腔劇本，其《陽春六集》包括了《紅拂記》、《祝髮記》、《竊符記》、《灌園記》、《虎符記》、《扊扅記》六本，而且親自化妝，和家人一起登臺表演，對崑曲傳奇的舞臺革新起了推動作用。

從明末到清初，這種崑弋爭勝，即崑腔占領城市，弋陽腔占領廣大農村地區的形勢一直維持不變。從嘉靖以後到清乾隆以前，一些著名劇作家寫的傳奇，幾乎都是用崑腔寫成的。

18、元、明之際，有五大傳奇，其中作者，尚有異說，究應何人？又此類傳奇情節，有無所本？請分別試述之。（61政大）

19、元末明初五大傳奇之作者及其內容。（63師大）

答 《荊釵記》、《劉知遠白兔記》、《拜月亭記》和《殺狗記》，被稱為元末明初的「四大院本」或「四大傳奇」，簡稱「荊、劉、拜、殺」，再加上《琵琶記》則為五大傳奇。

一、《拜月亭記》

㈠作者

《拜月亭記》相傳為元末人施惠所作。鍾嗣成的《錄鬼簿》說：「（施）惠字君美。杭州人。居吳山城隍廟前，以坐賈爲業。……詩酒之暇，惟以塡詞和曲爲事……有《古今砌話》，亦成一集，其好事也如此。」沒有提及他寫過南戲。故呂天成《曲品》說：「云此記出施君美筆，亦無的據。」徐渭《南詞敘錄．宋元舊篇》有〈蔣世隆拜月亭〉一目，關漢卿有《閨怨佳人拜月亭》雜劇，都應比《拜月亭記》問世更早。因而有理由說，大約是施君美或者別的「書會才人」依據關漢卿的雜劇和〈宋元舊篇〉改編而成。此劇傳有多種本子，多題作《幽閨記》，故事情節基本相同。明世德堂刊本的風貌比較古樸，標目通俗，最接近原貌。《六十種曲》本辭采華整，潤色較多。

㈡情節

《拜月亭記》敘寫兩對青年男女在兵荒戰亂中結成夫妻的故事，安排在金代末年、番兵南下，全國風聲鶴唳，老百姓四處逃亡的背景中。忠臣陀滿海牙為奸佞所讒，滿門抄斬，其子陀滿興福被蔣世隆所救，藏於山寨安身。接著，世隆和妹瑞蓮被亂兵衝散，迭經誤會和巧合，世隆與兵部尚書王鎮之女王瑞蘭亂中相遇而結成夫妻，瑞蓮卻碰著王夫人被認作義女。戰亂平息後，王尚書路遇女兒，不承認世隆為婿，強迫瑞蘭離開重病的丈夫；經孟澤驛又和夫人相逢。瑞蘭思念世隆，靜夜裡花園拜月，暗致祝禱，是劇情最精彩的地方。不久，世隆與陀滿興福齊中文武狀元，同為王鎮招贅，夫妻兄妹團圓。

㈢特色

劇本顯然依據關漢卿《閨怨佳人拜月亭》雜劇的故事情節擴展而成。如兄妹失散、蔣王相遇、瑞蓮和王夫人相依等關鍵性的情節，雜劇中都是有的。但改寫者卻進行加工使情節更細緻曲折，場面更複雜多彩，心理感情描述得更豐富，反映的生活面更廣闊，把時代動亂、民生的顛沛流離之苦抒寫得淋漓盡致，這自然跟作者所處的元代社會是相關的。

二、《荊釵記》

㈠作者

《荊釵記》劇本的編撰人，說法不一。《南詞敘錄．宋元舊篇》有《王十朋荊釵記》，不著撰人；「本朝」欄內重出，作李景雲編。明無名氏《古人傳奇總目．荊釵》說丹邱生作；王國維根據這條認定丹邱生就是明初的雜劇作家寧獻王朱權。清初張大復在《新定九宮十三攝南曲譜．荊釵記》條標明是吳門學究敬先書會柯丹邱著。此說比較切實，當是元末吳門的編劇家柯丹邱根據前代民間的本子加工而成。今存刊本多種，內容大同小異。常見的《六十種曲》本是經過明人加工的。

㈡情節

《荊釵記》劇情敘述：王十朋用荊釵作聘儀，娶錢玉蓮為妻，後來入京赴試，中了狀元，任饒州僉判。宰相万俟貞欲妻以女，王十朋堅決拒絕，遂被調貶嶺南潮陽。錢玉蓮在家，被奸人孫汝權看中，偷換了王十朋的家書，詭稱王十朋已贅入相府。錢玉蓮被逼投江，為人搭救，經過許多曲折，夫妻終得團圓。

㈢特色

據《宋史》記載，王十朋乃南宋初年狀元，官至龍圖閣學士。但此劇不過借歷史人物，演「一段新奇故事」。此劇很能注意人物個性的刻畫，比前期南戲有頗大的進步。「淨」腳扮錢玉蓮的後母，是一個心狠手辣認錢不認人的潑貨，唱詞咄咄逼人、粗野蠻橫，一派潑婦聲口。錢玉蓮則細致沈著，見識不俗，大節上毫不妥協。說話像棉花裡包針，柔中見刺。戲劇衝突尖銳的地方，寫得尤其著力，通俗流利，聲容宛然。如〈套書〉、〈獲報〉、〈覓真〉、〈大逼〉、〈投江〉、〈哭鞋〉、〈祭江〉及〈見母〉等齣，發揮了抒情獨唱的長處。幾百年來，舞臺上經常演出，當不是偶然的。

三、《白兔記》

(一)作者

《白兔記》又稱《劉知遠白兔記》，作者已不可考。故事的起源是有歷史根據的。劉知遠是五代後漢的高祖皇帝，從行伍起家，先作後晉的河東節度使，契丹滅後晉，他以恢復天下為己任，在晉陽稱帝。他的皇后李氏，據說是他當兵時搶來的，曾勸劉知遠拿出宮中財物犒賞將士以爭取民心，是一位頗知民間疾苦的女子。她的兄弟李洪信、李洪義，在正史中也提到過。這種種人物史跡，帶有傳奇色彩，宋金時的藝術家們自然是感興趣的。話本《新編五代史平話》是「講史」一類，其中的一段內容和《白兔記》就相近。後來有《劉知遠諸宮調》，把劉、李夫妻的離合悲歡大加發揮。元人雜劇中也有劉唐卿作的《李三娘麻地捧印》。《白兔記》繼承以上的傳統，主要依據「諸宮調」改編而成。《南詞敘錄》是把《劉知遠白兔記》列入〈宋元舊篇〉的，沒有注明撰人。

(二)情節

《白兔記》劇情描述劉知遠年少貧困，為李文奎收留牧馬。李見到他睡熟時蛇鑽七竅，斷定他日後一定發跡大貴，便招贅為婿。李文奎去世後，劉知遠備受妻兄李洪一夫婦的欺壓，遂出走投軍；經過一番艱苦，升了官，入贅於岳節度使家。他的原妻李三娘堅決不願改嫁，飽受兄嫂折磨，在磨房生下兒子咬臍郎，托人送往軍中。十六年後，咬臍郎出獵，追趕白兔，在井臺邊和挑水的母親相認，才得合家團圓。

㈢特色

《白兔記》劇本結構比較單純，其主要部份是將劉知遠的「變泰發跡」和李三娘的孤苦困辱交錯成文對照發展的，枝蔓很少，也沒有人工弄巧的明顯痕跡，比前期南戲要緊湊集中，但比明清傳奇卻又質樸古簡得多。劇作雖取材於五代史事和前代的民間藝術而加以虛構渲染，但反映的是宋元以後的社會生活和群眾的思想感情。其形象的愛憎力量則有著更為長遠的影響。

《白兔記》的文詞很質樸，有濃厚的民間風味，在「四大院本」中最為本色。呂天成在《曲品》中評道：「詞極古質，味亦恬然，古色可挹。」祁彪佳將明代的《咬臍》傳奇和它相較，認為《白兔記》「口頭俗語，自然雅致」，都說得很切實。

四、《殺狗記》

㈠作者

《殺狗記》相傳為元末明初人徐畛所作。高奕《新傳奇品》和焦循的《劇說》都有記載。徐畛是浙江淳安人，洪武時徵辟秀才，他辭歸故里，著有《巢雲集》。對填寫曲詞頗為自負，曾說：「吾詩文未足品藻，惟傳奇詞曲不多讓古人。」但《殺狗記》不一定是他獨出心裁。元人蕭德祥有《楊氏女殺狗勸夫》雜劇，《南詞敘錄．宋元舊篇》有《殺狗勸夫》的名目。徐畔只是一位重要的改編者。《曲海總目提要》還說到徐時敏曾改《孫郎埋犬傳》，認為《殺狗記》的通常本子出自徐時敏的手筆。

㈡情節

《殺狗記》劇本寫家庭的內部衝突。哥哥孫華專橫自私，受小人的挑撥，將誠實拘謹的弟弟孫榮逐在破窯安身，多方挑剔，百般折磨，弟弟卻毫無怨尤，克盡忠恕孝悌的天倫之道。孫華的妻子楊氏苦勸不聽，遂設一計，殺狗於門，蒙上衣冠。孫華酒醉回家時撞上。心情非常緊張，請酒肉朋友柳、胡二人幫助處理，二人不應。楊氏請孫榮來才扛走屍體。柳、胡卻借機要挾，告發孫榮殺人，兄弟兩個爭相認罪，楊氏出面說明真相。挖屍檢驗，真相大白，弟兄和好，楊氏受到旌表。

㈢特色

《殺狗記》純屬虛構的故事，旨在宣揚社會道德觀念，很像一篇勸世文。作者極寫孫華乖張的性情，冷酷的心腸，和他的愚蠢和剛愎，是要反襯孫榮的忠厚至誠之心。為了恪守「長兄如父」的古訓和「孝友爲先」的原則，孫榮對所有不近常情的迫害，都是逆來順受，甘之如飴。楊氏苦勸丈夫要「親睦爲本」，用實際事例啟發孫華認清善惡是非，從而回頭猛省；這也是告誡觀眾，在家庭裡，「妻賢」才能「夫禍少」，「打虎還要親兄弟」。這種思想在舊社會裡自然是有吸引力的。作者是用戲劇情節來勸世，在描述矛盾衝突時，關於孫家種種黑幕的揭露，人與人之間相互關係的刻畫，集中在孫華的身上，表現得非常殘忍。金錢和財產的利害關係支配一切，而作品的積極意義主要就在這裡。

五、《琵琶記》

㈠作者

《琵琶記》是一部影響很大的作品。作者高則誠，名明，人稱東嘉先生，浙江瑞安人。約生於元成宗大德初年，至正五年進士，先後曾任處州錄事、杭州行省丞相掾等職，做人正直，為官清廉。至正十二年，因與上司意見不合，無心仕進，遂「秩滿告歸」。隨後旅居鄞縣（今寧波）城東的櫟社，閉門謝客，專心著述，《琵琶記》就寫在此時。

㈡情節

《琵琶記》是敘寫蔡伯喈原來是個孝子，同趙五娘結婚後夫婦感情也很好。他本來不想去應考，他父親蔡公不從。他考中狀元後，牛府招他入贅，他辭婚，牛丞相不從。他辭官，朝廷又不從。蔡伯喈入京之後，他故鄉陳留遇到嚴重的災荒，趙五娘獨力維持一家生活，蔡公、蔡婆先後在飢餓中死去。趙五娘一路彈唱琵琶詞行乞，到京師尋覓蔡伯喈。由於牛氏的賢慧和牛丞相的回心轉意，她終於和蔡伯喈團圓，並且得到了朝延的旌表。

㈢特色

《琵琶記》是從民間戲文改編成的。《南詞敘錄》說《趙貞女蔡二郎》是最早的南戲之一，為「里俗妄作」，也就是民間藝人的創作。故事的淵源很久，藝術形式也是多樣的。陸游在詩裡曾寫道：「滿村聽説蔡中郎」，大概是「說話」伎藝；金院本有《蔡伯喈》的名目；元雜劇《老生兒》、《鐵拐李》等劇中曾提到「守三貞趙貞女」的事。大約寫的都是蔡伯喈「棄親背婦，爲暴雷震死」；趙貞女求見丈夫不得，反被馬踹死。這樣一個悲慘的「婚變」故事，矛頭直指負心的丈夫，是很能打動人心的。高則誠大約感到戲文過於激烈，悲劇性太濃；對歷史上的正派文人落下惡名很不滿，「惜伯喈之被謗，乃作《琵琶記》以雪之」，編成一個翻案劇本，將「棄親背婦」的反面形象改成「全忠全孝」的正面人物，尖銳的悲劇衝突也就變成溫和的喜劇結局了。

《琵琶記》在藝術上一個傑出的成就就是雙線對比的藝術結構。《琵琶記》的篇幅是頗為宏大的，作者將蔡——京都，趙——陳留作為雙線並峙的結構線索，這樣，人物性格交叉表現，兩地生活相互鋪排，表現出對比映襯的作用。《琵琶記》在人物塑造上細膩、真實、生動；其戲曲語言也極為工致。李卓吾評其為「畫工」之筆，可謂深得《琵琶記》之藝術要旨的。

20、試述崑腔之興起對戲劇之影響若何？（62師大）

答

一、崑腔的興起

崑山腔本是蘇州崑山一帶的土調小曲，大約產生在元代中期。由於崑山靠近長江，十三世紀後期，境內的太倉形成內外貿易港口，號稱「天下第一碼頭」。富商巨賈，販夫走卒，歌舞管絃一時繁興，崑山土調逐漸受到文人和曲師的重視而得到不斷的改進。元末的顧堅，「精於南詞，善作古賦」，「善發南曲之奧」。大約經過他的改革揚搉，崑山腔才開始形成南曲的一個流派。嘉靖年間，旅居太倉南關的著名聲樂家魏良輔，融匯南北曲於一爐而獨有所得。同時，太倉地方還住有北曲名家王友山，會彈北曲絃索的青年張野塘。蘇州有洞簫名手張梅谷，崑山有著名笛師謝靈泉。他們共同研習揣摸，進行崑山腔的唱腔和器樂藝術的改革。魏良輔是核心人物，他收有弟子張小泉、季敬坡、戴梅川、包郎郎等人，並經常向老曲家過雲適、袁髯、尤駝等討教。這就使崑山腔的藝術形式產生極大變化，達到了很高的水平。他所作的《南詞引正》，就反映了這方面的某些經驗。

魏良輔等人對崑腔的改革之功表現在兩方面。一是歌唱，二是伴奏。本來「南曲率平直無意緒」，「戲曲借鑼鼓之勢」。唱得平而且直，缺乏抑揚頓挫；用鑼鼓節奏，間或也用器樂來伴唱，頗近於弋陽腔的路數。魏良輔等人經過反覆琢磨，改掉了鑼鼓，採用北曲絃索即琵琶、三絃、月面和南曲簫管混合伴奏，以鼓板擊節，集南北曲之長。平直而乏韻味的南曲，遂以崑腔新聲的面貌出現在歌場。

二、崑曲的特點與名作

崑腔的基本特點：在唱腔方面，以吳語方音為準，區別平上去入四聲陰陽，精析每個字的頭腹尾部，注意發聲部位，特別強調拍板擊節的準確乾淨，唱得婉折柔麗，悠揚動人。其伴奏的器樂，將絃索、簫管、鼓板適當配合，構成完整的樂隊。這是南曲音樂的一大進步，很快吸引了無數的文人雅士，都來組織崑腔戲班、撰寫崑腔傳奇。崑曲的演唱藝術和劇本創作遂從此進入黃金時代。

魏良輔改革過的新聲，起初只用於清唱。在府宅庭院中、嘉會喜宴上，選取小曲，尋摘劇詞，用小型樂隊和一二歌者，清聲曼唱，絕不似戲曲演唱情節。將崑曲搬上舞臺，梁伯龍和張鳳翼等人起了重要作用。梁伯龍名辰魚，崑山人，善寫曲詞，有散曲集《江東白苧》。對魏良輔的崑曲時調「獨得其傳」。他不滿足於清唱的現狀，專門寫了一本《浣紗記》傳奇，用崑曲的聲韻格律填寫曲文，以便舞臺搬演。結果盛況空前。崑曲遂因梁伯龍的《浣紗記》而風靡劇壇，海鹽、餘姚諸腔盡被壓倒，而與弋陽腔互相爭勝，造成一百五十年的輝煌成績。張鳳翼是梁伯龍的朋友，作有傳奇六種，以《紅拂記》最為流行。他常親自傅墨，和兒子一起串演《琵琶記》，自扮蔡伯喈，子扮趙五娘，「觀者填門」，也是崑曲的功臣。

三、崑曲的影響

崑山腔因《浣紗記》而登上舞臺，迅速發展為最重要的南曲聲腔流派，在長江中下游的廣大城鎮傳唱，隨著官吏富賈的行蹤，不斷擴大旅程，數十年間，全國各地都有崑腔演出，幾乎要壓倒弋陽腔而專寵劇壇。大量的文人才士撰寫崑曲傳奇，一時成為風尚。如萬曆年間的湯顯祖、沈璟、高濂、周朝俊、屠隆、梅鼎祚、王玉峰、孫仁孺；天啟、崇禎時期的王驥德，呂天成，吳炳、孟稱舜、袁于令、范文若、阮大鋮；以及清代最有名的「南洪北孔」等人，都是以崑曲創作傳奇的。

21、明傳奇有臨川派與吳江派之分，其作品風格特色與理論主張各如何？試申述之。（79清大）
22、何謂臨川派、吳江派，其各自的戲曲主張是甚麼？（82政大）
23、試比較吳江派與臨江派的作品特色及理論。（86逢甲）

答

一、吳江派

㈠何謂吳江派

明代戲曲文學上的一種流派，以沈璟為首，沈璟為吳江（今江蘇吳江）人，故稱「吳江派」。沈璟精於音律，強調曲詞要協律暢，易誦易唱，以此作為評定戲曲價值的唯一標準。王驥德《曲律》說沈璟曲詞：「寧協律而調不工，讀之不成句，而謳之始協，是曲中之工巧。」此派前作家有顧大典、葉憲祖及卜世等人，後期有馮夢龍、袁于令及沈自晉等人。他們的作品多宣揚傳統倫理綱常，缺乏生活氣息，且過於拘守韻律，文字是得呆板、無味，有嚴重的形式主義傾向。

㈡作品特色及理論

沈璟在戲曲創作上是位多產作家。他一生共寫傳奇十七種，今存七種：《紅蕖記》、《埋劍記》、《桃符記》、《墜釵記》、《博笑記》、《義俠記》及《雙魚記》，總稱為《屬玉堂傳奇》。其中：《埋劍記》乃根據唐人小說〈吳保安傳〉改編，以頌揚死生如一、堅貞不渝的友誼為主題。但立意卻是為了宣揚「達道彝倫，終古常新」的傳統倫理觀念。《紅蕖記》、《墜釵記》都是愛情劇，但作者強調的是以理節情、姻緣天定的思想。《雙魚記》、《桃符記》係改編元雜劇《薦福碑》、《後庭花》而成，但思想、內容、格調都不如原作。《博笑記》實乃一部雜劇合集，由十個獨立的諷刺喜劇組成，共二十八齣。全劇不寫才子佳人或歷史人物，而以新進士、起復官、僧道、商販、流氓、一般婦女為主角，目的還是通過懲惡揚善以宣揚傳統道德觀念。其中《乜縣丞》、《起復官》寫得較好。沈璟劇作中成就較高的是《義俠記》。劇本描寫水滸中武松被逼上梁山的故事，情節大致與小說相同，基本上能勾畫出武松這個草莽英雄的形象。但平鋪直敘，以寫小說的方法寫戲劇，關目平板、毫無特色。為了滿足傳奇雙線發展的要求，以調和文場與武排、冷場與熱場的關係，特地添上了武妻賈三娘一條線。又因武松曾作行者，就讓賈氏遇盜落難，入寺為尼，殊為庸俗淺陋。劇本語言極為本色，明白如話，不乏清新之句。但卻一覽無餘，詩味不多。總之，一切都說明：沈璟是個高明的戲曲音樂家，卻只是個並不出色的劇作家。

「吳江派」的成員主要有沈璟的子侄、門生、追隨者或接受沈璟主張的一大批劇作家，如其侄輩沈自晉、沈自征，門生呂天成、卜世臣、葉憲祖和葉之門生袁于令，沈璟的鄰居顧大典，以及與此派來往密切的王驥德及范文若等人。他們的見解與沈璟並不完全一致。如沈自晉就能謹守家法而兼妙神情。他還能調和吳江、臨川兩派矛盾，使湯顯祖亦表贊賞而無間言。呂天成、王驥德等理論家的看法也都比較持平，他們既宣揚吳江派「法律甚精」的長處，也不回護沈璟「法勝於詞」、「毫鋒殊降」的不足；又能肯定湯顯祖「奇麗動人」、「境往神來」的優點。呂天成還明確提出「以臨川之筆，協吳江之律」，才能成為「雙美」。這些人中傳奇創作成就較高的有沈自晉、袁于令及卜世臣等人。

二、臨川派

㈠何謂臨川派

明代戲曲文學的一種流派，又叫「文采派」、「玉茗堂派」，代表人物為湯顯祖。湯顯祖為江西臨川人，故稱「臨川派」。湯顯祖是明代戲曲大家，戲劇內容豐富、曲詞頗重文采，因之而得名「文采派」。它與專主格律音韻的沈璟相對立的戲曲流派，王驥德曾在《曲律》中說：「臨川之於吳江，故自冰炭，吳江守法，斤斤三尺，不欲令一字乖律，而毫鋒殊拙；臨川尚趣，直是橫行，組織之工幾乎與天孫稱巧，而屈曲聱牙，多令歌者咋舌。」湯顯祖不受格律拘束，自由地表情達意，曲詞優美耐看，但不重聲律，在排場搬演方面比較，湯顯祖戲曲以新穎的構思立意、文采斐然的戲劇語言以及豐富的思想內容而獲得社會的認可，留傳下不少優秀傑出的戲曲作品，為戲劇發展作出了突出的貢獻。其代表作品有四部戲曲合稱的《臨川四夢》。臨川派的代表家還有孟稱舜、阮大鋮及吳炳等。

㈡湯顯祖的作品特色：

1、作者運用了浪漫主義的創作方法，表現出大膽的想像，驚人的藝術誇張，運用離奇的情節將人物理想化。作者以出人意料的情節結構表現了「情」與「理」，理想與現實的衝突。為了表達個性解放的理想讓女主人公在夢中產生感情，又以死擺脫現實的羈絆，最後死而復生，表達了真情最終必然戰勝理法的信念。這種情節，現實生活中不可能出現，但並不讓人感到陌生和荒誕，而是表現出對美好理想的渴望和追求。

2、作者善於描寫自然環境，以抒情的手法，描繪人物內心的感情。在〈驚夢〉一場中，作者以生動的筆觸描繪了杜麗娘細膩複雜的感情。用精心打扮，仔細照鏡的細節動作，傳神地描寫閨閣小姐春情初動，含情脈脈，顧影自憐的微妙心理。並以詩的氣氛細致地渲染了杜麗娘那難以壓抑的熱情和夢想，以及深沈的孤獨幽怨的心情。

3、語言典雅華麗，含蓄蘊藉，具有濃厚的詩意和個性化的特點。劇中道白饒有風趣，曲詞兼採北曲、南詞的長處，形成清新奇麗的獨特風格。

三、「吳江派」與「臨川派」的戲曲理論之比較

吳江派和臨川派是明中葉以來戲曲界的兩大流派，因代表人物沈璟（江蘇吳江人）和湯顯祖（江西臨川人）的籍貫而得名。又湯顯祖之書齋名「玉茗堂」。沈璟之堂名曰「屬玉堂」，故而「臨川派」又稱「玉茗堂派」，「吳江派」又曰「屬玉堂派」。

兩派分歧之一是，吳江派重音律，臨川派輕音律。沈璟主張戲曲中的唱詞必須「依律合腔」，這是有意義的。但他又說「寧協律而詞不工」，這就把音律的重要性忽略了。湯顯祖的《牡丹亭》問世之後，沈璟等人著手改編，並批評《牡丹亭》的曲詞不合音律，這引起了湯顯祖的不滿和反彈。他認為「凡文以意趣神色爲主，四者到時，或有麗詞俊音可用，爾時能一一顧九宮四聲否？」他主張以達意為主，寧肯不合音律，使演員唱時拗口，也不肯因聲律而改詞、害意。就強調戲曲作品的思想內容這一點看，湯顯祖的主張應予肯定。

分歧之二是吳江派尚本色，臨川派重文彩。沈璟認為，戲曲作品雕琢文詞，僅能供案頭欣賞，不適合舞臺演唱，因此主張文詞平淺自然，稱為「本色」。如他的代表作《義俠記》中武松打虎時唱的《得勝令》運用口語、諺語，通俗自然，對於糾正戲曲創作中片面追求駢

麗典雅的傾向。而湯顯祖則主張文詞華美。他的《牡丹亭》文彩斑斕，語言艷麗。如杜麗娘遊園時唱的〈步步嬌〉：「裊晴絲吹來閒庭院，搖漾春如線」一段，以華美的語言細膩地刻畫了少女的心理。湯顯祖愛好文采，然亦不廢本色，總之，他是個文采粲然的作家。

「臨川派」和「吳江派」雖在理論思想上各自顯現了偏仄較勝的傾向，但通過相互爭論，改變戲曲史上不良的風氣；同時也啟迪了後學，出現了「合之雙美」的理論主張，並促進了戲曲創作的健康發展。

24、何謂《玉茗堂四夢》？與唐傳奇關係為何？（62輔大）
25、試言湯顯祖的作品與唐傳奇之間的關係。（79成大）
26、湯顯祖《玉茗堂四夢》之故事取材及藝術成就為何？（84東吳）
27、湯顯祖在戲曲上有何成就？試論述之。（85高師大）
28、說明《玉茗堂四夢》的內容及文學史上的地位。（86東海）
29、湯顯祖傳奇之題材皆本於前人小說。試述其情節大要，並比較其傳奇與小說情節之異同。（87中山、中興）
30、請說明湯顯祖在中國文學史上的重要性。（88清華）
31、「《臨川四夢》」的作者是誰？包括那四部劇作？其內容如何？四夢之中又以何者的成就最高？（88成功）

答

一、《玉茗堂四夢》（「臨川四夢」）名稱之由來

《玉茗堂四夢》是湯顯祖四部戲曲作品的合稱。湯顯祖是中國古代傑出的戲劇家，平生著有傳奇五種：《紫簫記》、《紫釵記》、《牡丹亭》、《南柯夢》及《邯鄲夢》。因《紫釵記》乃其《紫簫記》之改本，故一般存而不計。因湯顯祖為江西臨川人，故稱其劇為《臨川四夢》，又湯顯祖之書齋名曰「玉茗堂」，故又名「玉茗堂四夢」。

「四夢」之由來出自劇情。《紫釵記》四十九齣有〈圓夢〉一節，述說霍小玉夢見黃衣客送鞋，後成小玉與李益重結秦晉之兆，為全劇重要關目；《牡丹亭》演杜麗娘遊園春夢，夢中與書生柳夢梅相愛；《邯鄲記》述說盧生夢中享盡榮華富貴，夢醒乃知春夢一場並由此悟道。《南柯記》寫書生淳于芬夢遊至大槐安國，招為駙馬，政跡顯赫，後驕橫弄權，被人彈劾遣回故里，於是夢醒，經僧人指點，悟玄皈佛。

二、《玉茗堂四夢》與唐傳奇明話本之關係

㈠紫釵記改編自唐傳奇〈霍小玉傳〉

《紫釵記》是改寫自《紫簫記》。湯顯祖的五部傳奇中，《紫簫記》是他早期的作品，萬曆五至七年寫於臨川，取材於唐蔣防傳奇小說〈霍小玉傳〉，情節未能擺脫才子佳人的舊調，但詞藻華美，賓白駢偶。《紫釵記》中駢文說白大為減少，並將女主角的身分由妓女改

為良家女子，經過墜釵、拾釵等關目使男女互通情愫，而不是像小說那樣出於媒人的撮合。原小說中李益負心與小玉癡情的衝突，改寫成多情的霍小玉與專橫的盧太尉之間的對立，而李益只是在兩者之間游移不定。最後通過具有特殊勢力的黃衫客的成全，二人才得以團圓。湯顯祖在〈題辭〉中說：「霍小玉能做有情癡，黃衣客能做無名豪，余人微各有致。第如李生者，何足道哉！」劇本描寫了霍小玉對愛情的執著和黃衫客成人之美的豪情，並給以由衷的歌頌。同時對於盧太尉的卑鄙奸詐，認為這是真情的破壞者。至於李益的軟弱和立場動搖，解釋為用情不深、不堅的原故，並且通過黃衫客的俠風義舉，將原本的悲劇扭轉為喜劇收尾。

㈡《南柯記》改編自唐傳奇〈南柯太守傳〉

《南柯記》共四十四齣，取材於唐．李公佐傳奇小說〈南柯太守傳〉，情節變動不多。內容寫被免職的裨將淳于棼，終日借酒澆愁。一日醉臥榻上，夢見槐安國使者來迎，國王招他為駙馬，出任南柯郡太守二十年，頗有政績。後檀蘿國入侵，公主受驚而亡。回朝後拜為左丞相。他威勢日盛，驕縱荒淫；右丞相段功乘機進讒，終於被國王所逐。醒後經老僧契玄點明，才知大槐安國就是庭中大槐樹洞裡的蟻群。乃發願滅情，大悟成佛。

㈢《邯鄲記》改編自唐傳奇〈枕中記〉

《邯鄲記》共三十齣，取材於唐沈既濟〈枕中記〉。和《南柯記》一樣，內容也是以夢寫政。劇情描寫唐時士子盧生在邯鄲道旅舍中遇道士呂洞賓授他一枕，進入夢中。盧生得娶有財有勢的妻子崔氏，以賄賂高中狀元，又以開河及打敗吐蕃為朝廷建立功勳，奸臣宇文融因盧生不願趨奉而屢次陷害他，甚至將他綁赴法場，流竄海南。但終因崔氏勢大，盧生僥倖，終於轉禍為福。最後奸臣被誅，盧生還朝，做了二十年太平宰相，備受恩寵，享盡榮華，封國公，食邑五千戶，官加上柱國太師，四子均得恩蔭。臨死前心滿意足地感嘆「人生到此足矣」。醒來才發現是一場春夢，身臥邯鄲店中，黃粱猶未蒸熟。盧生遂悟破人生，隨呂洞賓而去。

四《牡丹亭》改編自明話本《杜麗娘慕色還魂》

《牡丹亭》共五十五齣，其題材之來源，據作者自敘云：「傳杜太守事者，彷彿晉武都守李仲文、廣州守馮孝將兒女事。予稍微更而演之。至於杜守收考柳生，亦如漢睢陽王收考談生也。」所謂「傳杜太守事者」，是指明代話本小說《燕居筆記》中的《杜麗娘慕色還魂》。內容是寫南宋時江西南安府太守杜寶的女兒杜麗娘，在夢中見一書生手持柳枝前來求愛，兩人在牡丹亭畔幽會。從此之後，她便為相思所苦，傷情而死。此時，杜寶轉官淮安，乃葬杜麗娘於牡丹亭畔。三年後，廣州書生柳夢梅去臨安應試，路過南安，拾得麗娘畫像，悅其貌美，終日把玩。麗娘幽魂出現，又與柳夢梅相會，並得再生。麗娘復活後，與夢梅同往淮安求其父母許婚。杜寶見了大怒，視女兒為妖孽，誣夢梅盜掘女墳。正好夢梅得中狀元，乃上書自辯，杜麗娘也登朝申訴。終於得到皇帝承認，夫妻父女團圓。

32、《牡丹亭》在藝術上有什麼成就？

答 《牡丹亭》的藝術成就在中國戲曲史上是頗為突出的，前人評曰：「《牡丹亭》一出，幾令《西廂》減價。」《牡丹亭》風靡了明代中葉，其對後世的戲曲創作所產生的影響有三：

一、表現卓越的浪漫主義精神

湯顯祖說：「昔有人嫌摩詰之冬景芭蕉，割蕉加梅，冬則冬矣，然非王摩詰冬景也。其中駘蕩淫夷，轉在筆墨之外耳。」對於「筆墨之外」的「意趣」的追求是湯顯祖劇作的一個特色，而《牡丹亭》也正體現了這一點，這是一種超越事物表層真實而追求內在「神理」的創作手法。在《牡丹亭》中，作者為了表現「情」對「理」的衝擊，以「生——死——生」的結構框架來表現杜麗娘對於愛情的追求，以及這種追求的殘酷性和不可遏制，前人評其「驚心動魄」、「無境不新」正是指這種浪漫主義的特色。《牡丹亭》的這個特色除了表現在結構上外，人物形象也充滿了浪漫主義的色彩。比如杜麗娘，她是在夢中與情人相會的，而夢後傷情至深，直至描容殉情。這種形象無疑越出了生活之常規，而在表現作者賦予作品的題旨上卻恰到好處，淋漓盡致。

二、塑造了一批栩栩如生的藝術形象

王思任評述《牡丹亭》：「其款置數人，笑者眞笑，笑即有聲；啼者眞啼，啼即有淚；嘆者眞嘆，嘆即有氣。杜麗娘之妖也，柳夢梅之癡也，老夫人之軟也，杜安撫之古執也，陳最良之霧也，春香之賊牢也……。」王思任所揭示的「妖」、「癡」、「軟」等特色確是在某種程度上揭示了《牡丹亭》人物形象的特色。

三、「本色」與「文采」並重

《牡丹亭》的語言頗多文采，但不流於駢綺一派，同時《牡丹亭》也不廢棄本色之言，而在「本色」與「文采」之間「酌而用之」。王驥德讚美說：「在淺深、濃淡、雅俗之間，爲獨得三昧。」（《曲論》）。

33、明雜劇有何特點？有哪些主要的作家與作品？（台大期末考）
34、試述明代雜劇之衰與傳奇之興。（84逢甲）

答

一、明雜劇的特點

㈠形式上

宋、元、明三代，都有雜劇流行，名稱雖相同，實則是三種不同的戲曲藝術。流行在明代的明雜劇，既含有北雜劇的因素，又受到南傳奇的影響，因而具有自己的特點。

1、折數不限

如〈狂鼓史〉為一折，〈雌木蘭〉為二折，〈西臺記〉為四折，〈女狀元〉為五折，等等。

2、曲調不限

如〈狂鼓史〉用北曲，〈女狀元〉用南曲，〈齊東絕倒〉四折均用南北合套，〈雌木蘭〉第一折用仙呂宮北曲，第二折卻連用四支〔清江引〕，接著用〔耍孩兒四煞〕帶〔尾聲〕，更是不同。

3、主唱不限

如〈昭君出塞〉一折有貼唱、旦唱、生唱、眾唱，〈雌木蘭〉第一折旦唱，第二折外唱、旦唱、眾唱。顯然，這就打破了北雜劇四折一楔子、北曲聯套、一人主唱等體制。

尤其明雜劇，一折短劇頗多，而且用南曲，成為一時風尚，如汪道昆的〈高唐夢〉、〈遠山戲〉、〈洛水悲〉，都是一折短劇，全用南曲，所以，明雜劇亦稱南雜劇，藉以與北雜劇區別開來。

㈡內容上

根據傅惜華《明代雜劇全目》統計，姓名可考作家的作品，計三四九種，無名氏的作品，計一七四種，總共五二三種。其實，失傳的明雜劇劇目，還不知道有多少。所以，就其數量而言，並不算少。然而，不少明雜劇作品，往往借風流韻事和其他故事，抒發個人感慨，成為抒情小品。遠遠不及北雜劇作品具有磅礴的現實主義精神，而且大多是案頭本，不適於場上演出。可是，也有些明雜劇作品，善於通過寓言劇、諷刺喜劇以及其他故事劇，對現實社會的醜惡面，予以揭露、譏刺和抨擊，具有較強的批判精神，如《中山狼》、《鬱輪袍》、《一文錢》、《鬧門神》等，肯定了美德和理想。有些明雜劇作品，善於運用精緻的筆觸，刻畫劇中人物的心理活動，細膩深切，而且曲詞優美，能夠感人，如《桃花人面》、《春波影》等，莫不如此。

二、明雜劇的發展

㈠前期，自明代初年到正德年間

前期作家，有王子一、劉東生、谷子敬、楊訥、賈仲明、朱權、朱有燉、王九思及康海等。他們的作品，往往熱衷於鼓吹傳統道德，宣揚神仙道化，提倡生活享樂。即使朱有燉以多產著稱，他的《誠齋樂府》有三十一種之多，但大都是點綴太平、歌功頌德的作品。他們的作品，在藝術形式上，有些地方，打破了北雜劇體制，如《疏財仗義》中李逵與燕青，有時各唱，有時互唱；《曲江池》，各種腳色都有唱，等等，因此，對南雜劇形式的發展，有一定的貢獻。可是，多數作品仍遵循北雜劇體制，因為，北雜劇還在流行。當然有些作品，無論思想和藝術，都有可取之處，如《中山狼》、《沽酒遊春》之類。

總之，明雜劇前期作品，成就不大。

㈡後期，自嘉靖年間到崇禎年間

後期，由於新思潮的傳播，傳奇日益繁榮，所以，當時雜劇創作，就不斷地吸收新的養料，壯大自己，特別愈益顯著。作家有徐渭、馮惟敏、汪道昆等，著名者多，連一些傳奇作家，如梁辰魚、王驥德等，也寫南雜劇作品。他們的代表作，有《四聲猿》、《文姬入塞》、《昭君出塞》及《鬱輪袍》等。顯然，這正是明雜劇成熟時期。

三、明雜劇的代表作家

明雜劇的代表作品，從各個方面反映了明代社會生活，揭示了當時社會問題。雖然如此，但就其成就而論，明雜劇較之明傳奇，畢竟居於次要地位。

康海的《中山狼》，寫東郭先生救狼故事，揭露了中山狼陰險殘忍的本性，反寫東郭先生迂腐的「仁心」，從而譏刺忘恩負義、反覆無常的醜類。

徐渭的《四聲猿》中《雌木蘭》和《女狀元》，寫花木蘭、黃崇嘏都女扮男裝，各展其志，一個馳騁疆場，一個領袖文苑，也可說是為在禮教束縛下的婦女揚眉吐氣。

徐復祚的《一文錢》，寫富人盧至性極慳吝，揭露「看財奴」自私的醜態。

王衡的《鬱輪袍》，寫王維有才落第，而王推卻冒名高中，反映科舉制度的腐朽性。

茅維的鬧門神，寫農曆除夕，新門神上任，舊門神卻不肯讓位，爭吵不休，譏刺官場爭利奪勢、互相傾軋的衝突。

孟稱舜的《桃花人面》，寫崔護和葉蓁兒的愛情故事，歌頌男女青年對愛情的忠貞。

徐士俊的《春波影》，寫馮小青所適非人，深受禮教勢力折磨，控訴當時婦女的不幸命運。

35、請寫出《四聲猿》的作者及其所屬類別，再簡要說明其在戲曲史上的重要性。（84清華）

答

《四聲猿》是徐渭戲曲創作中的一個傑作，表現他的思想性格和富於創新的精神，歷來評價甚高，王驥德稱其「是天地間一種奇文字」，湯顯祖更喻為「詞場正將」。《四聲猿》對後世的影響也頗為深遠，在其之後便出現了許多仿效之作，如洪昇《四嬋娟》、張韜《續四聲猿》等。

一、《四聲猿》之內容

《四聲猿》有四個雜劇組成：《狂鼓史漁陽三弄》演述三國時禰衡罵曹操的故事；《玉

禪師翠鄉一夢》寫玉通和尚破戒、轉世為妓，後經月明和尚點破醒悟，重新皈依佛門；《雌木蘭替父從軍》選材於〈木蘭辭〉，述花木蘭女扮男裝替父從軍，榮歸後與王郎成親之事；《女狀元辭凰得鳳》則表現黃崇嘏改妝赴考，高中狀元，後被識破女身，成親於丞相府第。

二、《四聲猿》之特點

(一)作品所表現積極的思想意義

在《狂鼓史》中，徐渭借古諷今，將曹操喻指奸相嚴嵩，借禰衡擊鼓罵曹的情節，痛斥權臣草菅人命、偽善狠惡的行徑，並借此傾吐自己內心的不平之氣。《玉禪師》則把矛頭明確地指向宗教，對偽善的禁慾主義予以辛辣的嘲諷。《雌木蘭》、《女狀元》則以「女扮男裝」的情節抨擊傳統禮教對婦女的摧殘，並要求男女平等的進步思想。前人評曰：「文長有感而發焉，皆不得意於時之所為也。」可謂中的之語。

(二)獨特的藝術體制及創作精神上

《四聲猿》充滿著浪漫主義的色彩，「命意著筆，皆不從人間得。」在藝術上，徐渭創造性地吸取了南北曲的優點以及民間藝術的營養；其藝術體制也是「創例」。他以十折的篇幅述寫四個故事，每個故事情節完整，自為起迄，而且不拘長短，不依成規，根據情節的需要來安排篇幅。故在《四聲猿》中從一折到五折不等，這種創新在明代雜劇中是頗為罕見的。

㈢語言風格獨特極具個人色彩

文詞恣肆，氣概豪壯，嘻笑怒罵，痛快淋漓，充分顯示了徐渭的獨特風貌。

36、王驥德《曲律》的理論成就和歷史地位如何？

答

王驥德《曲律》是一部比較富有理論性和系統性的戲曲理論著作，代表著明代曲論的最高成就。這是王驥德的晚年著作，凝結著王氏一生對戲曲藝術的探索和積累。他嘗自謂：「平日所積，成是書，曲家三尺具是矣。」

《曲律》全書共四卷，計四十個專門論題，可以分成六個部分：「論曲源」、「總論南北曲」為戲曲源流論；「論宮調」——「論需識字」是音律論；「論需讀書」——「論用事」是詞採論；「論過搭」——「論巧體」是作曲法，「論劇戲」——「論訛字」為作傳奇法；「雜論」、「論曲亨」兩款是雜說（重心為戲曲批評）。

王驥德《曲律》的理論成就是卓越的，在中國戲曲批評史上有著十分重要的地位。

㈠對戲曲藝術的創作法則提出了許多精警、深刻的理論思想

如關於戲曲藝術虛實關係的闡述：「劇戲之道，出之貴實而用之貴虛。」他要求戲曲創作要遵循事物的規律，但不必被對象所拘泥，而湯顯祖的作品正是典範。關於戲曲的本色、當行問題，也是《曲律》的理論精華，他認為：「作劇戲，亦須令老嫗解得，方入眾耳，此

即本色之說也。」明確肯定了戲曲文學通俗自然的重要性。他同時還認為，衡量戲曲藝術的高下不能僅注目於戲曲文學一端，所謂「可演可傳，上之上也」。諸如此類，不一而足。

㈡吸取「吳江派」和「臨川派」的優點，提出了「合之雙美」的理論主張

「臨川派」「吳江派」之爭是中國戲曲史上的一次大論戰，雙方都提出許多合理的創作主張，但往往缺乏冷靜的觀照而失之於偏頗。王驥德《曲律》總結了這場論戰，比如在「本色」和「文采」問題上，王驥德認為「本色之弊易流俚腐，文詞之病，每苦太文」，因而他強調在「濃淡、雅俗、淺深」之間確立戲曲藝術的審美規範，所謂「法與詞兩擅其極」正是《曲律》總結前人經驗的理論。

㈢王驥德的《曲律》是一部承上啓下之戲曲理論

《曲律》的理論思想：「曲學」和「劇學」。前者是王驥德總結明中葉以前的戲曲理論，而後者則是王驥德獨創的理論成果。他關於「大主腦」、「大間架」的結構理論以及「可演可傳」的總體戲曲觀念等，無疑對後世的戲曲理論（尤其是李漁）有著深刻的影響。

37、依戲劇史的立場看，明代戲曲發展有何值得注意之處。（79淡江）

答　明代戲曲的發展，值得注意的，可以從體制、內容與理論三方面來看：

一、體制的演變

㈠雜劇的演變——請參見本章第33題．第一項明雜劇的特點。

㈡傳奇的演變——請參見本章第2題。

二、內容的演變

明代的戲曲在嘉靖以後，內容上表現出如下幾個顯著的特點：

㈠產生了大量的現實時事劇

明代戲劇作品及時地反映當時重大的政治事件，由《鳴鳳記》首開風氣，作者主要描寫的是嘉靖時代嚴嵩結黨營私、誤國害民的醜惡行徑。自此以後，這方面劇作日益增多。如木石山人的《金環記》歌頌清官海瑞，史槃的《忠孝記》和佚名的《壁香記》表現正直的沈槃，沈應召的《去思記》描寫王鐵的抗倭，陳開泰的《冰山記》、穆成章的《請劍記》、盛于斯的《鳴冤記》、高汝拭的《不丈夫》、王應遴的《清涼扇》及范世彥的《磨忠記》，皆是抨擊了權宦魏忠賢的劇作。

㈡諷刺劇有了進一步的發展

這時期的諷刺劇不僅諷刺官場較為深刻，而且選材範圍也較為廣闊。孫鍾齡《東郭記》運用借古喻今的手法，嘲諷有官場的黑暗和腐敗，以漫畫式手法作了形象化的概括。對劇中各色人物在詼諧中深藏著諷刺性的憤慨。王衡的《鬱輪袍》藉騙子王推能得到岐王和九公主賞識的滑稽情節，嘲諷了明代官場特別是科場。《真傀儡》寫杜衍被召，假傀儡衣冠受命的故事，對為政者進行無情笑罵。徐渭的《玉禪師》對好色虛偽的玉通和尚進行了辛辣的揭露。徐復祚的《一文錢》則是對守財奴盧至的慳吝本性作了形象的勾勒。

㈢愛情劇更加豐富多采

這時期愛情劇能較完整、較深入、較細膩地表現出婦女爭取自由幸福的曲折過程，並且注意包含更多的社會內容。《牡丹亭》中長年被關閉在閨房的杜麗娘，在父訓、母教、師誨下，成為循規蹈矩的女中典範，但一次遊園，就促使她青春覺醒，並和情人在夢中幽會。這種大膽披露內心慾望的精神，是前人未曾表現過的。而《玉簪記》在描寫陳妙常慾愛不能、欲捨不忍的微妙心理。朱鼎在《玉鏡臺記》裡，把人物的命運和國家社會的命運聯繫起來，孟稱舜在《嬌紅記》裡，注意刻畫男女主人公為了愛情，可以不顧功名富貴的思想基礎。

三、戲曲理論的發達

明代後期戲曲創作的繁榮，也促使一些人進行了理論的探索，使得這時期的曲學著作相當豐富。徐渭的《南詞敘錄》、王世貞的《曲藻》、魏良輔的《曲律》、何良俊的《四友齋叢說》中的論曲部分（後人輯為《曲論》）、臧懋循的《元曲選序》、呂天成的《曲品》、王驥德的《曲律》、祁彪佳的《遠山堂曲品》、《遠山堂劇品》。這時期，還出現了文學史上有名的

「湯、沈之爭」，即「吳江派」與「臨川派」之爭。因湯顯祖注重劇作的「曲意」，注重語言的文采，認為為了內容的需要，在音律上有所乖拗也不足為怪。沈璟則注重語言的「本色」，嚴守音律。兩家主張各有所長，也各有所短。王驥德的《曲律》，實際上就是吸取了兩家所長而寫成的一部較為完善的戲曲理論論著。

38、試述下列各家散曲集之名稱及其特色：⑴張可久⑵喬吉⑶馮惟敏⑷梁辰魚⑸沈璟⑹施紹莘。（58師大）

39、試評馬致遠、張養浩、張可久、沈璟之散曲。（59政大）

40、簡述梁辰魚在中國文學史上的重要性。（84政大）

答

一、張可久、喬吉、馬致遠及張養浩等人之散曲特色——請參見第二十一章第9題。

二、馮惟敏——《海浮山堂詞稿》

明代散曲作家中，步武元人本色而較康海、王九思有更大成就者，僅馮惟敏一人。馮惟敏的散曲，題材之無所不包，俗語之靈活運用，均非康、王所能及。不但所為北曲率直雄肆，即南曲作品，亦時露北方文學色彩。任中敏《散曲概論》曰：「馮惟敏《海浮山堂詞稿》四卷，生龍活虎，猶詞中之有辛棄疾，有明一代，此爲最有生氣、最有魄力之作矣。」可謂確評。

三、梁辰魚——《江東白苧集》

梁辰魚其散曲典雅清麗，為崑腔盛行後之南曲典型，張旭《吳騷合編》中推之為「曲中之聖」。因自魏良輔改良崑腔，梁辰魚首先採用，撰《浣紗記傳奇》及散曲《江東白苧集》。前者梨園傳唱，歷久不衰；後者張鳳翼序謂之「宮商按而凌風韻生，律呂協而擲地聲作」。從此南曲多倣梁辰魚所作以詞法為之，作品詞味多而曲味少。

四、沈璟——《情癡寱語》、《詞隱新詞》、《曲海青冰》

沈璟畢生致力於曲，持論甚高，守律甚嚴；而才不足以赴之，作品佳者甚少。沈璟《南九宮十三調曲譜》及《南詞韻選》兩書問世，南曲楷模大著，學者翕然宗之。故任中敏《散曲概論》曰：「起嘉、隆間以迄明末，將近百年。主持詞餘壇坫者，文章必推梁氏爲極軌，韻律必推沈氏爲極軌。此爲崑腔以後之兩大派，一時詞林，雖濟濟多士，要不出兩派之彀中也。」

五、施紹莘——《花影集》

自梁辰魚、沈璟之後，南曲作者文章多從梁，韻律多從沈。其能戛然獨造，不隨梁、沈之潮流者，散曲方面殆僅施紹莘一人。其散曲名《花影集》，有小令七十二，套數八十六。明人散曲專集之套數，以此為最富辭句方面，紹莘一反梁辰魚之雕琢粉飾，而自然流麗。蓋融元人之豪放與清麗，而以綿整出之。

第二十四章 明代小說

研讀重點

一、明代小說興盛的原因與發展
二、明代小說的重要作品與影響
三、章回小說的特點及其發展狀況
四、《水滸傳》的成書過程與版本
五、《三國演義》的成書過程與歷史地位
六、《西遊記》在人物塑造上的成就
七、《金瓶梅》在小說史上的地位
八、「三言」、「二拍」的編著者與其在小說史上的地位

1、試述明代小說發達的原因，及重要作品與影響。（70輔大）
2、試述明代長篇小說與其時代環境之關係。（77成大）
3、有明一代，傳統之古文詩詞，成就平庸，而戲曲小說與小品文，卻斐然可稱，何以故？（84中興）
4、試述明代通俗文學興盛之主要原因。（86政大）
5、明代小說在小說發展史上，有何重要意義與地位？試加評述之。（89成功）
6、試析論明代小說興盛之因。（90中正）

答

一、明代小說發達的原因

㈠白話文學發展

白話文的應用，在唐代的變文與宋人的話本中已經開始，但大都文白參半。到了明代，說話、講史等娛樂已不復流行，文人們就有意識地來創造白話文學，以白話來寫作小說，讓一般人自己去看。

㈡小說地位提高

中國文學，歷代都為儒家的載道思想所統治，對於小說，十分輕視。到了明代，好些有權威的文士如李卓吾、馮夢龍等，大讚小說文章的優美，表揚小說對社會的功用，這才慢慢改變了人們輕視小說的觀念。

㈢社會環境複雜

明代方士尼僧大盛，報應輪迴之說深入民間；晚明朝綱不振，荒淫成風，這些都是小說所需要的資料。於是，反映現實的小說，便應運而生。

㈣印刷術的發達

嘉靖以後，東南沿海一帶的城市經濟已相當發展，在這種情況下，印刷術也隨之繁榮。李詡曾指出，隆慶、萬曆時期，「滿目坊刻，亦世華之一驗也」。這是更快傳播小說、戲曲的物質條件。廣大群眾對小說的愛好和需要也不斷增長。因此促使書商大量印行小說作品，以滿足讀者的需求。這種通俗文學流行過程中的商業化現象，又進一步激發了不少文人對小說的創作熱情。

二、明代小說的重要作品

明代重要的小說大致可分成三種類型來說明：

㈠長篇章回小說

明初出現的長篇小說《三國演義》和《水滸傳》，對小說創作影響極大。文人們爭相效仿，因而出現了大量的歷史演義和英雄傳奇。歷史演義中的重要著作有：《隋唐演義》和

《東周列國志》；英雄傳奇的名作有：《後水滸傳》、《楊家將演義》等。由於《西遊記》的問世，明代中葉以後，產生了大量的神魔小說，重要著作有：《封神演義》和《西遊補》。明末的《金瓶梅》則是言情小說的開山，對清代的《醒世姻緣》、《紅樓夢》影響極大。

㈡短篇白話小說

隨著長篇小說的風行，短篇小說也有迅猛的發展，重要的有《三言》和《二拍》及選本《今古奇觀》。

㈢短篇文言小說

文言短篇小說的創作量也很可觀，如明代瞿佑的《剪燈新話》，李昌祺的《剪燈餘話》及邵景詹的《覓燈因話》等。

三、明代小說之影響

明代小說對後世小說的影響可從題材與表現手法兩方面看；

㈠題材上

明代長篇小說題材大致可分為歷史，神魔、言情及公案四類，內容相當豐富，對清代的章回小說影響頗大，清代的長篇除了繼續明代的主題路線外，又增加了諷刺譴責之類的新題材，使得中國小說呈現更豐富的面貌。

㈡手法上

明代小說的表現手法，有許多新的突破，給後來的小說提供無數的經驗——請參見本章第6題。

7、依小說史的立場看，明代小說發展有何值得注意之處？（79淡江）

答

從小說史的立場看，明代小說的發展，可以分成兩個階段：

一、明初

《三國演義》與《水滸傳》這兩部傑作雖然成書於元末明初，但基本骨架卻是在宋元時代形成的，嚴格地說，不是明初社會的產物，而是宋元時代市民文學的碩果。這兩部小說都是宋元話本與元雜劇的基礎上，加上文人創造性的加工後完成的傑作。

二、明中葉以後

明代中葉後，政治上的嚴峻形勢開始緩解，商品經濟漸趨活躍，市民意識重新抬頭，以李贄、三袁及馮夢龍為代表的進步思想家、文學家，反對理學，提倡人性的解放，重視小說、戲曲創作，生氣勃勃的思想啟蒙運動有力地推動著小說創作的發展；印刷業十分興旺，為長篇小說的出版創造了良好的物質條件，於是明嘉靖、萬曆年間到明末，小說創作出現了繁榮的局面，這個繁榮期的代表作是《西遊記》、《金瓶梅》和《三言》、《二拍》等白話短篇小說集。神魔小說、言情小說成為小說的主潮。

這個時期，中國古代小說又發生了重大的變化，有幾點值得注意的：

㈠是從文人與群眾相結合的創作轉向作家個人創作。

㈡從說書體小說向文人創作小說過渡。

㈢從描寫歷史、頌揚英雄轉向描寫市井細民。

㈣從驚心動魄的政治軍事事件轉向日常生活的細膩描寫。

㈤從類型化的人物典型向個性化的人物典型過渡。

㈥長篇小說從線性結構向網狀結構發展。

㈦英雄主義、理想主義轉向寫實主義、暴露文學。

㈧作家的主體意識，作家的思想情感在作品中有較多的顯現，即使如《西遊記》這樣文人創作與群眾創作相結合的作品，其作家的個性也得到比較充分的體現，作品的個人風格更加鮮明。

8、筆記、傳奇、平話、章回小說之進化如何？（61文化）

答

筆記、傳奇、平話及章回小說代表中國小說演進的四個階段：

一、筆記小說

魏晉時代是個動亂的年代，各種「異端」思想得到了發展，老莊思想和外來佛教也日趨興盛。於是魏晉南北朝時代，志怪志人小說產生了，並漸漸從野史雜傳中分離出來，開始走向獨立的文學形式，展現了中國小說的雛型，但仍然沒有最終擺脫依附歷史著作的狀態，作家還不是有意為小說，形式也比較簡單，只是「粗陳梗概」而已。

二、傳奇小說

到了唐代，隨著經濟的高度繁榮發展，各類文學作品的普遍繁榮。由於韓愈倡導的古文運動的推動和中外文化交流的結果，古代小說開始成熟，成為獨立的文學形式：傳奇體小說。唐傳奇的作家是有意為小說，自覺地進行想像和虛構，作品從記錄神怪異聞，轉向描寫現實的社會人生；在藝術上篇幅加長了，描寫細致，情節曲折，人物形象也較鮮明，是成熟的短篇小說，對後代文言小說和白話小說都產生了巨大的影響。

三、話本小說

宋代城市經濟十分繁榮，市民階層不斷壯大，說唱文學由唐代主要宣揚佛經的「變文」、「俗講」，發展到「說話」。宋元話本在中國小說史上承前啟後，代表著中國古代小說發生本質上的轉變。這種轉變表現在以下幾個方面：

㈠從文言小說向白話小說轉變。雖然文言小說仍在繼續發展，但白話小說成為古代小說的主流。

㈡從短篇小說向長篇小說轉變。雖然文言短篇小說仍在繼續發展，但由話本發展起來的章回體小說，成為我國長篇小說的唯一形式，蔚為大觀，量多質高，成為古代小說中的主力軍。

㈢民間藝人大量參加小說創作，並與專業作家結合。

㈣是小說題材從描寫文人生活，轉向對社會生活的全面描寫，小手工業者、城市平民、小商人等成為作品的主人公。

㈤小說由史傳體向說唱體發展。宋元以前的小說主要接受史傳文學的影響，從宋元時代起開始了說唱體小說的新階段，中國古代小說的民族形式和風格都與說唱文學的特點密切相關。

四、章回小說——請參見本章第9題。

9、何謂章回小說？文學上有何價值？（62文化）

10、試解釋「章回小說」（84中興）

答

一、何謂「章回小說」

中國古代長篇小說的主要形式之一，特點是分章標回，故事連接，段落整齊。「章回小說」是在宋元講史話本基礎上發展而成的。話話人不能在一天、一時內把整個歷史故事全部講完，往往在故事的緊張處煞住，來個「欲知後事如何，且聽下回分解」的懸念，借以招徠聽眾，維持生計。在下回演講前，話話人先用題目向聽眾揭示本回主要內容，這就是章回小說回目的起源。據王國維表示，宋人話本《三國志通俗演義》、《殘唐五代史演義》、《水滸傳》等等，都是長篇章回體小說的先驅。

二、章回小說的特點

㈠持話本的某些特點，但有所發展

如有些章回小說繼承話本的傳統，基本上是以白話寫成的。又如正文前有「楔子」，頗與話本的「入話」相類似。再如章回小說中經常出現「話說」、「且說」、「看官」、「諸公」

等字樣，這也可以看出它和話本之間的繼承關係。但話本是民間藝人口頭創作的底本，大都未經文人潤色，藝術文上比較粗糙，而章回小說越到後來越成為作家加工、創作的文學作品，代表我國小說已經進入一個新的成熟階段。

㈡分章標回

宋元藝人的小說，故事一般都比較短，可一次講完。其話本都沒有分章立節。後來，由於講史的興起，歷史故事內容長了，須分多次講說。為了使聽眾便於記住，加深印象，每次講一個中心內容，有一個醒目的標題，這樣就逐步形成分章節，立回目的格局（一次稱一回，這就是章回小說「回」的本義）。但是，早期的回目都比較簡單粗率，如《三國志通俗演義》分二十四卷二四〇則（節），《殘唐五代史演義》分二十卷六十則（節），每則都只有單句題目，概括本則的內容。後來，回目由單句發展到雙句，又從藝術上不太講究的句子發展到字數劃一、對仗工整、平仄諧協、富有感染力的偶句。例如《紅樓夢》的回目中有「白玉釧親嘗蓮葉羹，黃金鶯巧結梅花絡」、「苦絳珠魂歸離恨天，病神瑛淚酒相思地」等膾炙人口的佳句，它們本身就是一件精緻的藝術品，具有很高美學價值。

㈢設置懸念，結構上前回與後回保持連續性

說話人為了吸引聽眾，每次講說常常在故事的緊要關頭打住，所以章回小說的每回末尾也常以「欲知後事如何，且聽下回分解」收結，使讀者欲罷不能，有興趣繼續看下去。但有些章回小說如《紅樓夢》前回與後回緊密連接，有些如《三國演義》卻「可分可合，疏密相間，似斷實聯」。此外，如《今古奇觀》每回只講一則故事，實際上是獨立成篇的。

三、章回小說的發展

章回小說是從宋元講史話本的基礎上發展起來的。王國維在《唐三藏取經詩話》跋中稱：「此書與《五代平話》、《京本小說》及《宣和遺事》體例略同。三卷之書，共分十七節，亦後世小說分章回之祖」。《唐三藏取經詩話》一書段落分明，一節一個標目，具備了章回小說的雛形，而第一批章回小說的正式問世，當推元末明初的《三國志通俗演義》、《三遂平妖傳》和《水滸傳》等等，但體例尚不完備如嘉靖、萬曆年間刊刻的《水滸傳》是由單句回目發展到雙句回目，而且每回開頭有「話說」，結尾有「且聽下回分解」的固定形成。可見嘉靖、萬曆時期是章回小說發展到基本定型和走向繁榮的時期。在這段時間中誕生的章回小說名著，還有《西遊記》、《封神演義》、《金瓶梅》及《三言》、《二拍》等等。到了清代，章回小說的內容題材，更可分神魔小說、人情小說、諷刺小說、狹邪小說、公案小說和譴責小說，呈現出千姿百態的狀況。

《紅樓夢》是章回小說的登峰造極之作。在《紅樓夢》之前，章回小說多少還帶有民間藝人口頭創作的說唱文學的性質，語言文字俚俗易懂而缺文采。《紅樓夢》則完全擺脫了話本的影響，成了具有高度文學性藝術性的書面讀物。

四、章回小說的價值

章回小說可以說是中國古代長篇小說的唯一形式，明清以來無數優秀的小說家，用章回的形式寫出一部部傑出的長篇，這些傑出章回小說的價值絕對不亞於正統的文學——詩、詞、古文，甚至其價值更遠在這些傳統文學之上。

11、略述《水滸傳》之淵源，及其主要之版本。（74政大）

12、《水滸傳》如何經營形成其「逼上梁山」的情節特色？又《水滸傳》成書後，對後世文學有何影響並願聞之。（86文化）

13、試從寫作技巧、思想、影響三方面，細說《水滸》。（87暨南）

答

一、《水滸傳》的成書過程

《水滸傳》是與《三國志通俗演義》同時出現的一部長篇小說，是在長期民間流傳的基礎上，最後由作家加工完成的作品。

㈠北宋末年，宋江等三十六人在梁山泊的造反，是《水滸傳》創作的歷史依據

宋江造反在《十朝綱要》、《東都事略》、《續資治通鑑長編紀事本末》、《宋史》等歷

史著作中，都有些零星的記載。關於事件的結局，雖然有的說被張叔夜招降，有的說被折可存鎮壓，有的說被招降後又去征方臘等等。

㈡在南宋，水滸故事很快便成為說話的重要內容

南宋．羅燁《醉翁談錄》所記載的說話目錄已有「公案類石頭孫立」、「朴刀類青面獸」及「桿棒類花和尚、武行者」等，這些顯然是水滸故事的段落。南宋末年，著名詞人周密的《癸辛雜識》記載，當時畫家龔開的《宋江三十六人贊》，初次完整地記錄了三十六人的姓名和綽號，而且大體與後來的《水滸傳》相符，但龔開的贊並未說故事內容。

㈢《大宋宣和遺事》是現在看到的最早寫水滸故事的作品

《大宋宣和遺事》或出於元人，或為宋人舊本而元時又有增益。有的研究者認為此書是說書藝人的底本，內容所記水滸故事梗概，從楊志賣刀殺人起，經智取生辰綱、宋江殺惜、九天玄女授天書，直到受招安平方臘止，順序和現在的《水滸傳》基本一致。這時的水滸故事已由許多分散獨立的單篇，發展為系統連貫的整體。

㈣到了元代，大量水滸戲的出現，是《水滸傳》成書過程中的重要一環

元及明初水滸戲現存目二十多種，實際現存元雜劇作品僅六種，其中多為李逵的故事。在這些戲裡，水滸故事的情節有了進一步的發展。不但對李逵、武松等英雄有了個別的生動描寫，水滸英雄也由原來的三十六人發展到梁山一百單八將，對梁山泊的描寫也已基本上接近後來的《水滸傳》。

㈤元末明初人施耐庵在這些民間傳說、話本和戲劇的基礎上，進行了創造性的加工。

二、《水滸傳》的版本

《水滸傳》有一百回、一百廿回及七十回三種系統的版本：

㈠明嘉靖郭勳刻本，共二十卷一百回，為現在最早的刻本。明萬曆容與堂刻本《忠義水滸傳》一百卷一百回，一般認為最是接近《水滸傳》的祖本。百回本，在藝術上有了較多的加工，文字較細緻。

㈡萬曆年間余象斗的百二十回本，又增加了「征田虎」、「征王慶」的故事，但文字比較簡略。天啟、崇禎之間，出現了楊定見的百二十回本，除增飾了余本中「征田虎」、「征王慶」的故事外，其餘部分主要根據嘉靖本。

㈢明末清初人金聖嘆腰斬《水滸傳》成七十回本，金聖嘆刪去了梁山英雄排座次以後的情節及許多詩詞，加上評語，添上盧俊義驚噩夢，以梁山英雄被一網打盡作結，改成了七十回本。金本雖然改動頗大，但保存了水滸故事的主要部分，文字較為洗煉統一，後來成為最流行的版本。

三、《水滸傳》藝術技巧內容

《水滸傳》不僅在主題思想上、人物塑造上有較大的成就外，也由於《水滸傳》結合現實主義和浪漫主義，在表現藝術上，有重大的突破性，成為我國第一部成熟的白話長篇小說。奠定中國章回小說特有的風格，如傳奇性、多用敘述的語言，有頭有尾的來陳述事情。

㈠在人物塑造上

藉著對比法，或是通過特徵性的細節，來突出他們自我特有的個性，如武松打虎時，借哨棒被打斷來表現出他的緊張神態，並為後來武松赤手空拳打虎，預做安排，進而突顯武松的勇武。

㈡在語言上

《水滸傳》由於是從話本發展而來，因此先天就有口語化的特點，而它的語言以北方口語為主，尤其是以山東一帶的口語為基礎，再經過加工而成。其特色在於明快簡潔，表現力很強，無論是敘述事件或是刻畫人物，常常寥寥幾筆，就達到形神畢肖的地步，如對潑皮牛二的描寫：「只見遠遠地黑凜凜一條大漢，吃得半醉，一步一顛撞將來」，便將牛二的醉態很生動地描繪出來。

四、《水滸傳》的影響

《水滸傳》中的故事家喻戶曉，表示它流傳之廣，同時也表示它的影響力也是深遠的。現可分為社會影響及文學創作二方面加以探討。

㈠社會影響方面

由於《水滸傳》本來就是探討社會重大問題的一本小說，所以必定會對社會產生相當程度的影響力。而這部小說對於此起彼伏的「造反者」而言，《水滸傳》有著莫大的鼓舞作用，並從中汲取豐富的「造反」經驗和各式各樣的抗爭方式，從明末李自成到太平天國、義和團、天地會等，他們或打著《水滸傳》的口號來號召群眾，或是襲用《水滸傳》的人名或諢號成為首領的名號，這成為中國歷代「造反」史中的一種奇觀，這也是在整個中國文學史上是沒有一部小說可以和它相比的。也因此，當權者對《水滸傳》視它為洪水猛獸，是「賊書」、「此書盛行，遂爲世害」、「貽害人心，豈不可恨」，詛咒《水滸傳》作者「子孫三代皆啞」，崇禎十五年，更有嚴禁《水滸傳》的詔令，清代康、雍、乾等朝，也嚴禁此書，甚至找了御用文人俞萬春寫了《蕩寇志》來反制《水滸傳》，「破他僞」、「使天下後世，深明盜賊忠義之辨，絲毫不容假借。」

(二)文學創作方面

對後世文學創作，特別是對小說、戲劇、民間俗文學等的關係非常密切。

1、在小說方面

《水滸傳》是英雄傳奇小說的典範，它所創造的英雄傳奇體式，對後世小說創作的影響深遠。如《說唐演義》、《水滸後傳》、《楊家將》、《說岳全傳》等小說中，可以明顯看出它的影響力。此外公案俠義小說《三俠五義》等，雖寫作目的大相逕庭，但「源流則仍出於水滸」。

2、在戲劇方面

如李開先的《寶劍記》、陳與郊的《義俠記》等三十餘明清傳奇中大多以水滸的劇目。崑曲、京劇和各種地方戲曲等方面，以至於以《水滸傳》為故事題材的說唱及各種民間表演藝術等，那就不可勝數。

14、試述《三國演義》的淵源與成書過程。（東吳期末考）

答

《三國演義》是我國章回小說中的開山作品，其成書經歷了漫長的過程：

㈠李商隱的〈驕兒詩〉云：「或謔張飛胡，或笑鄧艾吃」。由此可知，三國故事在晚唐民間已經流傳。《東京夢華錄》記載，北宋藝人霍四究是當時「說三分」的專家。顯然，在北宋三國故事已廣泛流傳，並有許多短篇的「話本」出現。據《東坡志林》載，「至說三國故事，聞劉玄德敗，頻蹙眉，有出涕者。」說明那時的三國故事已經表現出「尊劉貶曹」的思想傾向。

㈡宋元時代，三國故事被大量地搬上舞臺，史傳和一些文人的詩歌中都涉及了這方面的內容，而金元演出的三國劇目竟有三十多種，如《三戰呂布》、《赤壁鏖兵》及《隔江鬥智》等。同時，也產生了以三國故事為題材的平話小說。

㈢元代至治年間新安虞氏所刊的《全相三國志平話》，是今存最早也是唯一較為完整的

《三國志平話》。全書分上中下三卷，每卷又分上下兩欄，上圖下文，並有「題目」，已呈章回的雛形。其內容和結構粗具《三國演義》的規模，人物形象富有生氣，情節離奇。但描寫粗略，文詞鄙陋，人名地名又多訛誤，更多悖於正史的附會傳說及因果報應故事。然而，這卻為《三國演義》的產生奠定了基礎。

(四)元末明初的小說家羅貫中，在民間傳說和戲曲、話本的基礎上，又一次綜合陳壽《三國志》和裴松之注的史料，根據現實生活給他的感受，寫成了我國最有成就的長篇歷史小說《三國志通俗演義》。

(五)《三國志通俗演義》問世，新刊本大量湧現，不斷有人增刪文字，整理卷數和回目。清康熙年間，毛綸、毛宗崗父子對《三國志通俗演義》作了一些修改，辨正史事，增刪文字及小故事，更換論贊，改回目為對偶，而形成現在通行的《三國演義》。

15、《三國演義》在文學史上的地位如何？（政大期末考）

答

《三國演義》與《水滸傳》、《西遊記》、《紅樓夢》齊名，是我國四大古典小說名著之一，在中國文學史上占有重要地位。

一、中國第一部章回體長篇小說

羅貫中在《三國志平話》的基礎上，參照陳壽的《三國志》和裴松之注的材料，融入自己的生活經驗和藝術想像，寫出一百二十回煌煌巨作，成就了中國第一部章回體的長篇小說，從而使章回體成了古代長篇小說的主要形式。羅貫中走出了一條從民間文學中汲取營養、集中群眾智慧、融入自己思想的創作途徑，其後《水滸傳》、《西遊記》乃至清代的《說岳全傳》、《隋唐演義》，大都經歷了這樣的創作過程。

二、影響古代演義小說的發展

如取材於史實，而又不拘泥於史實，適當地吸收民間傳說進行虛構創作的方法，奠定了後世歷史演義小說派的基礎，從《開闢演義》至《清宮演義》，無不得益於《三國演義》的創作經驗。

三、啓發作家於作品中灌注主體意識

羅貫中塑造歷史人物形象，寄寓自己的社會理想，使人物形象超越了特定的歷史，概括了某類歷史人物和現實生活人物的本質，具有象徵意義，如劉備和諸葛亮便是明君聖賢相的典範。

四、影響後世歷史演義小說的創作

如在衝突中刻畫人物性格；井然有序地展開情節；建立起宏偉的藝術結構，使紛繁的歷史事件成為一個基本完美的藝術整體等。此外，作者還善於運用誇張、對比、烘托的手法描繪人物，注重突出人物性格的主要特徵，為類型人物的塑造，提供了經驗。

16、《西遊記》於人物個性之描寫，頗堪稱道，請就所知扼要陳述焉。（76政大）
17、《西遊記》的作者與作品分析。（84華梵）
18、試介紹《西遊記》的作者、故事來源，並評述其文學特色。（87中正）？

答

一、《西遊記》的作者

最後給《西遊記》故事加工、整理、寫定的作者是吳承恩。吳承恩（西元一五一〇～一五八二年），字汝忠，號射陽山人，淮安府山陽人。出身於一個「兩世相繼為學官」，終於沒落為商人的家庭裡。自年輕時即以文名著於鄉里，他希望以科舉出身，卻屢試不第，直到嘉靖二十三年，才中歲貢。後來「屢困場屋」，直到六十多歲，因母老家貧，作過短期的長興縣丞，但他長期過的是一種賣文自給的清苦生活。

吳承恩一生的坎坷，境遇的困窘，讓他常遭時人的笑罵，因為「世味由來已備嘗」（吳承恩詩），所以很自然地會引起他以「善諧劇」的風趣，來繼承志怪傳統，諷刺社會黑暗的創作動機，也因而整理創作出《西遊記》一書。

二、《西遊記》的故事來源

關於玄奘取經的故事，在《舊唐書・方伎傳》及其他野史筆記中均有記載，首先經過宗教神話的洗禮，玄奘的門徒針對《大唐西域記》的內容，將玄奘神化後寫成《大唐大慈恩寺三藏法師傳》，此後經由佛教徒點染附會，為弘揚佛法，故事越演越奇。南宋《大唐三藏取經詩話》開始串聯各種神話，猴行者的形象出現了。而取經的故事，在元代已經定型，所有重要的情節早已定型，而民間類似的戲曲創作也自然生成，如元末明初楊訥的《西遊記》雜劇，這些皆為日後吳承恩的整理創作，提供極佳的素材。

三、《西遊記》的人物描寫

社會化的人性，浪漫的、超自然的、神性和動物的某些特性十分和諧地融為一體，用以塑造各種各樣的神魔形象，是《西遊記》在人物形象塑造方面的主要藝術特點。

孫悟空是《西遊記》塑造的主要神魔形象。他的樂觀大膽，疾惡如仇，見妖必除，除妖務盡的性格，處處傳達出人的思想性格。他是天生的石猴，無父無母，而且武藝高強，可以上天入地，不怕水火刀斧，有七十二般變化，處處表現出超凡絕俗的神性。孫悟空性情急躁，敏捷機警，飢則食用桃果，煩躁時就抓耳撓腮，在他身上又明顯地顯示出猴子的動物特性。

豬八戒原是天蓬元帥，因酒醉調戲仙女獲譴，錯投豬胎，所以他的粗魯莽撞、好吃懶做具有豬的特色，他的騰雲駕霧、三十六變具有神的特性，他的貪圖美色、自私顧家既似有前世的淵源，又具有人的性格。

又如獅魔能一口吞下十萬天兵，象精能用鼻子捲人，老鼠精刁鑽狡猾，牛魔王蠻橫好鬥等等，作者都結合原型動物的各種特點，把這些妖魔的凶惡本性寫得姿態不同，面目迥異，各具特色。

四、《西遊記》的文學特色

《西遊記》奇幻詼諧的美學風格，滲透在整部作品裡，無論是人物塑造，敘事風格，還是藝術結構、語言色彩都鮮明地體現了作家的風格。

在人物塑造上，在各色神魔身上，既有社會化的個性，又有超自然性的神性，甚至被賦予了某些動物的特性。諸如豬八戒，他原本是天上的天蓬元帥，因酒醉調戲仙女而被判下凡，而這個神性，既便他已成為好吃懶睡的豬，也未曾稍改。此外，作者還大量使用遊戲的文字手法，使得神魔都顯得很有趣，使得「神魔皆有人情，精魅亦通世故」。如在書中孫猴子的在借芭蕉扇時，由於沒有學好縮小扇子的口訣，結果就形成類似小孩拿大刀的模樣，既逗趣又嘲諷了孫猴子的自滿。

在語言上，《西遊記》內有散文，有韻文，並汲取民間說唱文學的精華，使得全書形成一種輕鬆活潑的基調，並讓讀者透過文字便能在心中描繪出那些劇情及場景。

19、試述《金瓶梅》一書在小說發展史上的地位。（79清華）
20、《金瓶梅》在通俗小說發展上的地位如何，請說明之。（90清華）

答

在中國小說史上，《金瓶梅》是古代長篇言情小說的開山之作，代表中國小說逐步擺脫說唱藝術的影響，向近代小說轉變的軌跡。

在中國小說史上，《金瓶梅》成功地實現了以下六項轉變：

㈠從反映古老的歷史題材，轉變為直接反映當前的現實生活

強烈的現實性、明確的時代性，是《金瓶梅》獨具的特色。在此之前的中國小說，幾乎都取材於歷史和神話故事，其所反映的時代範圍比較古老的寬泛，與現實生活有著較大的距離。而《金瓶梅》雖假託往事，但實際上是寫現實生活，「它所寫的是萬曆中年的社會情形」，「是作者所處時代的市井社會的侈靡淫蕩的生活」。

㈡從以帝王將相、英雄豪傑、神仙鬼怪轉變到以社會上的普通人物為小說的主人公

《金瓶梅》所寫的，正是那些尋常之夫妻、和尚、道士、姑子、拉麻、命相士、卜卦、方士、樂工、優人、妓女、雜戲、商賈……無不包羅萬象，敘述詳盡，栩栩如生，如躍眼前。以往的長篇小說描寫的重點是男性社會，所涉及的少數婦女大多是附庸和陪襯，而《金

瓶梅》則更側重於表現獨立存在的女性社會。

㈢由離奇曲折的故事情節，轉變為日常的生活真實，變傳奇的手法為寫實的手法

《金瓶梅》以前的中國小說，多以描寫重大事件、軍國大事、神奇怪異為內容，而《金瓶梅》則成為第一部脫離英雄傳奇以及神魔情節的小說，以描寫日常起居、尋常熟事，即所謂「市井之常談，閨房之碎語」為其主要內容。它不是靠故事情節的傳奇性吸引人，而是靠日常生活的真實描寫來打動人。《金瓶梅》把視角轉向普通人的悲歡離合，以探索人生的哲理。與此相關的還有，《金瓶梅》改變了過去小說中對生活總免不了要加上某些理想的描寫的作法，採用不加粉飾的真實描寫。它是一部徹底的暴露文學，敢於不留情面地揭露一切人和一切事。

㈣從誇張的、粗略的細節描寫，轉變為細膩甚至不避瑣屑的細節描寫

《金瓶梅》使人「讀之，似有一人親曾執筆在清河縣前西門家，大大小小，前前後後，碟八碗兒，一一記之，似眞有其事」（張竹坡《讀法》）。

㈤從線性結構開始過渡為網狀結構

以前的長篇小說，均從「說話」中的「講史」演變而來，受藝人講唱藝術的影響，結構都採取單線發展的方式。而從《金瓶梅》起，才開始向網狀結構的轉化。全書圍繞西門慶一家盛衰史而開展，前八十回以西門慶為中心反映官場社會的黑暗，以潘金蓮為中心反映家庭內部的糾葛。兩條線索交叉發展。後二十回，則以吳月娘、龐春梅、陳經濟為中心，寫西門

慶一家的衰敗。全書初步形成一個網狀結構，像生活本身那樣千頭萬緒，卻又渾然一體。

㈥《金瓶梅》成為與過去的「世代累積型」不同的第一部「個人獨創型」長篇小說

以前在民間創作基礎上由作家加工寫完的長篇小說，總不免「有不少牽合，增補的顯然痕跡」（張竹坡《讀法》）。而《金瓶梅》全書布局嚴密，結構宏偉，文筆風格統一，應該是一個作家手筆。《金瓶梅》創作的成功，極大地推動了後代作家的獨創性，使他們敢於擺脫傳統題材的約束，把眼光從書本典籍轉到自己的周圍環境，注意觀察、分析一切人和一切事。

以上幾項轉變代表著《金瓶梅》給中國小說藝術的發展帶來的影響。如《醒世姻緣傳》就被稱為「彷彿得其筆意」至於《紅樓夢》，也正在曹雪芹能夠「深得金瓶壺（壼）奧」。從這些方面看，《金瓶梅》確實是一部具有里程碑性質的作品。

21、何謂「三言二拍」？其編者各為何人？並說明其於中國小說史上之地位。（71台大）

22、何謂「三言」與「二拍」？各為何人所編著？編著態度有何不同？在小說史上的重要性為何？（78清大）

23、解釋名詞：三言二拍。（86東吳）

24、明代有何重要之白話短篇小說？其內容如何？在文學史上有何成就及貢獻？（86師大）

25、明代有何重要之白話短篇小說？其內容請列舉二、三篇為例以明之。（89文化）
26、「三言」、「二拍」，各指何書而言？它們在小說發展史上的地位如何？試說明之。（89清華）
27、何謂「三言」、「二拍」？性質為何？內容為何？有何優劣得失之處？（90成功）
28、請解釋「三言二拍」。（90暨南）

答

明代文人在編輯、加工宋元話本的基礎上，模擬宋元話本而創作的，主要供案頭閱讀的話本，通常稱為「擬話本」。「三言」與「二拍」是明代擬話本中最重要的作品。

一、「三言」：馮夢龍編著

「三言」，是明代天啟年間，馮夢龍在廣泛收集宋元話本和明代擬話本的基礎上，經過加工編成的。包括《喻世明言》（原名《古今小說》）、《警世通言》及《醒世恆言》三部短篇小說集，簡稱「三言」。這三個集子每集各四十篇，共一二〇篇。

「三言」中約有三分之一是宋元舊篇，三分之二是明代的話本和擬話本。在明代作品中，約有半數是直接反映現實生活的，而取材歷史或宗教傳說的故事也多曲折地反映了當時的社會問題，如暴露社會政治的黑暗、禮教的虛偽、家庭內部的衝突，以及僧尼道士的淫亂情況。

二、「二拍」：凌濛初編著

「二拍」是《初刻拍案驚奇》、《二刻拍案驚奇》兩個擬話本集的簡稱，是明代末年凌濛初創作的擬話本。全書共八十篇，其中一篇重複，一篇雜劇，實有短篇小說七十八篇。

凌濛初創作宗旨和方法，在初刻序中說得很清楚：

㈠馮夢龍《喻世明言》出版後大受歡迎，商賈竟相搜刻「擬話本」，而凌濛初正是在「肆中人」的慫恿下，為了迎合市場的需要寫作的。因此「二拍」這種商品性質，直接影響了他對男女關係的描寫。

㈡凌濛初主要不是從現實生活中直接取材，而是在古今書籍中搜求「可新聽睹，佐談諧者」、「演而暢之」的。這種簡單抄襲、搬用，缺乏創造的作法，決定了其作品的藝術成就不高。

㈢在「演而暢之」中，凌濛初是「意殊有屬」，意存勸誡的。由於作者思想比較守舊，作品中常常出現枯燥說教。

三、「三言」、「二拍」在小說史上的地位

㈠「三言」、「二拍」，每集收作品四十篇，凡宋、元、明年間創作、流傳的、比較優秀的白話短篇小說，幾乎已經「搜括殆盡」了，成為我國古代文學史上規模宏大的白話短篇小

說總集，也是白話短篇小說發展歷程上，由口頭藝術轉為案頭文學的第一座豐碑。明末清初，在「三言」的影響下，擬話本小說蓬勃發展，集子有四十餘部。這些擬話本集在思想與藝術方面雖不及「二拍」，但沙裡淘金，也還是有些可取的作品。其中較著名的作品有《石點頭》，明末席浪仙著。《醉醒石》，明末東魯古狂生編輯。這二部書都是勸誡警世的作品。

㈡「三言」對小說藝術的發展，也有著重要的貢獻。明人話本和擬話本，在繼承宋元話本藝術特色：如故事性強，情節曲折動人；塑造多種類型的城市下層人物的藝術形象；生動活潑的群眾語言的熟練運用等的基礎上，又有所發展與創新。主要表現在以下幾個方面：

1、拓寬題材，擴大篇幅，情節更加曲折生動，引人入勝。隨著時代的發展，社會生活的變化，明人短篇白話小說的題材更加多樣化。擬話本表現出鮮明的時代特點。

⑴是城市中的商人、手工業者大量作為主角出現。這裡面，有買賣珠寶的、販運布匹的和海外經商的各種商人，有小手工業者、機戶、碾玉工匠和線鋪主管，有裱褙鋪主的女兒、販香商人的姑娘，還有挑擔賣油和提籃售薑的小販。作品中寫了對商人的公開贊揚，以及商人對自己「本業」的自豪感。

⑵是在某些寫愛情的作品中，兩性關係中傳統的意識褪色了，偷情、外遇等等現象普遍起來。女子在追求愛情生活甚至在偷情行動中，表現出了甚少拘束的大膽性格。而對那些偷情的姑娘和有外遇的妻子，有的作品往往對她們作正面的描寫，流露和表示了某些欣賞、肯定的態度。這些都是明中葉以前小說所不敢揭露的。

2、更注意人物性格的刻畫，特別是在細節的真實、典型環境的描寫和展現人物內心世界方面，細微深刻，淋漓盡致，使人物形象血肉豐滿，栩栩如生。如《賣油郎獨占花魁》寫秦重服侍莘瑤娘的細心週到，栩栩如生。

3、善於根據素材性質，人物性格特徵，處理衝突和結構安排，既有震撼人心的悲劇，也有饒有風趣的喜劇。前者如《杜十娘怒沈百寶箱》，後者如《喬太守亂點鴛鴦譜》，都是很富於藝術魅力的。

29、馮夢龍在通俗文學上有何貢獻？試詳為說明。（86中正）

答　馮夢龍在通俗文學上的貢獻良多，主因在於他進步的文學觀。他在《古今小說·序》中說：「日誦《孝經》、《論語》，其感人未必如是之捷且深。」表達出他對通俗文學推崇之意，因而在《敘山歌》中，他要將民間文學這個「性情之響」，藉「借男女之眞情，發名教之僞藥」。所以他編選的「三言」，不但對話本小說的傳播有重大的影響力，並直接推動擬話本的創作。他還鑑定《有夏志傳》、《有商志傳》等，並增補《平妖傳》，並改編《酒家傭》、《精忠旗》等戲曲。

30、解釋名詞：「才子佳人小說」。（83清大）

答

明末清初湧現出一批才子佳人小說，是人情小說的一個分支。

一、題材上

什麼是才子佳人小說？魯迅說：「至所敘述，則大率才子佳人之事，而以文雅風流綴其間，功名遇合爲之主，始或乖違，終多如意。」從題材上說，是寫才子佳人的戀愛故事；其情節構成，大多是郊遊偶遇，題詩傳情，梅香撮合，私訂終身。其結局，或因命運乖違，或因小人撥弄，或出政事牽連，於是佳人逼嫁，才子遭難，但雖經波折，卻堅貞如一。或由於才子金榜題名，或由於聖君賢吏主持正義，終於「有情人終成眷屬」。

二、形式上

這類小說也有共同特點：

㈠是相當一部分作品書名模仿《金瓶梅》，用主人公的名字命名作品，如《玉嬌梨》、《平山冷燕》、《金雲翹傳》、《春柳鶯》、《宛如約》、《雪月梅》等等。

㈡是一般在十六回至二十回之間，約十萬字左右，相當於現代一部中篇小說的篇幅。

第二十五章　明代詩文

研讀重點

一、臺閣體的代表作家及其特點
二、茶陵詩派的文學成就
三、前後七子的文學主張及其得失
四、唐宋派的文學主張及其得失
五、公安派的文學理論及其影響
六、竟陵派的文學理論及其得失
七、李卓吾的文學理論
八、晚明小品文的特色與成就

1、何謂「臺閣體」？其代表作家有哪些？文學成就如何？

答

一、「臺閣體」的代表作家與由來

「臺閣體」是出現於明代前期的一個詩派，以「三楊」：楊士奇、楊溥及楊榮為代表。楊士奇，名寓，江西太和人，以字行，官至華蓋殿大學士；楊榮，字勉仁，今福建建甌人，官至文淵閣大學士；楊溥，字弘濟，今湖北石首人，官至武英殿大學士。他們生活於同一時期，歷太祖、惠帝、成祖、仁宗、宣宗和英宗六朝，年紀不相上下，都是臺閣重臣。英宗即位時，三人一同輔佐朝政，並稱為「三楊」。因此，人們稱他們的詩風為「臺閣體」。

「臺閣體」流行於永樂、弘治年間，統治明初詩壇八十餘年，其產生、流行是有社會政治原因的。明朝開國後，朱元璋在位期間，採取了一系列有利於社會發展的進步措施，如招撫流民，鼓勵開墾荒地，興修水利，減輕租賦，懲辦貪官污吏等，並廢丞相，鋤異黨，實行中央集權。到永樂時，明王朝政權鞏固，社會安定，經濟得到恢復和發展，呈現一派興旺景象，人民生活有所改善。面對昇平的社會，明帝王便把一些文人士子籠絡到朝廷，作為文學侍臣，為他們點綴太平盛世，歌功頌德。「臺閣體」就是在這種情況下形成的一個御用詩派。

二、「臺閣體」的文學成就

「臺閣體」詩派的作品，缺乏現實內容，多是粉飾太平、歌頌皇帝功德的應酬之作。《四庫全書總目提要》在介紹《明詩綜》時指出：「永樂以迄弘治，沿三楊臺閣之體，務以春容和雅，歌詠太平，其弊也冗沓膚廓，萬喙一音，形模徒具，興像不存。」這就是說，臺閣三楊的創作，內容上歌詠太平，形式上講求格律，典雅工麗，藝術上呆板平庸，只具備古體詩、近體詩的形式模式，千篇一律，缺乏生氣。

然而這種萎弱的詩風，迎合了帝王的口味，得到了鼓勵、提倡；又由於「三楊」位極朝臣，名隨位高，詩以名傳，一時和者甚眾；加上當時的考科士子，為求擢升而爭相仿作，獻媚取寵於帝王。因此，「臺閣體」得以風靡，占據詩壇八十年之久。直至前後七子擬古運動興起，才廓清了這種不良的詩風。

2、明代李東陽在其《麓堂詩話》中說：「宋詩深，卻去唐遠，元詩淺，去唐卻近。顧元不可為法，所謂取法乎中，僅得其下耳！」（廣文書局《古今詩話二》）這段文字不但指涉了唐、宋、元詩的差異，並且揭示了李東陽在詩學上的主張，請分別說明之。（86淡江）

3、解釋名詞：茶陵詩派（90中興）

答

一、茶陵詩派的由來

明代成化、正德年間，詩壇出現了以李東陽為首的「茶陵詩派」。茶陵詩派是因該派首領李東陽為茶陵人而得名的。

明代自成化以後，社會弊病日益嚴重，「臺閣體」阿諛粉飾的文風已不能不變，於是以」李東陽為首的「茶陵派」詩人起而振興詩壇，以圖洗滌「臺閣體」單緩冗沓的風氣。李東陽官至大學士，立朝數十年，門生滿朝，「茶陵派」自然成為詩壇的主流。

二、茶陵詩派的文學成就

茶陵詩派認為學詩應當以盛唐為師，而效法唐詩則又在於音節、格調和用字。儘管他們作品的思想內容還是比較貧弱和頗多應酬之作，但比「臺閣體」要深厚雄渾得多。但由於本身仍較萎弱，未能開創詩壇的新局面。可是它宗法唐詩的主張，以及師古的創作傾向，卻成為前後七子復古運動的先聲。

4、試述明代之古文運動，並論述其得失。（78師大）
5、簡答題：前後七子的文學主張。（78中正）
6、明代文學思潮之主流為何？中期出現所謂前後七子，其文學主張、及其目標，與

失敗因素又為何？（80成大）
7、李夢陽、何景明在文學上的具體主張為何？功過為何？對當時及後世有何影響？（85中正）
8、明代前後七子的文學主張為何？試分析他們倡言復古的背景，並評論他們與韓柳古文運動在復古的意義上，有何不同。（86華梵）
9、解釋名詞：前後七子。（86東吳）
10、說明明代前後七子的文學主張，並評論其得失。（86暨南）
11、試述唐代古文運動和明代前後七子的文學主張，並比較二者提出的文學觀念在文學史上的意義。（87淡江）

答

一、前後七子的由來

明代弘治、正德年間，李夢陽、何景明針對當時虛飾萎弱的文風，提倡復古，他們鄙棄自西漢以下的所有文章和自中唐以下的所有詩歌，他們的主張被當時許多文人接受，於是形成影響廣泛的文學復古運動。除李、何外，這個運動的骨幹還有徐禎卿、康海、王九思、邊貢及王廷相，總共七人。為把他們和後來嘉靖、隆慶年間出現的李攀龍、王世貞等七人相區別，世稱「前七子」。

明代嘉靖、隆慶年間，出現了「後七子」，他們是李攀龍、王世貞，謝榛、宗臣、梁有譽、吳國倫和徐中行。他們繼前七子之後，提倡復古，相互鼓吹，彼此標榜，聲勢更為浩大。

二、前後七子的文學主張

㈠文必秦漢，詩必盛唐

前後七子倡言「文必秦、漢，詩必盛唐」，文章以秦、漢為準則，五言古詩推崇漢、魏而及於六朝，七古與近體詩則以盛唐為依歸。何景明說：「近詩以盛唐爲尚，宋人似蒼老而實疏鹵，元人似秀峻而實淺俗。」（〈與李空同論詩書〉）王世貞更是認為文學創作乃是一代不如一代，他說：「西京之文實；東京之文弱，猶未離實也；六朝之文浮，離實矣；唐之文庸，猶未離浮也；宋之文陋，離浮矣，愈下矣；元無文。」（《藝苑卮言》）因而他們認為，文學創作要復古，文以「秦漢」為宗，詩以「盛唐」為尚，只有這樣，才是取法乎上，「直截根源」。

㈡以摹擬為創作

前後七子以摹擬為創作的途徑。他們認為秦、漢的文，盛唐的詩，雖是各家風格不同，光彩自異，但他們都有一種方法，後人應該遵守此種方法，好像學字臨帖一樣，一字一句地摹擬下去，漸漸可得到古人的神髓，而自成名家。

當然，前後七子的理論主張並不是完全一致的，如前七子中的李夢陽、何景明在擬古方法上便有一定的爭議，後七子中的王世貞還追悔了復古、擬古的流弊，但整體來說復古、擬古的形式主義追求是一致的。

三、前後七子理論之得失

要評價前後七子理論主張的得失，不能不將其放在一定的歷史背景中加以審查。前後七子的崛起是在當時詩壇「臺閣體」粉飾太平、文風柔靡的背景之下，故他們倡導復古，張揚秦漢、盛唐的文風、詩風，對開拓詩人的眼界，革除時代的流弊，是有著一定的促進作用的。但這個文學流派片面地強調了對古人形式的模仿，最終也走上擬古的形式主義道路，而並未真正領悟到古代優秀文學作品的內在精神，因而不久也便一蹶不振而逐漸消失了。

12、由唐代及明代「古文」運動的發生原因及其理論趨向，論兩次古文運動在文學思潮上的意義。（78淡江）

答

一、唐代古文運動的原因與理論

——請參見第十四章第6題。

二、明代古文運動的原因與理論——請參見本章第6題。

13、何謂「唐宋派」？代表人物有那些？唐宋派的功過如何？

答

一、唐宋派的由來

前後七子舉起「復古」大旗，反對「臺閣體」提出「文必秦漢，詩必盛唐」的口號，形成一場聲勢浩大的擬古文學運動。可惜他們重在形式上復古，走入模仿抄襲的死胡同。於是乎，又有許多有識之士起來反對，其中最早明確提出反擬古文學主張的是王慎中、唐順之、茅坤和歸有光。他們繼承南宋以來推崇韓、柳、歐、曾古文的傳統，提出「文從字順」的主張來矯正前後七子的創作弊病。由於他們崇尚唐宋古文，故世稱之為「唐宋派」。

二、唐宋派的文學主張

「唐宋派」論文的思想基礎是「道」。茅坤提出：「文以道相盛衰，時非所論也。」他認為漢、唐、宋三代都是「道」盛則文盛的時代，「世之文章家當於六籍中求其吾心者之至而深於其道，然後從而發之爲文」。唐順之後來專精求道，論文更主張「闡理道而裨世教」。

三、唐宋派理論之得失

「唐宋派」對前後七子的擬古主張極為不滿，但卻以復古的理論來反對復古，這是他們注定失敗的主要原因。《明史．文苑傳》說：「愼中爲文初主秦漢，謂東京以下無可取；已悟歐曾作文之法，乃竟焚舊作，一意師仿……；順之不服，久亦變而從之。」不過與「秦漢派」相比，他們在師仿唐宋古人的時候，並沒丟掉「義」（內容），這是他們的進步之處。王慎中在〈與江千坡書〉中說：「文字法度規矩一不敢背於古，卒歸於自爲其言。」唐順之所謂「道其中之所欲言」，也說明了這一點。

除歸有光的抒情散文外，「唐宋派」在創作上沒有很大的成就，這是「唐宋派」的致命弱點。儘管如此，歸有光的散文如〈項脊軒志〉、〈思之亭記〉、〈寒花葬志〉及〈先妣事略〉等，對後世散文創作影響極大。作者善於即事抒情，於平淡之中見人情，所謂「無意感人，而歡愉悱惻之思，溢於言表」（王錫爵〈歸公墓志銘〉）。把生活瑣事引入「載道」的古文中來，是歸有光創作上的一大貢獻。

總之，「唐宋派」以道學思想為出發點的文論，無疑是陳腐的。所以他們的創作大部分言之無物，味同嚼蠟，這自然也就很難打倒擬古派了。但他們在當時看到了擬古派給文學帶來的危機，竭力反對文學復古，就這一點來說是進步的。

14、「公安派」之代表人物？其理論如何？影響又如何？（70師大）
15、試述晚明公安派之文學觀念，並述其對文學創作之影響與貢獻（75成大）
16、明代前後七子之後，有「公安派」繼起，試述「公安派」之領導人物及其文學主張。（77台大）
17、何謂「公安派」？請您就整體文學背景，說明公安派產生的原由，以及公安派的主張。（82淡江）
18、試述公安文論的背景及其主要觀點。（85政大）
19、試通過作品的分析說明明代「公安派」的文學理論。（85中央）
20、試述明代公安論文之主要觀點及其產生之背景。（87政大）
21、明代「公安派」之文學主張如何？對後世文壇有何啟示與影響。（87文化）

答

一、「公安派」的由來

「公安派」是明代後期萬曆年間的一個文學流派。主要人物是袁宏道和其兄袁宗道及其弟袁中道三人。因為「三袁」是湖北公安人，故得名「公安派」。

「公安派」是繼「唐宋派」以後給復古、擬古主義以有力抨擊的一個文學派別，他們的理論主張和創作實踐不僅有力地鞭撻了擬古詩文，而且還促進了明代的文學革新運動。

二、「公安派」的文學理論

㈠文學是進化的

「公安派」認為文學是隨著時代的變化而變化的，有各個不同的時代，即有各種不同的文學，因此反對貴古賤今。袁宗道說：「夫時有古今，語言亦有古今。今人所詫謂奇字奧句，安知非古之街談巷語耶？」這種觀點完全符合歷史的實際。

既然認為文學是進化的，那麼對於擬古，自必強烈地反對。因為，一切對古人的模擬抄襲都是違背文學發展趨勢的。袁宏道說：「秦、漢而學六經，豈復有秦、漢之文？盛唐而學漢、魏，豈復有盛唐之詩？」質問是很有力量的。

㈡獨抒性靈，不拘格套

在創作上，「公安派」提出了「獨抒性靈，不拘格套」的口號。所謂「獨抒性靈」，是要求文學發抒個人的真情實感，既不模擬抄襲，也不無病呻吟；所謂「不拘格套」，是要充分發揮文學創作的自由精神，不拘泥於古代的格律，而傷害作者的個性。

㈢重視文學的真情實感

「公安派」強調文學作品的內容。他們所說的內容，並非聖人的人倫大道，而是指有思想有情感，是充實的而不是空虛的。袁宏道說：「古之爲文者，刊華而求實，敝精神而學之，唯恐眞之不極也。」

㈣為文要意達辭暢

「公安派」主張意達辭暢，反對古奧艱澀，隱晦難懂，強調「寧今寧俗不肯拾人一字」，認為學古要學其「達」，這種對於文學語言通俗化的要求在批評史上也是獨到而有所發展的。

三、「公安派」的影響

「公安派」受李贄的直接影響，反對道學，打破創作中的各種束縛，提出了復古派針鋒相對的文學主張，切中了復古派的要害，使之偃旗息鼓。他們的文學主張，具有革新意義，其創作主要是散文，在文學史上占一定地位。

㈠理論上的貢獻與影響

在論文方面，他們針對復古派的「師古、擬古」觀點，提出了「唯夫代有升降，而法不相沿，各極其變，各窮其趣」的主張。認為一切對古人的模擬抄襲是違背文學發展趨勢的，故重視文學的時代性，肯定文學的變化性，這對前後七子的擬古主義是一個猛烈的衝擊。他們的努力對變革襲古之風、打破擬古主義的陳腐格局，起了根本性的作用。

據此，他們提出了創新、自抒胸臆的主張，反對摹擬古人。認為作家首先要有思想修養，文章首先要有思想內容，「從學生理，從理生文」，而絕不是在形式語言上的模秦擬漢。這就是袁宏道「獨抒性靈，不拘格套」的「性靈說」的核心。由於重視「性靈」，就特別強調自然天真之「趣」。由此，他們肯定了民間通俗文學，認為民間歌謠是「眞人所作，故多眞聲」，對一直被視為「小道」的小說、戲劇也很重視。中國古代由於儒家思想的影響，小說戲曲被視為小道，直到公安三袁等人出來，才打破這不合理的觀念，給予小說戲曲在文學史上應有的地位。

(二)創作上的貢獻與影響

「公安派」在創作上的貢獻主要在散文方面。他們的遊記及隨筆等作品，以抒情敘事為主，打破傳統古文的陳規定局，筆調輕快灑脫、清新自然，語言多用俗語，顯得流利潔淨，而又能自然地表露個性，給人以活潑明朗的感覺。如袁宏道的〈滿井遊記〉等，確顯得舒卷自如，飄逸秀美。他們開拓了小品文的領域，豐富了表現方式。其詩文曾風行一時，他們的小品文創作也給文壇注入了清新的血液，使文章更能直抒胸臆，表達了作者的個性特徵。「公安派」對當時以及後代的文學創作都有較深遠的影響。

22、試舉明公安、竟陵二派之文學理論及其代表作家。(64師大)
23、明代竟陵、公安派文學主張詩文特色為何？以及於後來小說散文影響。(70師大)
(80中央)
24、試述「公安派」與「竟陵派」的代表人物、其詩文集名稱與主要的文學主張。
(82清華)

答

一、「竟陵派」的由來

「竟陵派」是在「公安派」聲勢很盛的時候，力求矯正其流弊的派別，但在理論和實踐上兩者其實並無太大的區別。「竟陵派」的代表人物是鍾惺和譚元春，鍾惺字伯敬，著有《隱秀軒集》。譚元春字友夏，著有《譚友夏合集》。他倆以同選《詩歸》齊名，世稱鍾、譚。又因他們都是湖北竟陵人，故稱「竟陵派」。

二、「竟陵派」的文學理論

「竟陵派」的文學主張和理論和「公安派」有相同的一面，就是他們也提倡獨抒性靈和不拘格套，反對前後七子的復古主張，但又存在一些根本分歧。《明史．文苑傳》說：「自宏道矯王、李之弊，倡以清眞，鍾惺復矯其弊，變爲幽深孤峭。」鍾惺《詩歸．序》說：「選古人詩命曰『詩歸』，非謂古人之詩以吾選爲歸，庶幾見吾所選者以古人爲歸也。引古人之精神以接後人之心目，使其心目有所止焉，如是而已矣。」他所謂「引古人之精神以接後人之心目」，就是說要在古人詩中求性靈。這一點，與公安派著重抒發自己的性靈是有著根本分歧的。他們認為：公安派詩文的淺俗，主要由於不在古人詩中求性靈所致，因此強調學習古人的精神，來矯正公安之弊。

三、「竟陵派」理論之得失

「竟陵派」強調學習古人的精神，要在古人詩中追求「幽靜單緒」和「孤行靜寄」，因而不得不玩索於一字一句之間，極力地追求「別趣理奇」。他們認為「物有孤而奇」，並對「造語森秀，思路崎嶇」的作品加以稱讚，只要孤、奇、僻、怪就是好的。所以他們脫離作品的內容來肢解作品，孤立地研賞某句奇妙，某字鮮穠，某字是苦語，某字深湛等等。這就使他們的創作走向另一形式主義的極端，一味追求用怪字，押險韻，故意顛倒字句，造成一種艱澀隱晦的詩文風格。這種風格，在當時「人人王、李，人人中郎」的千篇一律的文風裡，也曾風靡一時。及其末流，矯揉造作，愈走愈趨於極端，其流弊比公安派更大。

四、公安、竟陵派的文學主張對小說戲曲的影響——請參見本章第14題。

25、何謂「小品文」？它在明代散文發展上的地位如何？（85淡江）

26、晚明小品文之發展如何？有何特色？其代表之作家及作品風格為何？試稱述之。（85成功）

27、晚明之散文有何特色？試舉兩位作家並說明其作品之特點。（86彰師大）

28、何謂「小品文」？並說明「公安派」的文學主張？（90淡江）

答

一、晚明小品文的發展

小品文顧名思義，就是體制較為短小精練，「小品」一詞在中國始於晉代，稱佛經譯本中簡本為「小品」。而小品文的發展與明反擬古運動的關係密切，反復古擬古最力的就屬公安派「三袁」兄弟，他們竭力反對摹擬，認沒有所謂古不古的問題，因為文學是隨著時代而演進的，他們主張以平易近人的語言，不需堆砌典故，來「獨抒性靈，不拘俗套」，所以他們創作出一些形製自由活潑，文字清新可人的小品文。公安三袁的創作理論獲得當時文人的認同，進而群起效尤，使得小品文風行起來。而且對後世的文學影響很大，諸如林語堂從「公安派」作宏道等人文風中品味出「幽默閒適」的趣味，並加以提倡。

二、晚明小品文的代表作家

在中國散文發展史上，晚明小品散文「獨抒性靈，不拘格套」，呈現出與傳統散文異樣的色澤。其中以李贄、袁宏道、鍾惺、譚元春、劉侗、王思任及張岱等人，都是風格獨特，成就較高的小品文作家。

三、晚明小品文的特色

晚明小品散文反映的不是功利，與經、史等高文典冊不同。敘事議論，談情說理，都信筆直書，略無滯礙，「寫情能沁人心脾，寫景則豁人耳目」，以無法為文法，突破了傳統的文學觀。其特色有：

㈠內容多樣

晚明小品散文擺脫先秦兩漢及至唐宋散文的束縛，力求創新，與傳統散文代聖人立言、說教，宣揚正統思想截然不同，內容主要描寫自然風光、社會風俗和家庭瑣事，有對社會現實的揭露批判，有對世俗人情的諷刺，有對山川、人物的介紹，當然也有在山光水色的描寫中寄寓自己的感嘆、乃至逃避現實的消極作品。晚明小品散文，「不效顰於漢魏，不學步於盛唐」，是對當時長期盛行的擬古運動的徹底打擊。

㈡形式多樣

晚明小品散文形式多樣，山水遊記、人物小傳、小段議論，應有盡有；風格多姿多彩，清新、凝重、雋俏、新奇，諸樣皆備，呈現了各自的獨特風貌。袁宏道的散文清新流利，但內容渾厚不足；鍾惺、譚元春的散文幽深孤峭，而病於冷僻苦澀；王思任以詼諧見長，時寓諷世之意；張岱則兼諸家之長，活潑清新，情趣盎然。

㈢善於白描手法

晚明小品散文，藝術上大都「不事鋪張，不事雕琢，意隨景到」。作家大都擅長白描手法，力矯擬古派散文堆砌詞藻之病，明白如洗。如劉侗的〈三聖庵〉，文中有人，寓情於景，毫不做作。袁宏道的〈觀第五洩記〉、鍾惺的〈浣花溪記〉，用「信腕直寄」的手法抒發個人的思想感情。張岱的〈西湖香市〉、〈西湖七月半〉，描摹細微，含蓄雋永。晚明小品散文一般不用奇字僻句，語言淺顯，時雜方言，顯得生動明快，如袁宏道的〈虎丘記〉、徐宏祖的〈遊黃山記〉等。

29、明代古文家有「文章本色論」、「童心說」、「性靈說」之分，其內涵有何異同？對當時古文之創作有何影響？（81師大）

30、試述明代文學理論之沿革。（85中山）

答

一、文章本色論——王愼之的文學理論

「文章本色論」是「唐宋派」作家王愼之的文學主張。他強調作者要直抒胸臆，不事雕琢，用自然樸素的語言，寫自己的眞知灼見。在〈又答洪方州書〉中云：「近來覺得詩文一事，只是直寫胸臆，如諺語所謂開口見喉嚨者，使後人讀之，如眞見其面目，瑜瑕俱不容掩。所謂本色，此爲上乘文字。」「直寫胸臆」、「開口見喉嚨」、使人「如眞見其面目」，這就是唐順之的所謂「本色」，也就是他的文學理想。按照這種理想，首先要求必「有一段精光不可磨滅」。

而千古不可磨滅的真見識、真精神，即所謂「一段精光」。把有無「一段精光」當作文章能否傳世的關鍵，表現了對人的主觀精神的重視，包含著對文的價值觀念的變化。「唐宋派」的文學理論與王陽明心學的主要聯繫之一，正在這裡。按照這種理想，同時要求率意信手，不事雕刻，「如說家常話而作家庭書」。唐順之認為，只要「心地超然」，「具千古隻眼」，「即使未嘗操紙筆呻吟學爲文章，但只據胸臆，信手寫出如寫家書，雖或疏鹵，然絕無煙火酸餡習氣，便是宇宙間一樣絕好文字。」（〈答茅鹿門知縣．二〉）。並舉例說：「陶彭澤未嘗較聲律、調句文，但信手寫出，便是宇宙間第一等好詩」，而「自有詩以來，其較聲律、調句文、用心最苦而立說最嚴者，無如沈約，卻一生精力，使人讀其詩只見捆縛齷齪，滿卷累牘，竟不曾道出一兩句好話」（同上）。這就是唐順之的本色論，也就是唐順之心目中最好的文學。

二、童心說——李贄的文學理論

「童心說」是明代傑出的哲學家、文學理論家李贄（字卓吾）文藝思想的理論基礎。「童心說」見《焚書．童心說》一文，在該文中，李贄以「童心說」為基礎，廣泛而又深入地討論了文學創作問題。

何謂「童心說」呢?李贄認為，所謂「童心」，也就是赤子之心和真情實感，是一種沒有被道學禮教所蒙蔽的內在情感。在他看來，只有具有童心的文學，才是真文學，否則也便就是假文學。他明確申言：「天下之至文，未有不出於童心焉者也。」正是在這種觀念的支配下，李卓吾進而認為，既然天下之至文皆出於童心，則凡是抒寫「童心」，也即抒發了作家鬱積於內的真情實感的文學也便就是好文學。而「童心」存否乃區分作品高下的重要準繩，於是文學也就沒有時勢先後之分，貴遠賤近之說。他申言：「詩何必古選，文何必先秦。降而為六朝，變而為近體，又變而為傳奇，變而為院本，為雜劇，為《西廂曲》，為《水滸傳》，為今之舉子業，大賢言聖人之道，皆古今至文，不可得而時勢先後論也。」李卓吾的這個觀點對明代的復古、擬古之風無疑是一個很大的衝擊。他認為，那種「明道」、「載道」之說，那種「代古人、古道立言」之論，結果都是「以假人言假言，而事假事，文假文」，這種作品「與我何與?」是沒有絲毫價值的。李贄的「童心說」以其大膽的理論創新顯示了對傳統詩文的反撥，對假道學的文學觀念和文學作品作出了深刻的批判，推動了明代文學和文學批評的發展。

李贄把「童心」視為評判文學作品的準則，故在他的觀念中，文學作品也就沒有體格尊卑之分。我國古代素來以詩文為正統，視小說、戲曲為末道，而李贄則不然，只要出自於童心，那戲曲、小說同樣與傳統詩文有著同等的價值和地位。這種觀念在中國文學批評史上是振聾發聵的，大大張揚了戲曲、小說這種通俗文學的地位和價值。

三、性靈說——「公安派」的文學理論

「性靈說」是「公安派」文學理論的重要主張之一。性靈，猶言性情，指人在生理素質基礎上，或在社會實踐活動中，逐漸形成和發展起來的性格特徵。「獨抒性靈」要求文學作品以抒發作者的性情為主。明「公安派」的領袖袁宏道在〈敘小修詩〉一文中，讚美他的弟弟袁中道（字小修）的詩說：「大都獨抒性靈，不拘格套，非從自己胸臆流出，不肯下筆。有時情與境會，傾刻千言，如水東注，令人奪魂。其間有佳處，亦有疵處。佳處自不必言，即疵處亦多本色獨造語。」這是以袁宏道為代表的「公安派」針對前、後七子復古派效法古人重在形式模擬的理論而發的。「公安派」把文學看成是作者性情的表現，各個人的性情不同，不受成法所限，充分地得到表現，真實、自然，而具有獨創性。復古派強調遵循成法，反對獨創，走上形式模擬的道路。「獨抒性靈」是「公安派」為批判和糾正復古派流弊而提出來的口號，對文學創作具有一定的促進作用。同時，在當時歷史條件下，還具有反道學、反傳統禮教和傳統詩教的積極意義。但忽視社會生活對文學創作的決定性作用，多數以抒發士大夫文人閒情逸志為主的作品，思想內容狹窄，社會意義不大。清代袁枚繼承和發揮了這個觀點，提出了「性靈說」，成為與沈德潛的「格調說」、王士禎的「神韻說」並重，具有廣泛影響的詩論主張之一。

31、明、清文壇上，主張「獨抒性靈」的作家各有哪些？而其創作理論與作品表現又有哪些特點？（90靜宜）

答

一、明「性靈說」：公安派的文學理論——請參見本章第30題。

二、清「性靈說」：清袁枚的文學理論——請參見第二十六章第4題。

第二十六章　清代詩詞散文

研讀重點

一、清代詩學的派別及其主張
二、同光體的代表作家與其特色
三、黃遵憲在文學史上的成就
四、清代詞學的成就
五、納蘭性德詞的特色
六、浙西詞派的創作成就與理論主張
七、常州詞派的創作成就與理論主張
八、桐城派的理論主張與創作成就
九、陽湖派的文學理論

1、清代詩，有言神韻或性靈者，試言其主要作家，略作評論。（66台大）
2、由神韻、性靈、格調等傳統詩學中，選擇一說，論述其理論大要。（78淡江）
3、簡述王士禎在中國文學史上的重要性。（84政大）
4、袁枚的性靈說，其文學理論為何？（85中興）
5、試簡述明清文學批評史上「格調說」「性靈說」「神韻說」的內涵。（86清華）
6、王士禎之詩學理論是否與嚴羽之論有關？請論述。（87中興、中山）
7、試述王士禎、翁方綱之詩學理論。（90中興）

答

一、神韻說——王士禎的詩歌理論

「神韻說」是清初詩人、詩論家王士禎所倡導的詩歌理論。「神韻」一辭並非王士禎所創，最早見於六朝的畫論，如南齊．謝赫評顧駿之畫：「神韻氣力，不逮前賢，精微謹細，有過前哲。」明人詩論中也常常運用此語。但把「神韻」明確提出作為評詩和寫詩的綱領，則首推王士禎。

王士禎的「神韻說」在詩歌創作上推尊王維、孟浩然及韋應物一派的創作風格，在理論上則繼承嚴羽、司空圖。但何謂「神韻」？王世禎未作出明確界說，撮其論詩之要，可概言為三：

㈠強調詩歌需含蓄醞藉，追求「味外之味」

王士禛讚賞「不著一字，盡得風流」、「味在酸鹹之外」，因而他對那種詞約義豐的作品極為激賞。他要求詩歌表現不要太為直接，而是通過藝術形象給人以聯想，產生一種「味外之味」的審美效果。因而王士禛，尤其是王、孟清音，認為他們的詩歌有「神韻」，有「味外之味」。

㈡在詩歌藝術風格上，強調「沖淡自然」、「清遠淡雅」的藝術境界

王士禛在《香祖筆記》中曾說：「昔司空表聖作《詩品》，凡二十四，有謂『沖淡』者曰：『遇之匪深，即之愈稀』；有謂『自然』者曰：『俯拾即是，不取諸鄰』；有謂『清奇』者曰：『神出古異，淡不可收』，是三者品之最上。」將「清奇」、「沖淡」、「自然」三品標為最上，可見他對清幽淡遠風格的特別愛好。

㈢強調詩歌創作要「偶然欲書」、「每有制作，佇興而就」

王士禛認為作詩要有衝動，要在情感勃郁之時為之，故在他看來，「偶然欲書」乃「詩文三昧」。這「偶然欲書」即不是為作詩而作詩，而是擷取剎那間的感受，抒發個人之逸興。

二、格調說——沈德潛的詩歌理論

「格調」派的倡導者是沈德潛。其詩歌理論見他著的《說詩晬語》及散見於他編選的《古詩源》、《唐詩別裁》、《清詩別裁》的序言和凡例中。

「格調說」的主要內容有三：

(一)作詩的態度要「溫柔敦厚」要「怨而不怒」

格調派認為寫詩應講求含蓄、比興，只能「主文譎諫」，只能「委婉陳詞」，不可「過甚」、「過露」以致「失實」。

(二)好詩的標準是「風雅」，是盛唐詩，是「三唐之格」

格調派認為寫詩必須學古，必須論法，必須「摩取聲調，講求格律」。然而，沈德潛倡「格調」也並未完全走向形式主義的道路，由於他推崇唐音，讚賞杜甫等人的恢宏渾厚的詩風，故對王士禎「神韻」推崇清遠淡幽的詩風頗為不滿。同時，他對詩人內在情懷也比較重視，他嘗言：「有第一等襟袍，第一等學識，斯有第一等眞詩。」所論亦誠為可取。

(三)詩的內容是應該符合社會秩序的

格調派認為所謂：「詩之爲道，可以理性情，善倫物，感鬼神，設教邦國，應對諸侯。」都是這個意思。說得更明白一些，那就是「約六經之旨」，「踐六經之言」。

三、肌理說——翁方綱的詩歌理論

「肌理」說的倡導者是翁方綱，他是在清代大力提倡經學的背景下，為了配合沈德潛的「格調」說、反對袁枚的「性靈」說而提出了「肌理」說。所謂「肌理」，就是肌肉的文理，作為詩論的概念，「理」就是義理和文理。他說：「理者，綜理也，經理也，條理也。《尚書》之文，直陳其事，而《詩》所以從理之也。」、「其於人則肌理也。」所以「詩必研諸肌理，而文必求實際」、「義理之理，即文理之理，即肌理之理也。」翁方綱一再表明寫好詩必需以「肌理」為準。他提出的「肌理」的主要內容就是儒家的「經術」和學問，有時也兼指文理。

翁方綱強調作詩要講求「義理」，要有充實的內容，那他的「義理」是指什麼呢？翁方綱明確宣稱：「杜之言理也，蓋根極於六經矣。」「六經」即「理」，乃翁氏所強調的「義理」，包括儒學經世和儒學學術修養。翁方綱甚至倡言：「士生今日宜博精經史考訂，而後其詩大醇。」這種推斷顯然是不切實際的。

由此可見，翁方綱強調「義理」，追求充實的詩藝內含，雖有其一定的道理，但把「義理」嚴格地框範於儒學經術、學問之上，則不免由補「神韻」之「虛」而墜入迂腐板滯的泥淖，難怪袁枚譏其「誤把抄書當作詩」了。

四、性靈說——袁枚的詩歌理論

「性靈說」的倡導者是袁枚，他在《隨園詩話》中，針對「神韻」、「格調」、「肌理」三派提出了「性靈」說。他認為詩的根本是「性靈」。他說：「若夫詩者，心之聲也，性情所流露者也」、「詩人者，不失其赤子之心者也」、「作詩不可以無我」。就是說，詩是詩人性情的表現，作詩要有真性情，要有個性。反對「神韻」說的脫離真性情、「格調」說的擬古和「肌理」說的堆砌經典。

儘管袁枚的詩歌理論還受禮教觀念的束縛，但其傾向是反對擬古，要求創新，反對傳統束縛，要求抒寫性情的。

> 8、何謂「同光體」？代表作家有那些？試述他們的文學主張與詩文特色。

「同光體」是清代同治、光緒年間興起的一個詩歌流派，屬清「宋詩運動」的末流。

答

一、同光體的代表作家

「同光體」的代表作家有陳三立、陳衍、鄭孝胥、沈曾植等。陳衍又是此流派的詩評家之一。他們的詩大多抒發文人在近代歷史大變動中的個人悲傷和孤獨之感。如陳三立的《遺興二首》感傷無力、曲折隱晦，表現了士大夫對現實社會運動的一種無可奈何的感慨。陳衍的詩則是一些無關痛癢的遊覽詩。在形式上他們主張「寧晦無淺、寧澀無滑、寧生硬無甜熟」、「避俗避熟、力求生澀」，反對「紗帽氣、綰閣氣」；其給讀者的印象是「愛艱深、薄平易」，濫用文字典故，過份堆砌詞藻，使人望而生畏，不能卒讀。

二、同光體的文學主張

「同光體」詩人的創作理論主張與其創作實踐是背道而馳的。理論上他們主張詩歌應有真實的內容，反對無病呻吟或單純在詞句上下工夫，如陳衍就說作詩文要有「眞實懷抱、眞實道理、眞實本領，並非靠著一二虛實字，可彼可此者斡旋其間，便自詫能事也」。他們認為要向古人學習，但不是生吞活剝地「擬古」、「復古」，而要吸取古人的藝術方法，用以表現不斷變化的生活內容。但在創作上他們又表現了一種脫離現實、脫離群眾的反現實主義的傾向。他們遵循作詩是「寂者之事，一人而可爲，爲之而可常；喧者反是。故此常謂詩者荒寒之路，無當於利祿，肯與周旋，必其人之賢者也」，暴露了他們故意逃避現實，在新潮流面前無動於衷、束手無策的實質。詩作上還表現出「一字不苟」、「字字有來歷」的擬古觀點，從而顛倒了創作與社會生活的關係。

9、試說明晚清「詩界革命」產生之背景及其重要詩人的主張與作品特色。（88暨南）

答

一、詩歌理論

黃遵憲是近代最傑出的新派詩人和「詩界革命」的領袖。

黃遵憲的詩歌革新理論主要有：

㈠批判地學習古人，「去古人之糟粕，而不爲古人所束縛」。

㈡主張詩歌要有時代特點，反映現實生活。

㈢革新形式，主張創造一種「不名一格、不專一體、要不失爲我之詩」的詩歌。

㈣注意向民歌學習，提倡「我手寫我口」，認為方言俗語皆可有選擇地入詩。

二、詩歌創作

黃遵憲的詩歌創作全面地反映了十九世紀末中國歷史上的一切重大事件，抒發了他作為改良派詩人真摯的愛國熱情。如〈馮將軍歌〉、〈東溝行〉、〈哀旅順〉、〈哭威海〉、〈臺灣行》及〈香港感懷〉等詩，歌頌保衛祖國的英勇將士，諷刺清廷的昏庸、腐敗和無能。梁啟超稱之為「詩史」，確是當之無愧的。

黃遵憲不僅有反映當時歷史事件的詩歌，還有反映民生疾苦的詩篇，如〈鄰妞嘆〉、〈紀事〉等。另外，他還有一些描寫新世界的奇異風物以及傳播新思想新文化的優美旋律，開闢了詩歌史上從未有過的廣闊領域，如〈己亥雜詩〉、〈今別離〉及〈八月十五夜太平洋舟中望月作歌〉等，給詩歌領域帶來了一股清新的氣息。

三、詩歌成就

黃詩藝術成就很高，在新派詩體的創立上也有過很多的貢獻。他善於吸收民歌的特點，重視民歌藝術，煉口語、俗語入詩，致使全詩和諧自然、生動清新，如〈山歌〉、〈都踴歌〉、〈出軍歌〉及〈軍中歌〉等，都注入了民歌的精神，給詩壇帶來了勃發的生機。

黃詩往往「疏於持律」，「造韻尤寬」，大膽地運用新名詞入詩，在舊形式內融入新的理想和事物。梁啟超說：「近世詩人能熔鑄新理想以入舊風格者，當推黃公度。」而把時代精神與古代詩歌傳統、客家民歌特色熔於一爐則成為黃遵憲詩歌的獨特風格，開拓了詩歌的境界。

黃詩風格豪邁奔放、雄健高昂，思想深刻，意境清新，題材廣泛而新奇，內容充實，氣勢充沛，既長於長篇巨制，也善於寫短小精湛的小詩。但他還沒有打破舊形式的束縛，不能創立新詩，所以還是過渡性的新詩體。然而，當時他已站在時代的前列，能於古人外獨闢蹊徑，不拘形式，給詩界乃至整個文學界開闢了新的方向，將詩歌從古典詩引導至「五四」新詩。

10、詞大盛於宋，至元明則衰，而清代詞又興盛起來，試述清代詞的派別及其重要作家，以及清代詞和唐宋詞的關係。（68文化）

11、在詞學的發展過程中，向有「清詞中興」之說，請問清代的詞有那些重要的詞派及代表詞人？其詞學上的主張為何？（86淡江）

12、解釋名詞：常州詞派。（90暨南）

答

詞興起於唐代，繁榮於宋代，而於明轉為衰落，詞壇經歷了一個相對的沈寂期，到清代，詞壇上又作家輩出，呈現出再振局面，前人稱之為「詞學中興」。

一、清詞的發展及代表詞人

(一)清初

詞壇興盛。著名詞人有陳維崧、朱彝尊及納蘭性德，號稱「清初三大家」。

1、陳維崧

「陽羨詞派」的領袖。其《迦陵詞》集存詞一千六百餘首，詞量之富，居清代之冠。詞作多寫身世之感和感舊懷古之情。有一些抒洩不平，如〈醉落魄．詠鷹〉反映社會事件，如

〈虞美人・無聊〉、同情人民疾苦，如〈賀新郎・納夫詞〉的篇章最有現實意義。在風格上，他師法蘇軾、辛棄疾，具有蒼涼豪放的特色。

2、朱彝尊

浙派（一稱「浙西派」）詞的領袖，現有詞五百多首。纂輯唐、五代、宋、金、元詞六百餘家詞為《詞綜》，為詞的研究和創作提供重要資料。他寫詞宗法姜夔、張炎，多在字句聲律上下功夫，一般有精工雋永、清麗流暢之勝。詠物懷古詞往往有所寄託，如〈長亭怨慢・座〉、〈賣花聲・雨花臺〉。縱觀朱詞，大都精巧有餘而沈厚不足。

3、納蘭性德

有《飲水詞》三百多首。他崇尚南唐・李珍、李煜，作詞主情致，不事雕琢，反對模仿。他的詞直抒胸臆，情致深婉，語言清新自然，歷來為人稱道。以小令為主，偶有長調，亦見工力。〈蝶戀花・又到綠楊曾折處〉、〈長相思・山一程〉及〈金縷曲・亡婦忌日有感〉均為傳世名篇。惜其詞多寫離別相思，哀怨過多，情調低沈。

(二)清中葉詞

乾隆年間，浙派詞盛極一時，一味擬古，堆砌詞藻，內容空虛，少有佳作。嘉慶初年，張惠言開創「常州詞派」，詞風為之一變。他論詞主張取法《風》、《騷》，強調比興寄託。其詞作俊逸深沈，但有時流於晦澀。周濟，也是「常州詞派」的代表作家。他的詞，被認為是「意內言外」的典範，大抵寫景詠物，有所寄託。常州詞派影響直到清末，但後起的「常州詞派」詞人的作品往往艱澀迷離，不知所云。

㈢清末詞

清末詞中以蔣春霖成就較高。

蔣春霖，字鹿潭，他情感敏銳，對當代民生的疾苦，發為蒼涼激越之詞，是清代一位偉大的寫實詞家。著有《水雲樓詞》。蔣春霖詞藝上專攻姜夔、張炎一派，但因其身際衰世戰亂，感受真切，故避免了「浙派」的塗飾空枵之病。同時哀情結鬱、盤轉傾述又必然有激盪力，不必要去作吞吐之姿或藉助物象來寄託以出，這樣又擺脫了「常州派」的某些弊端。

蔣春霖的藝術表現力極高強，詞中不作議論感慨，全寫感受，從視覺、聽覺、觸覺、味覺等各種感覺予以深細刻畫，整體氛圍濃郁烘托而出。結尾處的比興手法把議論、感慨盡從不言中揭出，極妥貼渾潤。

二、清詞的成就

綜觀清詞的顯著成就，可概括為三點：

㈠作者多

清詞總集，有王昶的《國朝詞綜》，黃燮清的《國朝詞綜續編》等。而陳乃乾編《清名家詞》初編已刊印著名詞人的專集一百種；葉恭綽編《全清詞鈔》，入選的詞人有三一九六人。詞人之多，大大超過前代。更重要的，不僅詞人數量多，而優秀的作品也不少。

㈡立論高

「常州派」在詞的創作和批評方面的理論都是眼界較高的，較諸前代有發展。其他清代詞人的論詞文章或詞話，也不乏獨到之言。這對於近代幾部精采的詞話的出現，有直接的影響。詞的理論的發展，一方面對清詞的創作有促進作用；一方面也是總結清詞的創作成就。

㈢功夫細

清代詞人，無論取法哪一家、哪一派，都是博參約取，用功細密；不以模擬為滿足，力求出新變化，有所創造。他們在詞的意境上受到種種局限，不能得到更大的成就；而在藝術技巧方面的細微功夫，在詞的發展史上，不愧是後來居上的。

13、納蘭性德詞在藝術上有什麼特色？

答

納蘭性德是清代的重要詞人，他的詞有南唐後主之風。《納蘭詞》反映了個人與時代的沈重苦悶，哀艷凄婉，在藝術上創造了一種獨特的清婉風格。其特色有：

㈠納蘭詞感情真率，直抒性靈，在信筆揮灑中流露出一種自然之美

納蘭性德追求自然，以李後主詞為楷模，況周頤說他的詞「一洗雕蟲篆刻之譏」、「純任性靈，纖塵不染」，徐乾學則說他的詞「清新雋秀，自然超逸」。納蘭性德認為：「詩乃心聲，性情之事」，他的詞都是他內心真實情感的抒寫。他的許多詞運筆自如，任由真純充沛

的感情在筆端自然流瀉，王國維曾說：「納蘭容若以自然之眼觀物，以自然之舌言情」，這正是納蘭詞真率自然特點最佳說明。

㈡納蘭詞在風格上清幽淒婉，哀感頑豔，有一種淒豔之美

顧貞觀論納蘭詞說：「容若詞一種淒惋處，令人不能卒讀。」聶晉人也認為納蘭詞「香艷中更覺清新，婉麗處又極俊逸」。這些評論都說明納蘭詞與傳統的婉約派有其近似處。他的詞多寫離情別恨，寫得淒清婉轉，如〈相見歡〉：「落花如夢淒迷」，以極細膩和婉的筆觸描寫了一個思婦淒涼寂寞的心情。納蘭詞還能把淒與艷兩種對立的情調在一首詞中加以協調表現，如「春水鴨頭，春山鸚嘴，煙絲無力風斜倚。百花時節好逢迎，可憐人掩屏山睡」(〈踏莎行〉)，獨睡人的心情與爛漫春光恰成鮮明的對比。陳維崧評納蘭詞風是「哀感頑艷，得南唐二主之遺」。確實，納蘭詞淒幽清婉的詞風與其自然真率的赤子之心是分不開的。

㈢納蘭詞在藝術手法上以白描為本，在白描中見功力，在自然中求巧麗

納蘭性德的詞很注意結合人物特有的思想情緒選擇特定的環境並加以渲染，使本來平常的詞蘊藉飄逸、妙趣橫生。他還善於攫取生活中的典型情態或行動細節，表現出某種特殊的思想感情，給人以深刻的印象。納蘭詞還善於在尋常語中提煉警句，使詞作雋永有味。不足的是他的長調蕩氣不足，有直露雷同之病，而其小令則沒有這些毛病。

14、何謂「浙西詞派」？其代表作家及主張為何？試加評介。（83中正）

答

一、浙西詞派的由來及代表詞人

清初浙西詞人朱彝尊、李良年、李符、沈岸登、沈皞日及龔翔麟，彼此唱和，開創了一個詞派，因龔翔麟曾將各家所作刻為《浙西六家詞》，故稱「浙西詞派」。

浙派以朱彝尊的成就為最大。詞有《江湖載酒集》、《靜志居琴趣》、《茶煙閣體物集》及《蕃錦集》四種，凡五百餘首，均成於他五十歲以前的遊幕時期。他的詞抒發了一代人的悲慟與個人的失意，還有不少詞是描寫他個人的內心情感，用以傾訴心頭那纏綿深摯的戀情。就詞風而言，朱彝尊詞淵雅精嚴，特別是他的詠物詞。但他的詠物詞中也有一些堆砌典故與褻俗之作。

李良年有《積錦山房詞》，與朱彝尊相較，詞的數量較少，內容較貧弱，個別篇章反映了清初文人的興亡之感，而更多的是愛情詞和詠物詞。李符的《耒邊詞》內容更貧弱，惟有那些抒寫戀情之作較大膽直露，沈皞日有《杯西精舍詞》，多詠物詞，寄贈送別之作質樸溫婉，是其特色。沈岸登有《黑蝶齋詩餘》，詞風秀澹清幽，較能脫俗。龔翔麟有《紅藕莊詞》。數量雖多，成就卻並不突出。

總之，浙西詞人中除朱氏外，餘皆有內容貧弱之病，都寫了大量詠物詞，已露襞積鬥巧之弊，其詞風亦尚未完全臻於醇雅而難免褻俗之風。

二、浙西詞派的文學主張

「浙西詞派」的理論主張有兩點：

㈠崇尚醇雅，宗法南宋，推尊姜（夔）、張（炎）

這是朱彝尊提出來的。「醇雅」是其理論基礎和審美標準。他說：「言情之作，易流於穢，此宋人選詞，多以雅爲目」，主張「詞以雅爲尚」。從這個基點出發，他又認為「塡詞最雅無過石帚」，至於張炎亦「當與白石老仙相鼓吹」。他的詞也學步張炎。這樣，姜、張就理所當然地成了醇雅詞風的代表作家。當時詞壇有推尊北宋、鄙薄南宋之說，朱彝尊大為不滿，他認為「詞至南宋始極其工，至宋季而始及其變」。由此，崇尚醇雅，宗法南宋與推尊姜、張便構成了浙派最基本的理論內容。

㈡推尊詞體，力駁「詩餘」之說

提出「尊體說」的是汪森，他寫的《詞綜．序》歷來被認為是「浙西詞派」的理論代表作。汪森曾明確宣稱「自有詩，而長短句即寓焉」、「謂詩降爲詞，以詞爲詩之餘，殆非通論矣」。他的「尊體說」有鮮明的現實針對性，對提高詞體的地位有一定的積極意義。但應該指出的是，「尊體說」以爭取詞與詩的平等為目的，但其途徑並不是以提高詞的內容為手段來爭取詞體所應有的地位，故而並不能真正達到尊體的目的。

15、簡答題：試述「常州派」的文學主張。（78中正）

答

一、「常州詞派」的由來及代表作家

「常州詞派」是清代繼「浙西詞派」而崛起於詞壇的另一重要流派，主要代表人物是張惠言與周濟，他們的創作與理論對清代後期詞壇影響極大。張惠言著有《茗柯詞》，多抒寫江南鄉思別緒與戀情，還有一些描摹景色之作。在當時，與浙派末流的空虛鄙狹相比，其格調較高，語言清麗，韻律和諧，委婉含蓄，風格沈鬱淒愴，深美閎約。但是反映生活面不廣，某些作品晦澀難讀。周濟有《止庵詞》、《味雋齋詞》，多寫興亡之感、故國之思與戀情。周濟與張惠言學問都很廣博，為求興寄而多用典故，因此，周濟的詞也過於深澀。

二、「常州詞派」的文學主張

「常州詞派」的成就主要還是在詞學理論上，尤其是周濟，他的《介存齋論詞雜著》，在張惠言的理論基礎上大暢其緒，成為「常州詞派」繼張惠言之後的理論中堅。概括起來，「常州詞派」的理論主張主要有幾個方面。

㈠重意格，尊詞體

在張惠言之前，清代詞壇的基本傾向是重形式、輕內容，浙派末流的詞風即浮淺粗俗。「常州詞派」欲挽此頹風，就要提高詞的意格，而要如此，則首先要打破「詞爲小道」的傳統觀念，提高詞的地位，這便是尊詞體。張惠言強調詞應與「詩賦之流同類而風誦之」；周濟則認為詞「文雖小，吾能尊其體，愼重而後出之，馳騁而變化之，前無古人不難矣」，又說詞應當寫時代之「盛衰」，抒政治之「感慨」，他們都著眼於提高詞的思想內容和社會意義。

㈡強調比興寄託

「常州詞派」尊詞體、立意格，主要是通過運用比興寄託手法來實現的。張惠言認為詩詞同源，因此詞也應該有「《詩》之比興、變風之義」，而「意內言外」則是比興寄託的特徵。周濟將被張惠言的經學觀扭曲了的比興寄託說，恢復到文學的基礎上來，富有創造性地提出了「有寄託入，無寄託出」的見解，要求詞的創作既要有所寄託，又能喻不專指，義不強附，託諷於有意無意之間，形象與寓意渾然一體，妙合無垠而無人工斧鑿痕跡。

㈢區分正變

張惠言、周濟為糾正乾嘉間頹靡詞風，指給人們學詞的途徑，他們都很重視詞的源流發展，對詞史上各階段的重要詞人作出自己的評價，區分詞之正宗與變調。張惠言以雅正為區分標準，以溫庭筠「深美閎約」的風格為正，高度評價宋代張先、蘇軾及周邦彥等八家詞，力斥柳永、黃庭堅等四人。他重婉約，輕豪放，重雅正，斥俚俗。周濟有所不同，明確宣稱反對浙派、推尊北宋，建立了以周邦彥、辛棄疾、吳文英及王沂孫四家為領袖的詞統。他以溫庭筠、韋莊、周邦彥及周密等人為正聲，而對「變調」之李煜等人，並不多加貶斥。

「常州詞派」以挽救浙派末流頹風為己任，給清代詞壇以極大的影響，但他們刻意求澀求密，嚴守格律，亦走上了形式主義的道路，這是張、周二人始料所不及的。

16、試述「桐城派」之文學主張與其義法。（63師大）
17、簡答題：試述「桐城派」的文學主張。（78中正）
18、試述清代「桐城派」之古文運動及其重要之文論。（80師大）
19、試論述清代「桐城派」的文學主張及影響。（83中央）
20、試述「桐城派」之文學理論。（84逢甲）
21、清「桐城派」古文家方、劉、姚對散文的主張為何？試論述之。（84高師大）
22、解釋名詞：桐城派。（85東吳）
23、試述清代「桐城派」古文運動產生之背景、代表人物及其文學主張。（86成功）
24、清桐城文學理論有何重點？對他們的文學創作有何影響？（87中央）
25、何謂古文義法？清代桐城古文理論如何建立？試擇要述之。（87玄奘）
26、韓愈的古文運動是以儒家的思想為依據，以復古為號召，並奠定往後的古文發展之基礎；清代的「桐城派」，也是標榜儒家的義理，而且，建立了與道統相依的文統，雖也曾盛極一時，但卻是古文的光榮結束。試問同是以儒家為宗，都是含有濃厚「復古」的意味，兩者卻有不同的結果，原因究竟為何？試加以探討分析。（89華梵）

答

一、「桐城派」的由來

「桐城派」是清代散文的一個流派，因為這個流派的主要代表人物：方苞、劉大櫆及姚鼐都是安徽桐城人，所以後人名之曰「桐城派」。桐城派之得名是因姚鼐的弟子引程魚門及周書昌的話：「天下文章其在桐城乎」。而桐城散文之所以能成為一個大學派，乃是因為姚鼐晚年以講學為業，其門下弟子眾多，始蔚然成派。

二、「桐城派」的文學主張

「桐城派」的基本理論是從方苞開始建立起來的。方苞的文學理論實即繼承唐宋古文運動所提出的「文」、「道」合一的主張，在創作方法方面則強調「義法」。其認為唐宋八大家的文章雖然寫得很好，但他們在「明道」方面卻做得不夠。因此他以六《經》、《論語》及《孟子》為文章最早的根源；其次取《左傳》、《史記》，然後才是唐宋八大家，明朝只取歸有光一人。他強調所謂的「義法」，「義」即「言有物」，「法」即「言有序」。抽象地看，「言有物」是指文章應有內容；「言有序」是指寫作文章要講結構條理。也就是文章的思想內容，必須運用高度技巧表達出來，才能深入人心，流傳廣遠，才能做到「文以載道」和「文道合一」。

此外，方苞還主張文章要力求「雅潔」，即所謂「澄清無滓」。他說：「古文氣體，所貴澄清無滓，澄清之極，自然發其精光。」同時他又制定了幾條寫作古文的限制條例：

㈠不可入語錄中語。

㈡不可入魏、晉、六朝人藻麗俳語。

㈢不可入漢賦中板字法。

㈣不可入詩中雋語。

㈤不可入南、北史佻巧語。

這些規則，無非是刊落浮辭，刪繁就簡的準則，為桐城文派「古文義法」的真諦，同時也是他本人在散文創作上的特色。

至於劉大櫆，則著重發揚了方苞關於「法」的理論，進一步探求散文的藝術性，並提出了「因聲求氣」說。他說：「作文本以明義理，適世用。而明義理，適世用，必有待於文人之能事。」所謂「能事」，主要是指文章的「神氣」、「音節」問題。他說：「行文之道，神爲主，氣輔之。」、「神氣者，文之最精處也；音節者，文之稍粗處也；字句者，文之最粗處也……神氣不可見，於音節見之；音節無可準，以字句準之。」

姚鼐是桐城派集大成者。他強調「義理、考證、文章」三者合一，「以能兼者爲貴」；

另一方面，又發展「神氣說」，他說：「凡文之體類十三，而所以為文者八，曰神、理、氣、味、格、律、聲、色。神理氣味者，文之精也；格律聲色者，文之粗也。然苟舍其粗，則精者亦胡以寓焉！」他把眾多不同的文章風格，歸納為「陽剛」、「陰柔」兩大類，實際上他們多數人的創作，是偏於「陰柔」之美的，所以又認為「文之雄偉而勁直者，必貴於溫深而徐婉」。

三、「桐城派」的影響

桐城派在清代文壇上影響極大，時間上從康熙一直綿延至清末，地域上也超越桐城一地，遍及國內。細究其原因，除了方苞等人的努力之外，還有時代的因素，因為桐城派的「載道」思想，正好配合清帝提倡程朱理學的需要；「義法」理論，也能為「制舉之文」所利用的原故。

27、試評歸有光、方苞、劉大櫆、姚鼐之古文。（59政大）

答

一、歸有光

歸有光的主要成就是在散文創作方面。其政論散文發揚韓愈與歐陽修的文風，提倡「文道並重」的傳統，題材廣泛，指陳時弊，發揚政見，思想性和藝術性都較高。但比較而言，代表其最高成就的則是他的抒情散文。因他的抒情散文很富有人情味，善把記物、敘事、抒情熔於一爐，顯示出獨特的藝術風格。其藝術成就主要在以下三個方面：

㈠題材的創新

歸有光的散文內容充實豐富，主要在於作者敢於發展和突破唐宋古文家的取材範圍，把家庭瑣事寫入「載道」的古文，擴展了散文創作的題材，開拓了散文創作的新天地。其抒情散文善於從家人、朋友和日常生活瑣事的描述中寄託深情，娓娓而談，親切平易，充滿天倫人情，哀傷之感，易使讀者共鳴，如臨其境，親見其人，具有動人心弦的藝術魅力。

㈡情深意蘊

歸有光的抒情散文感情真摯飽滿、含蓄深沈。他繼承了唐宋古文家「物不平則鳴」、「詩窮而後工」的傳統，力主文章抒發「五臟之情」，以情動人。他的散文，人情味濃，感慨深沈，悱惻動人，能催人淚下。如〈項脊軒志〉、〈先妣事略〉及〈寒花葬志〉等都是至情之文。清人王錫爵贊道：「無意於感人，而歡愉慘惻之思，溢於言語之外。」黃宗羲亦云：「予讀震川文之為女婦者，一往深情，每以一二細事出之，使人欲涕。」洵非過譽之辭。

㈢言之有文

歸有光的散文在敘事抒情時特別注重文章的布局及技巧。匠心獨運，結構注意形散而神不散，事斷而情不斷；選材善以細節取勝，以小見大；語言平暢自如，神完氣足，淡而雋永。其文對於力矯前後七子為文「鉤章棘句」之弊，作出了貢獻。甚或連後七子帥將王世貞也不得不承認歸文「不事雕飾而自有風味」。

歸有光的散文創作，衝擊了前後七子詰屈聱牙、刻意擬古的文風，同時發展了唐宋以來的散文傳統，並有所突破。

二、方苞

方苞創造出一種嚴謹雅潔的純粹散文，不僅是他的創作精神，也是方苞以後桐城文派的共同風格。方苞的散文以所標「義法」及「清眞雅正」為旨歸。讀經、子、史諸札記，以及〈漢文帝論〉、〈李穆堂文集．序〉、〈書盧像晉傳後〉、〈與李剛主書〉、〈孫征君傳〉、〈萬季野墓表〉及〈游潭柘記〉等，都寫得簡練雅潔，沒有支蔓蕪雜的毛病，開創清代古文的新面貌。

在方苞散文中成就較高的是一些嚴謹樸質、清瑩澄澈、敘事抒情的短篇作品。〈獄中雜記〉就是一篇很有價值的散文。這是記錄了他因《南山集》下獄，在獄中兩年的所見所聞以及他的感想。這篇文章內容複雜、頭緒紛繁，但作者卻寫得條整雅潔、簡勁有力，不事濃郁的渲染，而神態卻歷歷目前，真所謂「澄清之極，自然發其精光」了。他在〈左忠毅公逸事〉，寫左光斗受刑後史可法去探視的場面，把左光斗為人公忠剛直和愛惜人才的意旨，生動地顯示了出來，使人讀起來感到語味深長。其他如〈白雲先生〉、〈田間先生墓表〉及

〈逆旅小子〉等，都是感情非常真摯、語言非常樸質的優美散文。

三、劉大櫆

劉大櫆曾拜方苞為師，但他除同意方苞的「義法論」外，認為文章還要講究「神氣、音節」，所以他的作品能兼集《莊子》、〈離騷〉、《左傳》、《史記》、韓、柳、歐、蘇之長，表現了氣肆才雄、波瀾壯闊的風貌。

在「桐城派」中，劉大櫆文比較喜歡鋪張排比，辭藻氣勢，較方苞，姚鼐為盛，而雅潔淡遠則不如。如〈觀化〉、〈息爭〉、〈焚書辨〉、〈書荊軻傳後〉、〈海舶三集．序〉、〈馬湘靈詩．序〉、〈送姚姬傳南歸．序〉等，可以代表他的文章風格。〈黃山記〉及〈遊浮山記〉，以刻畫景物的詳細具體和篇幅長大取勝，為方苞、姚鼐文中所未見。

姚鼐是「桐城派」最重要的一個人物，他是「桐城派」理論系統的完成者，「桐城派」由他而發揚光大。姚鼐生平絕大部分時間都是從事文學活動，所以著作很多，詩文的作品有《惜抱軒文集》、《文後集》及《詩集》等。

姚鼐的文章，從方苞，劉大櫆，歸有光上溯於唐宋八大家，而與歐陽修，曾鞏之文相近，簡潔清淡，紆徐要渺，雍容和易，一如其人，在桐城派諸家中，最富有情韻，實際上是偏於「陰柔」之美的。議論文如〈伍子胥論〉，〈李斯論〉及〈賈生明申商論〉，序跋如〈老子章義序〉，書信如〈答翁學士書〉、〈復汪進士輝祖書〉及〈復魯絜非書〉，記傳如〈登泰山記〉、〈朱竹君先生傳〉及〈袁隨園君墓誌銘〉等，都可以看出他文章的風格。

在散文創作方面，姚鼐確實達到了晶瑩、澄澈、明潤無疵的境界，為「桐城派」散文樹立了榜樣。像有名的〈登泰山記〉就是最膾炙人口的一篇。在這篇作品裡，作者用筆很簡括，而描寫、敘事卻有條不紊，極盡變化的能事。「桐城派」所追求的清真雅正、嚴謹樸素，不但在這篇作品裡得到了成功的表現，而且辭藻的精美，景物動態的描寫，以及情節的迂迴盪漾、波瀾起伏也是這篇作品的特色。

28、試述「陽湖派」之文學理論。（53政大）
29、清代「桐城派」、「陽湖派」與古文運動發展有何淵源？其文學主張又如何？請論述之。（90中正）

答 陽湖派因代表人物惲敬，張惠言為常州陽湖人而得名。他們原是「桐城派」劉大櫆的再傳弟子，其古文理論與「桐城派」基本相同，但不滿桐城派古文的清規戒律。其文學理論有：

一、突破「桐城派」的局限，開創新局

惲敬、張惠言的古文之學，出自「桐城派」，而企圖突破其樊籬，開闢更廣闊的境界。

惲敬的〈上曹儷笙侍郎書〉首先肯定了方苞推尊古文文體的說法，並對方苞不滿足於王慎中、歸有光、侯方域、魏禧及汪琬的看法表示認同，認為上述諸人的問題都是才學不夠充沛而刻意於文體形式，故而其文體不免有枝蔓卑下之弊。但惲敬認為方苞的文章也有所不足。該文中云：「然望溪之於古文則又有未至者，是故旨近端而有時而歧，辭近醇而有時而窳。」意謂方苞思想文辭比較純正，也不免有支離敗筆。他進一步指出，方苞、劉大櫆、姚鼐以至王、歸的古文，都還是合於規範的，所不能令人滿意的是內容與風格的薄弱狹窄，需要致力於才能與學識的修養加以充實提高。

二、「文集之衰，當起之以百家」

「陽湖派」以加強才學修養作為當時古文振衰起敝的具體方法，是廣泛向諸子百家之作學習。惲敬《大雲山房文稿二集自序》認為：先秦諸子之學都是淵源於六《經》，而又是六《經》的發展。諸子著作比六《經》當然有不夠之處，這在班固《漢書．藝文志》已有評說，但也有其成就，有所提高與深入，剖析事理各有專門。所以，在研習六《經》的同時，還應當研習諸子之作，才能通曉各種事物的基本法則。自從罷斥百家之後，一些作者的文章只是附會經義，見聞閉塞，不明事理，不表現自己心得，自然日趨衰敝了。「陽湖派」論思想內容博采百家，論藝術風格而注重作者個性，這是對「桐城派」道統與文統有所突破，具有某些積極的意義。

第二十七章 清代戲曲

研讀重點

一、清代戲曲的發展
二、洪昇《長生殿》的主題內容與價值
三、孔尚任《桃花扇》的主題內容與價值
四、李漁的戲曲理論

1、清代各種文學皆為結束期，請將古文與戲曲方面之發展略述。（74東海）
2、試述清代戲劇發展概論。（90中山）

答

清代是古代戲曲發展的新的繁榮時期。元明以來興盛起來的雜劇和傳奇，這時仍有許多優秀的作家作品。當雜劇和傳奇衰落以後，又有各種地方戲興起。戲曲理論和戲曲批評也在進一步成熟。

一、傳奇

從明代中葉開始進入繁榮時期的傳奇，到清初仍然保持著興旺的勢頭。

㈠「蘇州派」是明末清初出現的一個現實主義流派，該派以李玉為首，主要成員有朱素臣、朱佑朝、張大復、葉時章、丘園等。因為他們都是蘇州人，創作傾向和創作風格都有共同的特點，故稱「蘇州派」。

1、「蘇州派」戲曲創作的主要特點

(1)較多地採用現實主義的創作方法。
(2)在題材上大都描寫重大的政治事件，特別是與市民的生活有相關的事件。
(3)講求本色當行，注重舞臺效果。

(4)語言通俗易懂，富有濃郁的生活氣息。

2、「蘇州派」代表作家

(1)李玉是蘇州劇壇的領袖，是個多產作家。所作傳奇約四十種，現存十八種。其戲劇創作可分兩個時期。明亡以前的代表作是《一捧雪》、《人獸關》、《永團圓》及《占花魁》，世稱「一人永占」。入清以後，李玉的代表作品是《清忠譜》，此劇是根據明朝天啟六年三月在蘇州爆發的一起市民暴動所寫成的。

(2)方成培的《雷峰塔》，寫白娘子與許仙的愛情故事。這是一個以神話為題材的悲劇，在舞臺上歷演不衰。

(3)清代傳奇中藝術成就最高的是洪昇的《長生殿》和孔尚任的《桃花扇》。這兩位劇作家被譽為「南洪北孔」。

(4)吳偉業、尤侗等人是明末清初另一類型的傳奇劇作家。他們都是著名的詩人，寫戲不是為了演出，而是為了抒情。如吳偉業的傳奇《秣陵春》，語言典麗，頭緒紛繁，不便演出，開傳奇「案頭戲」之先風。到清中葉，傳奇大都是遠離群眾，遠離生活，脫離舞臺的「案頭之曲」，因而衰落下來，最後被地方戲所取代。

二、雜劇

雜劇發展到清代已成餘響，成就不及傳奇。雜劇作家多而大家少，作品數量多而質量高者少，可讀者多可演者少。較有影響的是蔣士銓和楊潮觀等人的作品。

㈠蔣士銓，著有戲曲三十餘種，現存雜劇八種。其中《四弦秋》是他的壓卷之作。

㈡楊潮觀，仿明代徐渭《四聲猿》的作法，寫短劇三十二種，結集為《吟風閣雜劇》。這些短劇大都有強烈批判現實的精神。在藝術上構思新穎，富有詩意，其中《寇萊公思親罷宴》是他的代表作。但他這些雜劇實際上是以戲曲形式寫的隨筆小品，多數作品可供閱讀而不便演出。

㈢吳偉業、王夫之、孔廣林等人都有雜劇作品，但大都是案頭之曲。到清代中葉，雜劇便和傳奇一同衰落下去了。

三、各種地方戲

清代中葉以後，隨著雜劇與傳奇的衰落，各種地方戲如雨後春筍般在各地興起，如京腔，秦腔、弋陽腔、梆子腔、二黃腔等。這些被士大夫稱之為「花部」、「亂彈」的地方戲，對原有的戲曲形式進行大膽的繼承革新。不僅遍布廣大農村，而且還湧進了北京和杭州等大城市，終於取代了傳奇，占有戲曲舞臺。

四、戲曲理論和戲曲批評

戲曲理論和戲曲批評，在清代有較大發展，如：金聖嘆對《西廂記》的評點，對後世影響很大。李漁的《閒情偶寄》，是中國古代戲曲理論集大成者。焦循的《花部農譚》是研究早期地方戲劇目的一部重要著作。

3、清康熙年間戲劇大放異采，有所謂「南洪北孔」之說，試比較二者之主題、內容、精神與價值。（77成大）
4、簡答題：戲曲史所稱之「南洪北孔」指的是那幾位作家？他們分屬什麼時代？有何重要作品？（83清大）
5、試述洪昇《長生殿》與孔尚任《桃花扇》之主題及藝術表現技巧。（86成功）

答　中國古典戲曲發展到清初，盛極一時的崑曲已進入了極盛而衰的階段；然而此時出現了兩個偉大的戲曲家，這便是史稱為「南洪北孔」的傳奇作家。「南洪」乃錢塘人洪昇，「北孔」即《桃花扇》的作者，山東曲阜人孔尚任。

一、洪昇《長生殿》

㈠《長生殿》的主題內容

《長生殿》寫唐明皇與楊貴妃的愛情故事。這個故事於安史之亂後在民間廣泛流傳，並被寫進了新、舊《唐書》。在文學作品中，有唐代白居易的〈長恨歌〉和陳鴻的〈長恨歌傳〉，宋代樂史的〈楊太真外傳〉，元代王伯成的〈天寶遺事諸宮調〉等詩文小說及說唱材料；還有元代白樸的《梧桐雨》，明代屠隆的《彩毫記》、吳世美的《驚鴻記》等以李楊故事為題材的戲曲作品。這些作品對洪昇《長生殿》的創作都有深刻的影響。

洪昇寫作《長生殿》傳奇，前後歷時十餘年，「三易其稿而始成」。開始寫成《沈香亭》，主要表現李白的懷才不遇。後又改為《舞霓裳》企圖表現李泌輔肅宗中興。最後才寫成《長生殿》。在不斷修改的過程中，作品的主題也不斷深化。

(二)《長生殿》的特色

《長生殿》的思想內容相當複雜。作者一方面通過對李、楊愛情的描寫，歌頌了堅貞不渝的愛情理想；一方面又聯繫李、楊愛情的發展，描寫了安史之亂前後廣闊的社會背景，從而揭露了李、楊的愛情給國家和民族所帶來的深重災難，流露出作者對國家興亡的感傷情緒，寄託了作者的愛國思想。

《長生殿》的愛情描寫有三個顯著的特點：

1、是劇中描寫的愛情生活既有深刻的真實性，又有濃厚的理想色彩。對馬嵬之變以前，李楊那種具有濃厚宮廷色彩的愛情生活，作了真實的，忠於現實生活的描繪；而他們在馬嵬之變以後的愛情，則帶有濃厚民間傳說色彩，閃爍著理想光華的愛情之花。

2、是作者以矛盾的態度來描寫李、楊的愛情生活，既歌頌又譴責。

3、是把楊玉環塑造成具有鮮明性格的形象，突破了女人傾國，女人禍水的傳統歷史觀的樊籬。

三《長生殿》的價值

《長生殿》完成於西元一六八八年，在當時便享有盛譽，因而它的價值與成就是多方面的。

1、尊重歷史又不拘泥史實

《長生殿》作為一部歷史劇，在處理歷史事件上尊重歷史的基本事實，又不拘泥於歷史的細節真實，從中寄寓著作者深刻的現實感，並體現了藝術創造的需要。比如楊貴妃這一角色，作者遵循其「凡史家穢語，概削不書」的原則，突出了楊貴妃在愛情上的精誠，如此，便突出了李、楊愛情的純潔性，給作品中所灌注的「情」罩上一層純潔的光環。再如對於樂工雷海青的描寫，作者虛構了雷海青以琵琶手擲安祿山的場面，既增強了作品的戲劇性，又寄寓了作者歌頌忠良、抨擊權奸的思想情感。

2、多層次、多角度的描繪人物

《長生殿》在人物塑造上不是觀念性的簡單描述，而是力求表現人物性格的多層次性，從而使人物形象較為豐滿。比如唐明皇，作者既突出了他不理朝政的糊塗，沈湎酒色的荒淫，同時又著重表現了他風流而又精誠的一面。再如楊貴妃，作者在表現這個人物時，處處著眼於她的愛情追求的獨殊性，即「三宮六院」的「宮廷性」和充滿政治色彩的「政治性」。故在楊貴妃身上，既有「狠」、「妒」的殘忍，又有「媚」以「固寵」的嬌媚，同時還表現了她對愛情追求的「精誠不散」，這種多層次、多角度的表現使得楊貴妃的形象頗為生動而又豐滿。

3、劇情層次井然有序

《長生殿》的藝術結構龐大，情節豐厚，但作品並不顯得雜亂無章。作者把李、楊愛情置於兩個情節之中，一是現實之「戀」，二是人鬼之「戀」，而兩者的分界在於「馬嵬之變」，因而整個情節便整然有序。

4、劇情充滿詩意

《長生殿》一劇充滿著詩的意味。這種詩意一方面表現在情節安排上，如「上天入地求之遍」的浪漫氣息和月宮飄邈的虛幻境界，同時又強烈地體現在《長生殿》華采有致、詩意盎然的語言特色上。

二、孔尚任的《桃花扇》

㈠《桃花扇》的主題內容

《桃花扇》是孔尚任經過十餘年嘔心瀝血，編寫出來的著名歷史劇。作品以李香君、侯方域悲歡離合的愛情故事為線索，反映明末政治的腐敗，揭示南明王朝覆亡的原因，以寄託亡國之思。「藉離合之情，寫興亡之感」，體現了作者的藝術構思和思想傾向。

㈡《桃花扇》的特色

文學史上原有不少傳奇，通過男女之間的悲歡離合，串演一代興亡的歷史故事，但《桃花扇》的出現，卻使這類創作達到新的藝術高度，要把侯、李的離合之情與南明的興亡之感結合得更緊密，孔尚任匠心獨具。

1、作者既忠於歷史事實，又進行了精心的藝術創造，達到歷史真實和藝術真實較好的結合。作者在《桃花扇．凡例》裡說：「朝政得失，文人聚散，皆確考時地，全無假借。至於兒女鍾情，賓客解嘲，雖稍有點染，亦非烏有子虛之比。」

2、作者巧妙地把劇作中男、女主角的不同身世與南明王朝最後覆亡的事實貫穿交織在一起，並通過典型情節把正面人物和反面人物的性格特徵加以對照，以此來抒發他對國家的興亡之感。例如：寫李香君拒媒、守節、罵筵，最後被強拉入宮，既表現她堅決的精神和對愛情的堅貞，同時反映了昏君奸臣，不顧國家安危，沈醉聲色，暴露了南明王朝的腐敗，預示了滅亡的必然性。

3、作者跳出了一般傳奇劇的俗套，沒有用主要篇幅寫男女愛情生活，而是以男女悲歡離合為貫穿南明興亡之事跡的線索，通過愛情故事，把觀眾引導到廣闊的政治生活中去，使紛繁的歷史事實，有條有理。全劇的結尾也突破了以往傳奇劇大團圓的結局，安排侯、李各自拜師入道。這種結構方式，更有利於表現作者「藉離合之情，寫興亡之感」創作意圖。

㈢《桃花扇》的價值

1、在處理歷史真實與藝術真實方面，作者既基本忠於歷史真實，又根據作品主題的需要進行了必要的增刪與虛構，達到了藝術真實與歷史真實的完美統一。

2、《桃花扇》在人物塑造上也有較高的成就。與它表現南明興亡這個重大題材相關，《桃花扇》刻畫眾多的人物形象，而面目各具，如忠貞堅強的香君，正直而又略帶軟弱的朝宗，昏庸的弘光，奸殘的阮大鋮，忠勇的史可法，甚至是藝人柳敬亭、妓女李貞麗……均無不性格鮮明，形象豐滿，體現了作者高超的藝術造詣。

3、在劇本結構上，精巧縝密，獨具匠心。

(1)全劇的整體構思是「藉離合之情，寫興亡之感」。即以侯、李愛情為中心線索來展現南明王朝一代興亡的歷史畫卷。作者將侯、李的愛情與政治事件緊密結合，政治事件的起伏促成了二人的離合。侯、李結合於南明王朝醞釀成立之時，此時劇中展開了以侯方域為代表的復社文人與阮大鋮之間的衝突。侯、李離散以後，則以侯方域一線聯結左良玉兵下南京，史可法血戰楊州等情節；以李香君一線聯絡南京城內馬士英、阮大鋮等朝臣及秦淮歌妓藝人。兩條線索互相穿插，全劇結構嚴謹有致，渾然一體。

(2)充分發揮詩扇這個小道具的作用。詩扇既是侯、李的定情信物，又是他們離合的象徵。它在劇中多次出現。若全劇為龍，則詩扇為珠，龍若「穿雲入霧」，則「總不離乎珠」。它聯繫著人物的命運，牽動著劇情的起伏，隱括著全劇的主題。

(3)結局不落生旦團圓的俗套，而以張道士撕扇擲地，侯、李雙雙入道作結。這一筆把南明興亡，侯、李愛情作了總結，令人深思回味。

4、曲詞和賓白都刻意求工，安排合度。但其曲詞則顯得典雅有餘而當行不足，嚴謹有餘而生動不足。

6、在明清戲曲史上，徐渭與李漁有其貢獻，試分別加以說明。（78台大）

答 一、徐渭

徐渭，字文清，（後改文長），號天池山人、青藤道士，別署田水月，浙江山陰（今浙江紹興）人。屢應鄉試不中，為總督胡宗憲聘為幕府書記。一生潦倒，衣食無著，晚年靠賣書、畫為生。著有《徐文長集》三十卷，《逸稿》二十四卷；雜劇有《四聲猿》、《歌代嘯》；戲曲論著《南詞敘錄》。

徐渭的《南詞敘錄》，反映了他的戲曲主張，他強調音韻自然，反對過分追求聲律。在語言上要求質樸自然，反對華艷和俚俗。他提倡戲劇創作要有真情實感，反對生編硬造。他指出南、北曲在音樂上的不同特點：南曲「柔媚」，北曲「噍殺」。徐渭論戲曲，偏重語言、音律，很少接觸具體思想內容；提倡自然本色，具有積極意義，但反對俚俗，主張「莫道一俗字」，又有一定的局限性。

二、李漁

李漁的戲曲理論存於他的《閒情偶寄》一書中。其基本內容：

㈠注重戲曲的舞臺效果，「詞壇之設，專爲登場」。要求作家「手則握筆，口卻登場，全身以代梨園」，精通「優人搬弄之三昧」。

㈡重視作品的主題和結構安排，提出「立主腦」、「減頭緒」、「密針線」、「脫窠臼」、「戒荒唐」等寫作注意事項。

㈢在題材選取和情節安排上強調「奇」與「新」。

㈣要求戲曲語言淺顯、平易、符合人物個性，提出「貴淺顯」、「重機趣」、「戒浮泛」等要點。

㈤在表演上，提出崑劇如何培養演員和進行訓練的問題，認為演員要訓練有素，導演要加強修養。

第二十八章　清代小說

研讀重點

一、《聊齋》的藝術成就
二、《儒林外史》結構的特點與藝術
三、《紅樓夢》的主題、結構、人物塑造與文學價值
四、晚清譴責小說興盛的原因與特色及代表作家
五、清代文言短篇小說的發展與重要作品

1、扼要論述蒲松齡在文學史上的地位。（84台大）
2、試說明蒲松齡與吳敬梓在小說上的成就。（85中正）

答

《聊齋志異》廣泛地繼承了前人的藝術經驗，並加以提高，在人物描寫、情節結構和文學語言諸方面都有新的成就，開啟文言小說創作的新局面。

一、寫實和浪漫結合的創作手法

《聊齋志異》繼承史傳文學、魏晉志怪小說和唐宋傳奇的藝術傳統。《聊齋志異》按其性質看，應屬於「志怪」一類。魯迅說《聊齋》是「用傳奇法，而以志怪」也就是說《聊齋》繼承了六朝志怪的浪漫主義傳統，又吸取了唐人傳奇的現實主義手法，在這個基礎上產生了一種嶄新的創作方法。例如《聊齋》所寫雖多為花妖狐魅和幽冥世界，但作者卻善於巧妙地把這些非現實的事物放到現實社會中來，並結合在一起，構成了一幅幅人鬼相雜、幽明相間「出於幻域，頓入人間」的生活畫面；同時在具體描寫這些非現實的事物時，又擅長把狐魅精怪人格化，把幽冥世界世俗化，使讀者幾乎忘掉他們是鬼狐，只在他們表現了某種超現實的力量時，再記起他們實為異類。像《聊齋》這樣既反映現實，又充滿幻想；既十分真實，又極其荒誕的作品，在我國古典小說史上可以說是首屈一指的。

二、情節曲折，結構嚴密

有學者稱《聊齋志異》為「史家列傳體」，但它記人敘事「似幻似眞」、「鋪排安放，變化不測」，故事情節曲折有致，引人入勝，而無攻堅摭實，平鋪直敘。《聊齋志異》雖然情節曲折多變，但它敘次周密、脈絡貫通，因此顯得結構十分謹嚴。

三、人物形象具有鮮明的個性特徵

《聊齋志異》刻畫人物時，善於抓住各種人物獨具的外貌、言語、行動和所處的不同環境，或鋪敘，或點染，往往寥寥數筆，便能形神兼備。如寫嬰寧，作者抓住她愛笑、愛花兩個特徵加以反複渲染，於是她天真無邪的性格便躍然紙上。此外像青鳳的拘謹端莊，小翠的善謔頑皮，席方平的反抗精神，馬介甫的怯懦無能，賈兒的機智勇敢，無不給人以鮮明深刻的印象。

四、語言精煉，詞彙豐富

《聊齋》是用文言寫成的小說，在描摹心情世態方面受到較大的局限性，但由於它繼承了我國古文的傳統，在描寫中，尤其在人物對話中吸收和融匯了大量經過提煉的民間口語，形成了一種既典雅而又生動活潑的語言風格，從而突破了古文語言平正板重的格局，豐富古文語言的表現力。因蒲松齡是一位學識淵博、舊學功底極深的古文家，他的文法句法，多得《史記》、《漢書》、《左傳》及《戰國策》之妙；但他同時又是一位熟悉和重視群眾口語的民間文學巨匠，他生平不僅寫過《日用俗字》等雜著和「老婦可解」的俚曲，而且在《聊齋》中吸收大量極富形象性的俚詞俗語，諸如「長舌婦」、「齷齪賊」、「醋葫蘆」、「小鬼頭」、「賠錢貨」、「醋娘子」、「胭脂虎」、「惡作劇」、「閑磕牙」等。不僅如此，他同時還擅長創造文學語言，如同是形容人的聲音，有「呶呶」、「絮絮」、「刺刺」、「喋喋」、「喋聒」、「呢喃」、「喃喃」、「喁喁」、「唧唧」、「嚶嚶」等數十種之多，同是形容人和事物的漂亮美麗，《聊齋》也極盡變化之能事。

3、《儒林外史》在結構與諷刺手法兩方面，有何特點？

答

《儒林外史》的藝術特色主要表現在結構與諷刺手法。作者吳敬梓以嬉笑怒罵、淋漓酣暢的文筆，以其觀察社會的銳利目光，向不合理的禮教、科舉制度，以及各種醉心利祿、虛偽無恥的人們，作了嘲弄，這在我國文學傳統裡，是十分特出的。

一、結構藝術

㈠《儒林外史》「雖云長篇，頗同短製。」

全書沒有貫穿始終的中心人物和中心事件，而是由一個個人物的相對獨立的故事，前後連結，互相推進。

㈡全書以反科舉為主線發展

全書雖然沒有中心事件和中心人物，但有反科舉功名這一思想線索，將眾多的人物紛繁的故事統攝起來，故思想一貫，層次分明。

㈢全出人物故事以主次方式展開

書中眾多的人物和故事不是並列展現，而是有主有次，相互關聯。圍繞著周進、匡超人、杜少卿等主要人物，分別連接著各類次要人物，組成一個個既相對獨立，又相互黏連的故事。這種結構形式對晚清譴責小說產生很大影響。

二、諷刺手法

《儒林外史》的諷刺手法有幾個顯著特點：

㈠善於將諷刺對象的喜劇性與真實性結合起來

首先，作者是以公心諷世，而不是出於個人恩怨。所以是用客觀的態度去處理事物，不加任何主觀評論，讓喜劇性在故事情節中自然而然地流露出來，如范進中舉而發瘋，范母因喜而身亡，顯得既可笑而又真實。其次，在作者的筆下，諷刺對象的性格具有複雜性和多面性，不少人物有一個逐漸變壞的過程。作者忠於生活，既寫出他們可笑可鄙的一面，又寫出他們性格中的正面因素。

㈡善於將諷刺對象的喜劇性和悲劇性結合起來

作者將絕大多數諷刺對象作為科舉制度的受害者來寫的。因此，在尖刻的諷刺和嘲笑之中，滲透著一種對他們不幸命運的深切同情。周進的哭死，范進的笑瘋，王玉輝的先笑後哭，極富有喜劇性。然而，周進在貢院的大哭，其實是他半世坎坷中的一切羞辱的傾瀉；范進的笑瘋，則是他那被失敗和屈辱所窒息了的一切慾望和自尊心，以及多年來鬱結起來的怨憤和悲哀的總爆發；王玉輝的先笑後哭，可見天理和人慾在他身上激烈交戰，使他精神分裂、內心痛苦。這些人物使我們覺得可笑、可鄙，同時又覺得他們的處境很慘，十分可憐。從而使我們認識到，是科舉制度扭曲了士人的人性，使他們精神失常，心志瘋狂，因而製造了一個人性被毀滅的社會大悲劇。

㈢善於運用對照手法

作者有時讓人物自己去否定自己的謊言，使言辭與行動形成鮮明的對照，從而將人物心靈深處的卑污揭示出來，造成強烈的諷刺效果。如嚴貢生強圈別人的豬的行動，否定了他自己「從不曉得占人寸絲半粟的便宜」的謊言。有時讓同一個人物在不同的情況下，對待同一對象採取不同的態度，造成強烈的對照，從而產生喜劇效果，如胡屠戶對范進的前倨後恭。

㈣善於運用誇張手法

作者善於對人物的特徵細節進行誇張的描寫，以揭示出這個人物的真實面目。如嚴監生死時，伸出兩根指頭不肯斷氣。胡屠戶在范進中舉喜瘋時，打了范進一下，巴掌隱隱作痛，再也彎不過來。這些細節的描寫，都突出了人物本質的某些方面。

4、清代長篇小說《紅樓夢》的主題思想、情節、結構、人物塑造及文學價值如何？試各加申述。（83師大）

5、試分別敘述《儒林外史》與《紅樓夢》二書之主題思想及其影響。（84文化）

6、《紅樓夢》書中對清初以來流行的才子佳人小說曾大加批評。請問《紅樓夢》和當時流行的才子佳人小說主要異同為何？（87清華）

答

《紅樓夢》的文學價值在於豐富的思想內涵與高超的藝術手法。結構的複雜而和諧，人物塑造的栩栩如生，語言精煉，這些都顯現《紅樓夢》在小說史上登峰造極的藝術手法，茲就這幾方面來說明《紅樓夢》一書的價值。

一、豐富的思想內涵

《紅樓夢》全書著力於描寫的主題有兩個：一是以賈寶玉為中心，而著力描寫寶玉的心靈的發展與情愛的遞演。一是以榮寧二府為中心，而著力描寫賈府的興亡盛衰。這二條線索同時發展，也同時匯歸於一點。

㈠從賈寶玉來說，他生長在一個簪纓鉅族之家，享有一般人所沒有的榮華富貴，在其小小的心靈裡是那麼天真、活潑、任性與驕傲。但他的這個家庭卻是典型的傳統家庭，環境像個樊籠，他的一切行動沒有充分的自由，一跨出大門也都有侍從前後相隨，婚姻更沒有自由選擇的餘地。在這種種客觀環境因素的輻輳下，註定他與林黛玉的婚姻要失敗；一旦自己所追求的理想得不到，往日奔迸的情感從此消沈了，心靈的苦痛終致使得他懨懨無生氣。

㈡從賈府的興衰來說，賈府曾有一度極其繁盛的王侯氣象，但由於種種跡象顯示，這個不倒的金山終要倒塌：由於賈家的揮霍無度；賈政的軟弱，不善為官，不善理財；賈赦卻又交通外官，倚勢凌弱等等，以致遭到世職被革，查抄家產；而賈寶玉對這個家庭卻也不甚關心，於是一個偌大的賈氏一族，終如雪山之崩倒塌了。而出嫁的出嫁，老的老死，為情而終者逝矣，守寡的守寡，出家的出家，滄海桑田，雲散風流。

二、情節結構複雜而和諧

㈠《紅樓夢》打破了中國古典小說的單線鏈條式的結構方式，採用雙線網狀結構。《紅樓夢》主線是寶、黛之間的愛情悲劇，副線是賈府由盛而衰到徹底崩潰。這兩條線又由劉姥姥三進榮國府和主要的三次做生日來牽合，使全書構成了有機的整體。小說寫的主要是賈府的日常家庭生活，大事如元春省親、寶玉挨打、探春理家、抄檢大觀園；大事如過年節、慶生辰、品茶、飲酒、賞月觀花……寫大事則把眾多人物聚攏在一起，在大場面中展示其性格；寫小事則分別刻畫每個人物的性格特徵。這些大小事件雖各有枝蔓，自有因果，卻無不同寶、黛悲劇、賈府衰敗有著或直接或間接的關聯。這樣，全書主線、支線交錯發展，既呈現出現實生活錯綜紛紜、氣象萬千的複雜面貌，又若網在綱，有條不紊。

㈡《紅樓夢》打破了已往的小說對社會生活平鋪直敘的寫法，以神話、幻境穿插其間。

全書沒有平板地寫賈氏宗族的歷史，而是以「女媧補天」的神話領起全文，引出甄士隱和賈雨村，一個看破紅塵，一個熱衷名利，暗示了全書的主旨。賈寶玉神遊太虛幻境，聽《紅樓夢》十二支曲，預示著重要人物的結局。按照曹雪芹的寫作計畫，末回有青埂峰下重證前緣，首尾呼應。書中的神話和幻境雖有一定的神祕色彩，但在結構上都起著提綱挈領、統攝全局的作用，表現了作者的匠心。

三、人物塑造栩栩如生

㈠描繪出人物的多樣性及複雜性

《紅樓夢》打破了以往小說塑造人物常用的好人一切皆好，壞人一切皆壞的傳統寫法，寫出了人物的多面性和複雜性。

作者常用似褒實貶，似貶實褒的「逆筆」法，對甚本否定的人物反而寫出許多外在的優點，如寫薛寶釵和王熙鳳。對基本肯定的人物卻寫出了許多外在的缺點，如寫寶玉和黛玉。

作者又善於用「曲筆」寫法。即在描寫人物時，作者不僅不加評論，而且反面文章正面做，讓讀者去咀嚼其中的言外之意，弦外之音。如寫賈珍對兒媳秦可卿之死的態度。

㈡運用對比、映襯的手法，以突出人物的性格

在《紅樓夢》中關係親近，教育相似的人，總是寫得性格差異很大。如寶玉與賈環，襲人與晴雯，鳳姐與李紈等等。這些性格不同的人物互相對比，相得益彰。作者又善於將性別相同、性格、年齡相近的人的細微性格差別寫出來，使之互相襯托，又不會混淆。

㈢運用環境描寫，烘托出人物的性格

曹雪芹精通古代文學，把景物環境烘托的手法應用於小說中的人物塑造，使人物的生活環境襯托出人物的性格、氣質和生活情趣。林黛玉居住的瀟湘館是「翠竹夾路、蒼苔滿地」、「湘簾垂地、悄無人聲」、「碧紗窗中透出一縷幽香」。處處含有這個孤女的幽怨和悲哀。探春房中的陳設是大案、大鼎、大盤、大佛手、大幅的對聯和煙雨圖，一切表現出這位貴族小姐的開闊心境和疏朗情懷。

㈣善於心理描寫的技巧

傳統小說主要是通過人物的對話和行動來揭示人物的心理活動，《紅樓夢》繼承與發揚這個內色，如寫林黛玉聽《牡丹亭》曲子時的微妙心理，寫寶、黛在愛情中產生矛盾後各自的心理活動，都寫得生動準確，絲絲入扣。

㈤用詩詞韻文表現人物氣質

《紅樓夢》的詩詞韻文，大都符合人物的身分、思想氣質和性格特點，成為表現人物的

重要的藝術手段，又是小說藝術整體的有機組成部分。《紅樓夢》中的詩詞韻文，共兩百多篇，其數量亦為中國章回小說之冠，而膾炙人口的佳作俯拾即是。著名的〈好了歌〉和〈好了歌注〉是小說主題思想的暗示，金陵十二釵的「判詞」和《紅樓夢曲》以及第三回的兩首〈西江月〉，可視為人物寫作提綱，尤其是代書中人物擬作的那些詩詞，大都富於人物個性特色。

四、語言精煉而優美

《紅樓夢》是以白話文寫成的長篇小說。曹雪芹經歷過現實生活磨煉，又吸收了古典詩文語言方面的優秀傳統，博採今古，熔鑄成家，在北方口語的基礎上，創造了通俗而又典雅、簡潔而又含蓄、優美、純淨、極富表現力的文學語言。

口語是全書的基礎，但不傷於俚俗。描繪人物場景間用詩詞和駢儷句式，風格典雅，文筆簡潔流暢，卻有豐富的內含。特別是人物對話多有言外之意、弦外之音。

書中人物語言雖多，但無一不符合人物聲口，反映人物個性，而又能變化萬千，表現出多樣性和豐富性，使我們如聞其聲，如見其人。如林黛玉的語言尖銳犀利，深刻有力；薛寶釵的語言委婉含蓄，渾樸深沈；賈政的語言裝腔作勢，枯燥乏味；晴雯的語言鋒芒畢露，一針見血；薛蟠的語言低級庸俗，粗鄙不堪；王熙鳳的語言油嘴滑舌，粗俗中寓有詭譎。真是人物有多少種性格，就有多少種性格化的語言。作者尤善於藉家常絮語透入人物感情深處，使人物語言中的潛臺詞特別多，因而顯得韻味無窮，耐人咀嚼。

7、晚清小說興盛之因？試就其代表作品以言其社會性。（71台大、72師大）
8、晚清小說特別發達，試述其因，並略述主要作家及其代表作品之特色。（75成大）
9、試論晚清小說之特點及其形成之原因。（79政大）
10、晚清小說中《二十年目睹之怪現狀》及《老殘遊記》一類為代表之作品在敘述結構上，有何特色？其在小說發展史上之意義為何？（81清大）
11、試述晚清小說繁榮的原因與現實意義。（81中山）
12、試列舉晚清重要小說家四人及其代表作書名，並說明晚清小說興盛的原因及作品的關懷層面。（82成大）
13、清代有何主要之小說？此類小說與時代、社會背景有何關係？試擇要述之。（84師大）
14、試述晚清小說大盛的原因，並舉代表作品三種說明其特色。（84成功）
15、試述晚清小說的概況。（85政大）
16、試述晚清小說發展概況。（85輔大）
17、論清末小說的題材、藝術表現，與當代社會狀況及思想發展的關係。（87淡江）
18、試述清亡以前中國白話小說的發展。（87輔大）

19、試論晚清譴責小說之特點及其形成原因。（88花師、88高師大）

答

一、晚清小說興盛的原因

清朝最後二十年的小說，在中國的小說史上，是一個極其繁榮的時期。據阿英《晚清小說目》統計有四七九種。據《中國通俗小說總目提要》統計有五百二十多種。在這短短的時期中，小說能造成這種空前繁榮的局面，其原因有幾點：

㈠印刷事業的發達

由於印刷工業的進步，排字印刷和石印印刷讓小說出版的周期大為縮短，印刷力大大加強。除了出版小說專集之外，新型報刊大批湧現，為小提供了廣闊的發表園地。這個時期共辦起了十多種專門刊載小說的雜誌。如梁啟超辦的《新小說》，除了梁起超自創的作品以外，吳沃堯的重要作品，如《痛史》、《二十年目睹之怪現狀》及《九命奇冤》，都在這刊物上連載。李寶嘉創辦的《繡像小說》半月刊，他自己的《文明小史》、《活地獄》諸作及劉鶚的《老殘遊記》，都發表於此。吳沃堯也辦過《月月小說》，登載著自著的《兩晉演義》和《劫餘灰》。曾樸也辦過《小說林》，有名的《孽海花》就發表在這刊物上。

㈡西洋文化的影響

當時一些知識分子對於小說積極鼓吹和提倡，促進小說的繁榮和發展。因從前大都把小說看作是消遣的讀物，此時有識之士，知道小說是鼓吹愛國、抨擊現實、轉移風氣、開導民心的有效工具，並且先後發表論文，討論這方面的問題，表達改革小說的迫切要求。光緒二十八年，梁啟超在《新小說》雜誌上，發表了《小說與群治之關係》，第二年，他又在《新小說》上開闢了《小說叢話》專欄，小說評論、小說理論研究，一時形成高潮。當時以梁啟超為代表的改良派提出的小說理論雖然不勉粗糙，缺乏體系，但這卻是我國用科學方法研究小說理論的開端，推動了一大批有才華的文人從事小說創作，迅速地帶來了小說繁榮的局面。

㈢翻譯小說的蓬勃

晚清時期，不僅創作小說發達，翻譯小說的數量更在創作之上。其中成就最大的是林紓。林紓不懂西文，但經旁人口譯以後，再以古文筆調，轉譯了不少歐、美名家的作品。在辛亥革命以前，他譯成的作品總數多至一百七十餘種。當日也還有不少從事翻譯的人，不過成績都比不上林紓。這些翻譯作品，對於當時的小說界，影響很大。

㈣有識之士翻然思變

清朝末年清廷屢挫於外敵，政治又極窳敗，一些文人知道不足與有為，寫作小說，以事抨擊，並提倡維新與愛國。

二、晚清時期小說的關懷層面

晚清時期的小說，題材相當廣闊，完全擺脫了舊小說只寫帝王將相、英雄豪傑、才子佳人、神仙鬼怪的題材範圍，而是將廣闊的現實社會作為描寫對象。當時社會生活的各個領域，幾乎都是小說的描寫對象。這時的小說有專門揭露官場黑幕、譴責吏治窳敗以寄託作者改良理想的，如李寶嘉的《官場現形記》、《文明小史》及《活地獄》、吳沃堯的《二十年目睹之怪現狀》、劉鶚的《老殘遊記》、黃小配的《宦海升沈錄》及張春的《宦海》等。有反映帝國主義侵略和虐待華工的，如憂患餘生的《鄰女語》、無名氏的《苦世界》及碧荷館主人的《黃金世界》等。有的則描寫了改良主義政治理想，提倡實業救國、教育救國，反對迷信，要求婦女解放，如姬文的《市聲》、頤瑣的《黃繡球》、無名氏的《苦學生》及梁啟超的《新中國未來記》等。還有少數描寫買辦文人無聊生活的所謂「寫情小說」，如李寶嘉的《海天鴻雪記》、吳沃堯的《恨海》及警夢癡仙的《海上繁華夢》等。

三、晚清小說的特色及代表作品

㈠代表作家與作品

晚清小說中，以「譴責小說」為大宗，題材和內容，涉及社會生活的各個領域，是近代社會的一面鏡子。其中包括有官場、商界、華工、女界、戰爭等各方面，以寫官場最為普遍。清末四大譴責小說：李寶嘉《官場現形記》、吳沃堯《二十年目睹之怪現狀》、劉鶚《老殘遊記》及曾樸《孽海花》，主要內容也都是寫官場的。

㈡作品特點

「譴責小說」作家與革命派作家不同，他們雖出身於社會的中下層，關心國家前途和命運，喜議論、抨擊時政，但政治上不出君主立憲範圍。因此他們在小說中所進行的譴責並不曾觸及社會問題的根源，也不觸犯清帝，不過是探尋治世的藥方。李寶嘉將社會問題的症結歸罪於官場，他的《官場現形記》對官場上上下下的大小官僚，暴露深刻，抨擊有力，是晚清譴責小說中思想性最高的一部。但他寫作的目的，卻是「專門指摘他們做官的壞處，好叫他們讀了知過必改」。與李寶嘉同時的吳沃堯，則將社會種種弊端歸罪於舊道德的消滅。他寫《二十年目睹之怪現狀》，有力地揭露了官場、商界、洋場這個鬼蜮世界，而其立意所在卻是要說明「今日之社會，岌岌可危」的原因是「人心不古」，要求「恢復舊道德」。譴責小說主導傾向是鼓吹政治的或社會的改良，不贊成革命運動，只有《孽海花》微露同情革命傾向。

譴責小說儘管在思想上有很大的局限性，但由於其基本內容是揭露和抨擊清末政治、軍事、經濟、文化等方面的腐敗、黑暗，無論從內容到形式，都突破了傳統文藝的樊籬，在當時發生了很大的作用和影響。

譴責小說為了適應報刊連載的需要，缺乏較充裕、完整的構思和寫作時間，故小說的結構不夠嚴密，多屬聯繫的短篇成長篇的性質，缺乏貫串始終的中心人物。如《二十年目睹之怪現狀》裡的九死一生，《老殘遊記》裡的老殘，《孽海花》裡的金雯青、傅彩雲，雖為貫串全書的人物，但聯綴故事作用的，或非全書實際事件的主人公，或為部分事件的主人公，都缺少完整的典型塑造，未能在根本上消除這個缺點。在表現手法上，「辭氣浮露，筆無藏鋒」，缺乏含蓄，描寫誇大失實，所寫內容遂成「笑柄」。但魯迅稱贊《老殘遊記》：「敘景狀物，時有可觀」，《孽海花》「文采斐然」，個別小說如《九命奇冤》還受西方翻譯小說的影響，用倒敘法來交代事情的前因後果，均屬有成就的例子。

20、試述宋人話本與晚清（甲午戰爭以後）小說的發展情況，並論它們的題材與藝術表現在中國文學史上的意義。（81淡江）

答

一、宋人話本的發展、題材與表現手法——請見第二十章第4題。

二、晚清小說的發展、題材與表現手法——請見本章第14題。

21、述魏晉至清文言小說發展情形，就其內容、結構、技巧三方面言之。（63台大）

答 中國文言短篇小說的發展，大致可分成四個階段：濫觴於魏晉南北朝的志怪筆記小說，成熟於唐代的傳奇小說，式微於宋元明的傳奇，復興於清朝的《聊齋志異》與《閱微草堂筆記》。

一、魏晉南北朝志怪小說

中國文言短篇小說開始大量產生和發展。這時期小說數量很多，內容也很複雜，但大體上可以分為兩類：一類是專談神仙鬼怪的「志怪小說」，如託名曹丕的《列異傳》、晉．張華的《博物志》、荀氏的《靈鬼志》、干寶的《搜神記》、託名陶潛的《搜神後記》及宋．劉義慶的《幽明錄》等。另一類是記錄軼聞瑣事的「志人小說」，如裴啟的《語林》、郭澄之的《郭子》及劉義慶的《世說新語》等。前者以《搜神記》為代表。後者以《世說新語》為代表。本期小說，有幾點特別值得一再提出。

㈠本期小說，作品散佚者多，作者偽託者多。記殊方異物則言張華，言神仙靈異則託東方朔，實際上並不可靠。

㈡本期小說，依然保持「記街頭巷尾之言」的傳統風格，所以用字少而篇幅短。

㈢「志怪」一類，不是充滿道家色彩的導引飛昇之事，就是充滿了佛家思想的生死果報之說。

㈣「志人」一類，以《世說新語》為代表，它跳出了「志怪」的傳統牢籠，而朝人物言行的描繪方面予以強調，使我國小說由傳奇志怪的方向，朝向更人性的方面前進。

嚴格地說來，我國六朝時代的小說，還沒有成熟。這並不只是因其內容的荒謬，而其形式與描寫也是非常的貧弱。六朝的作品，大都只是一些沒有結構的殘叢小語式的雜記，敘事沒有布置，文筆亦極簡淺，實在還稱不上是小說。

二、唐人傳奇

中國的文言短篇小說，在藝術上發生價值，在文學史上獲得地位，是起於唐代的傳奇。那些傳奇，建立了完整的短篇小說的形式，由雜記式的殘叢小語，變為洋洋大篇的文章，由三言二語的記錄，變為非常複雜的故事的描繪。在形式上注意到了結構，在人物上，注意到了心理性格的描寫與形象的塑造。內容也由志怪述異而擴展到人情社會的廣闊生活的反映。

初唐的傳奇作品還帶有志怪小說的痕跡，以〈古鏡記〉、〈遊仙窟〉為代表。中唐以後進入興盛期，其作品多描寫婚姻戀愛，著名的有〈李娃傳〉、〈鶯鶯傳〉、〈霍小玉傳〉、〈柳毅傳〉、〈任氏傳〉及〈離魂記〉等。晚唐則多寫豪俠故事，較著名的有〈紅線〉、〈崑崙奴〉、〈聶隱娘〉及〈郭元振〉等。現存的唐傳奇作品有數百篇之多。當時的傳奇專集就四十多部，著名的有牛僧孺〈玄怪錄〉、李復言〈續玄怪錄〉、薛用弱〈集異記〉、裴鉶《傳奇》及張讀《宣室志》等，大多是由於北宋《太平廣記》的輯錄而得以保存下來。

值得注意的是作者態度的改變。到了唐朝，文人才有意識的寫作小說，並視為一種有價值的文學作品，如元稹、陳鴻、白行簡及段成式等，都是一時的名士。

三、宋元明

㈠宋代

宋代文言短篇小說，大體分三種類型：一是傳奇體，這是唐人小說的餘緒；二是筆記體，這是志人小說的演化；三是志怪體，這是志怪小說的延續。宋代的傳奇小說，遠不如唐傳奇小說的成就。

1、宋代傳奇，多寫歷史題材，成就不高，但也不乏散金碎玉之作，如秦醇的〈譚意歌傳〉、無名氏的〈李師師外傳〉等。

2、宋人筆記特多，是以前不曾有過的現象。其中不少為小說或近似小說。北宋初期的筆記，多記唐五代事，如孫光憲的《北夢瑣言》；北宋中期以後，多記本朝事，如司馬光的《涑水紀聞》；而南宋人則多記北宋舊聞，如周輝的《清波雜志》等。

3、宋代的志怪小說，「平實而乏文采」，其成就還不如記歷史瑣聞的筆記。但也有幾部頗有影響的作品，如洪邁的《夷堅志》、吳淑的《江淮異人錄》等。

宋代文言短篇小說的成就雖不甚高，然數量與種類繁多，在小說史上應占有一席之地。而宋人對文言小說的最大貢獻，在於編輯了一部卷帙浩繁的《太平廣記》，北宋初年以前的許多文言短篇小說，多賴以保存下來。

㈡金元時期

此期的文言短篇小說，不論數量或質量，都未超過宋代的水準。但發展線索未斷，且有一些較有影響的集子，如元好問的《續夷堅志》、劉祁的《歸潛志》及陶宗儀的《南村輟耕錄》等。

㈢明代

明代的文言短篇小說，雖不能與同時代的白話長、短篇比肩，但在文言小說發展史上占有重要的地位。著名的傳奇、志怪、清言小說集有：瞿佑的《剪燈新話》、李禎的《剪燈餘話》及邵景詹的《覓燈因話》、張潮編輯的《虞初新志》及何良俊的《何氏語林》等。這些集子中，有許多文情並茂的作品。另外，有些散文大家如宋濂、劉基、馬中錫等的文集中，亦間有若干小說名篇。

四、清朝

清代文言短篇小說高度繁榮，《聊齋志異》把文言短篇小說的發展推向了最高峰。「用傳奇法，而以志怪」，概括了《聊齋志異》寫作與內容兩方面的基本特徵，說明《聊齋志異》在藝術上繼承了六朝志怪和唐人傳奇的優良傳統而有所突破，情節曲折有致，表現了主題，細膩生動地刻畫了人物。

《聊齋志異》一出，仿作蔚起，雖無一能與之頡頏，但亦各有自己的成就。其影響較顯者有：王士禎《池北偶談》、袁枚《子不語》（即《新齊諧》）、沈起鳳《諧鐸》、滿人和邦額《夜譚隨錄》及曾衍東《小豆棚》等。以後，同治至光緒年間有王韜的《遁窟讕言》、《松隱漫錄》、《淞濱瑣話》和宣鼎《夜雨秋燈錄》等。

另一重要著作是紀昀的《閱微草堂筆記》。但《閱微草堂筆記》側重記事以明理，故事情節不夠豐富，人物形象不夠豐滿，且議論過多，因而缺乏《聊齋志異》那樣濃厚的小說意味，其學術價值高於文學價值。

《閱微草堂筆記》問世之後，仿作亦不少。清人筆記更是盛況空前。在文言短篇小說中，筆記小說占的比重最大。但筆記中並非全是小說，而筆記的作者多非有意為小說，只是筆記中有不少符合小說要求的作品。

22、試簡介《閱微草堂筆記》之作者並說明其書之性質。（85暨南）

答

《閱微草堂筆記》是清代中期出現的一部文言筆記小說，作者是清代的著名學者紀昀。《閱微草堂筆記》主要記述的是狐鬼神怪故事，都是篇幅短小文字簡捷的隨筆雜記。作者寫作的目的在於勸善懲惡，有助風俗教化。而紀昀為大學者，因而在《閱微草堂筆記》中也展現了作者對社會、對人情的識見。

第二十九章　通論暨綜合題

研讀重點

一、「文學通史」、「文學斷代史」、「文學專史」的特性與重要著作

二、中國「文體」觀念的演進與代表著作

三、民間文學與文人創作的關係

四、文學與外在環境之關係

五、中國文學與宗教之關係

六、歷代文體興盛與帝王提倡之關係

七、「文學運動」的特質

1、何謂「文學通史」、「文學專史」、「文學斷代史」？試各舉一例以說明其特性。（67文化）
2、在中國文學史的領域中，有斷代文學史，如《漢代文學史》、《唐代文學史》等；也有分類文學史，如《中國小說史》、《中國詩歌史》等，請問，想了解更全面且有系統的文學學識，你如何自這兩類寫中去取捨？說明時，請儘量舉實例子為據。（88政大）

答

從事文學史研究，其方式是多方面的。就其性質而言，有文學史、斷代史的研究，分類文學史的研究，以及專題的研究等數種方式，茲分別說明於後：

一、文學通史

文學通史的研究，是最複雜而繁重的工作，尤其是中國的文學通史為然。因為通史必須總攬全局，貫串古今，要面面俱到，又要上下相承，而材料的運用安排，尤其要詳略得所。因為這種方式的研究，對於每一個時代的背景、文學的思潮、主流文學的形成和發展，當代各種文學的創作，以及作家作品的去取，還有鑑賞和批評，都要費相當的心思和安排。通史的研究另外必須注意的問題是，敘述方式的抉擇：

㈠是逕以朝代立目，並以先後為序，如胡雲翼的《中國文學史》。

㈡或以時代為序，並參以文學作品的產生和發展的情況加以標目，如劉大杰的《中國文學發展史》。

㈢或先將文學的發展畫分為幾個時期，而後以時代為序，並以當代文學標目，或逕以作者標目，或以文體及文學流派立名，而數者參雜並陳，如鄭振鐸的《插圖本中國文學史》、謝無量的《大中國文學史》亦近似之。

在上述三種方式中，前者較單純，條理眉目都很清楚。後兩者，雖然看起來較生動，但易失之煩雜，如才力不相副，則可能弄巧成拙。

由於文學通史研究範圍實在太大，作家作品實在非常繁富，並非一人能力所能顧及，所以近些年來臺海兩岸都出現了不少集體合作分工的文學史，臺灣方面如王忠林、左松超等八位教授合著的《中國文學史初稿》，大陸方面如游國恩、蕭滌非等人主編的《中國文學史》（四冊）及余冠英，錢鍾書等人主編的《中國文學史》（三冊）等。

二、文學斷代史

斷代文學史的研究，是單就某一朝代，或某一時期的文學發展，加以自成單元的探究。這種方式的研究，無論在體例上，或資料去取的詳略，也與通史不盡相同，因其強調的是，一代文學的特色，並要詳盡的探討當代的文學環境，文學思潮及其流派；尤其對主流文學及其他各種文學的作家和作品，必須作周全的闡述，對於鑑賞和批評也應深入探究，而完整具體的表現其風格和特色。如游國恩的《先秦文學史》、劉師培的《中古文學史》及錢基博的《明代文學史》等。

三、分類文學史

分類文學史的研究，是專就某一種體類的文學，將其創作演進的過程，作一通盤而系統性的研究。雖然具有通史性質，但所探討的，只是某一種文學的作品而已，其他的文學則不在探究之列。其特色就是在於能將某一種文學的發展作更專精、更深入、更系統化的研究。雖然比通史的研究較單純，但也要上下古今，縱橫全局。中國的文體大致可歸納為散文、駢文、辭賦、詩歌、詞、曲、戲劇、小說等幾大類。根據這些文學的體類，就可以作分類文學史的研究了。如魯迅的《中國小說史略》、劉麟生的《中國駢文史》、陸侃如、馮沅君合著的《中國詩史》、張庚、郭漢城編著的《中國戲曲通史》及陳柱的《中國散文史》等。

四、文學專史

文學史專題的研究，就是針對文學史上的某一特定問題或對象，作專門而深入研究，以論文或專著的方式提出，也是屬於專題研究的範圍。這種研究的主要意義和價值，是能夠填補通史研究的死角，和分類文學史的不足，而使整個文學史的研究更趨於完整。如「屈原研究」、「唐代傳奇研究」、「竹林七賢研究」、「江西詩派研究」、「桐城文派研究」等皆是。

3、⑴什麼是「文學史」？⑵現行「中國文學史」之成書繁多，試舉其中較具代表性者一種為例，概要說明已往「中國文學史」之著述成果，並嚴加批判之。（77中央）

4、試就所讀之「中國文學史」簡述其內容綱要並評其得失。（78中正）

5、在您所讀過的「中國文學史」中，您認為那幾部是較具有代表性的？請您就他們的文學史觀、選擇範例的取向及優劣、評騭的標準、或其他項目，評論他們的得失。（79淡江、80淡江）

6、自清末林傳甲以來，有關中國文學史的論著，不知凡幾，皆各有其依循的文學理論：試就所知，以一家論著為例，舉例說明所依據的文學理論，並評論其得失。（84中山）

7、在文學史的研究中，史觀是極為重要的一環，請您就自己讀過的文學史，任擇幾部，討論其文學史觀，並略述得失。（84淡江）

8、「文學史」的書寫，有人獨自完成，也有合兩人以上之力合寫而成。請自現行的「中國文學史」書類中，各舉一例，比較其異同，並指出其優劣。（88政大）

答

一、「文學史」的性質與作用

中國文學史的性質，是記述說明中國文學發展演進的大勢，研討歷代重要作家的成就，分析過去重要作品的內容，從民族混合上，地理發展上，乃至從政治演進，經濟變化，語言文字，風俗習慣種種方面，探求文學演變的背景，特質的來源，影響的範圍，分析各種價值判斷，印象批評的是非得失，探求將來文學思想上、形式上發展的啟示。中國文學史是中國文化史的一種，是世界文學史的一部分，既要把握大勢，總合全局，也要分析條理，在人、時、地的差別上作考究作探索。研究的對象，是過去已有的事實和作品；研究的目的是從經驗得到啟示，從陳跡找出新路。所以過去和未來，是要連起來觀察的。其方法有三：

㈠廣範圍客觀的蒐羅事實。

㈡科學的細密鑑別排比資料。

㈢哲學的批判形勢，文學的描繪結論。

文學史是學術史的一種，研究文學史自然要才學識並重。批判一種文學史書的價值，也看他合不合文學史所要求的性質，能不能發揮文學史所應有的作用，所負擔的使命來決定。

二、重要的文學史著作

㈠抗戰以前以鄭振鐸所著的《插圖本中國文學史》一書，作為代表，此書於民國二十一年問世，著者「發願要寫一部比較的足以表現出中國文學整個眞實的面目與進展的歷史的」文學史，積稿十餘年，成此簡編。

本書就文學史上的自然進展趨勢，分為古代、中世及近代三期，著者認為中世文學開始於東晉，即佛教文學開始大量輸入時期；近代文學開始於明代嘉靖時期。本書所附插圖，於作家造像、書版式樣、書中人物圖像之外，並搜羅各文學書中足以表現時代生活的插圖。本書每章之後列有必要的參考書目。

㈡民國三十八年後，臺灣地區最常見的中國文學史有：

1、劉大杰的《中國文學發展史》

是書出版分兩個階段完成，上冊於民國三十年一月由中華書局出版，下冊於三十八年一月出版，約八十餘萬字，是當時所有文學史中字數最多，材料最豐富的一部中國文學史。由於兩岸的隔閡，是書於民國四十五年由臺灣中華書局改名為《中國文學發達史》，其中內容略加刪改，並刪去序文，除去作者名，始能印行。本書是以唯物史觀的論點來介紹中國文學的發展，視文學的發展建立在經濟基礎上，重視平民文學、民間文學，因此他在詩歌的介紹較為詳盡，且有獨到的見解，但忽略貴族文學、文人文學，並對宮體文學加以撻伐，甚至六朝駢文和歷代駢文的發展，隻字不提。民國四十七年，大陸復旦大學中文系師生集體批判劉大杰的書，認為他以階級鬥爭為理論的基礎論點不夠，要求他修改，於是又有《修訂本中國文學發展史》，其中階級意識論更是強烈。修訂本發展史，民國六十四年臺灣華正書局出版，前面有毛子水寫的序，早期本為三十章，修訂本為三十一章，多出第七章〈司馬遷與史傳文學〉。

2、葉慶炳的《中國文學史》。

是書上冊成於民國五十四年，五十五年出版下冊。六十九年時增訂上冊，七十五年增訂下冊，然後由學生書局出版。葉慶炳一直在臺大講授中國文學史，本書是他全書分三十五講，約六十餘萬字，是配合大學中文系中國文學史課程而寫定的。其《中國文學史》擅長於小說的分析，尤其在小說方面的介紹，尤其第十四講〈魏晉南北朝小說〉更是深入而詳盡，資料的運用相當充實。

㈢以往研究文學史，大都由一人或一、二人執筆寫成，由於中國文學史綿延數千年，其中包含各類文體，由醞釀變化到成熟衰微，其間的演進至為複雜，作家作品的繁富，並非一人的能力所能顧及。近些年來，研究文總史的方式改變了，由個別單獨研究，轉變為群策群力的集體分工合作，而研究的途徑，也採用新觀念、新方法和新批評。如：王忠林、左松超、皮述民、金榮華、邱爕友、黃錦鋐、傅錫壬、應裕康八位教授所合寫的《中國文學史初稿》。全書共分八編，依文藝思潮相近的時代合為一個階段介紹，如上古三代文學、秦漢文學、魏晉南北朝文學、隋唐五代文學、宋代文學、元代文學、明代文學、清代文學。全書約一百萬字，於民國六十七年由石門圖書公司出版，七十四年增訂本，改由福記出版社出版。

本書由數人執筆，可以發揮各人的專長，而不受作者只局限於某一類文體的專長而有所限制，加以這部文學史採集的資料較為廣闊，近年來地下出土的新資料也已收入，使得歷代文學研究的視野也為之擴大。

㈣近些年來，兩岸的開放，使封閉四十年的兩岸中國人，得以互訪和文化的交流，我們也可以讀到大陸大學所通用的中國文學史，如：

1、余冠英、錢鍾書及范寧所主持編寫的《中國文學史》，於一九六二年由人民文學出版社出版，共三冊。

2、游國恩、王起、蕭滌非、季鎮淮及費振剛所主編的《中國文學史》，於一九六四年由人民文學出版社出版，共四冊。台灣五南書局已將這本書排為繁體字本。

這兩套書都是按時代先後分列章節，以講述作家和作品為主。論述詳略適宜，重點突出。關於文學史上的重大現象、重要作家的生平、著作內容、及其在文學史上的地位和影響等，均闢專節闡述。重要作品多以解說和分析相結合，文字謹嚴，條理清晰，並適當引用古代文論中精采的評語，具體地闡明其思想藝術特色。然而，這兩套書，最大的缺點即階級鬥爭的意識太顯著，很多文學史上的現象都要用唯物史觀來解釋，未免牽強附會。

9、「文學史」的著述中，有一種是「個別文類的專史」，請就詩、賦、樂府、詞、駢文、散文、小說、戲曲等各類舉出五本專史（通史或斷代史均可），指出其作者，並簡述之。（77淡江）

答

一、《中國小說史略》

魯迅著。本書是魯迅於西元一九二〇～一九二四年在北京大學講授中國小說史課程時的講義，全書共分二十八篇。第一篇從「小說」一詞的含義談起，歷述歷史上史家對小說的論述及著錄，顯示了歷代文人對小說認識的不同。第二篇以後，從神話傳說到晚清的小說創作，綜述了中國古代小說發展的歷史。

魯迅以神話傳說為小說發展的源頭，依朝代順序將小說按類加以簡略的論述，如〈六朝之鬼神志怪書〉、〈明之神魔小說〉、〈清之諷刺小說〉及〈清之人情小說〉等等。其對小說發展史的闡述中，注意表現某一階段小說創作的特色、形式的演進，並常常顯幽燭隱，有一語中的說明：「小說亦如詩，至唐代而一變，雖尚不離於搜奇記逸，然敘述婉轉，文辭華艷，與六朝之粗陳梗概者較，演進之跡甚明，而尤著者乃在是時則始有意為小說。」

《中國小說史略》論述謹嚴，材料翔實，並為研究中國古代小說史奠定了基礎，出版之後受到學術界的廣泛推崇，對文學史及小說史的研究產生很大影響。書中許多論點，至今仍為研究者所依據與引用。

二、《中國戲曲通史》

張庚、郭漢城主編，西元一九八〇年中國戲劇出版社出版，台北丹青出版社有繁體字本。本書是我國古代戲曲歷史的專著，從戲曲的起源與形成開始，到清代地方戲勃興為止，在鴉片戰爭前後結束。全書共四編：第一編，戲曲的起源與形成；第二編，北雜劇與南戲；第三編，崑山腔與弋陽腔諸戲；第四編，清代地方戲。

本書不但吸收前人的研究成果，也有自己的創見：

㈠本書在分析戲曲現象的同時，也注重探索戲曲發展的規律

在探討每一階段的戲曲時，分析了戲曲與各門類藝術不同劇種戲曲之間的橫向、縱向關係，戲曲與各時代的政治、經濟、文化的關係。

㈡對有爭議的問題，在深入分析前人的研究成果、研究現有材料的基礎上，提出了自己的見解

例如關於戲曲形成的時間，以往的學者提出了各種看法，本書分析了大量材料，提出中國戲曲形成於宋金時代的觀點，很具說服力。而清代地方戲的研究，歷來比較薄弱，本書的第三冊用了二十三萬字，論述清代地方戲。從文學、音樂及表演等方面探討地方戲的發展變化，提出了許多新的見解。

㈢多角度多層面探討戲曲的演變

本書還有最突出的特點，就是不像以往多數戲曲史著作那樣，單從文學、音律方面去考察戲曲，而是從文學、音樂、表演及舞臺美術等多方面去剖析戲曲，可使人們對戲曲產生立體的印象。

三、《中國詩歌史——魏晉南北朝》

鍾優民著。本書臺灣麗文出版社出版有繁體字本。探討從西元二世紀末的建安時期到西元六世紀末，隋滅亡周、陳止，約為四百年來詩歌發展的歷史。作者鍾優民致力六朝文學研究十餘年，針對曹植、陶淵明、謝靈運、鮑照及庾信諸大家他皆有專著問世，所以當他執筆從事這部詩史初稿寫作時，不慮資料少，而患材料多，在章節立題、行文用語，以及對詩與人的褒貶評章，都有他特定的風格極旨趣。本書對於六朝時期各體的詩歌，各大家樂府民歌，詩歌理論都有相當深入的探討。

四、《中國文學批評史》

王運熙、顧易生主編。此書是大陸學者劉大杰、王運熙、顧易生、李慶甲、袁震宇、黃霖及楊明仁等人合著的一部文學批評史，臺灣五南書局有繁體字本。

本書系統地說明中國文學批評的發展過程和文學理論紛爭的實際情況，對於重要的文學批評家、文學批評專著都有專章專節討論，文字謹嚴、條理清晰。對於明清以來小說、戲曲的批評理論也給予相當大的篇幅來討論，是本值得肯定的書。

五、《漢魏六朝辭賦》

曹道衡著，台北萬卷樓圖書公司出版。

辭賦是古典文學中源遠流長的一種體裁，它在漢魏六朝時期獲得了空前的發展，湧現出一大批著名的作家和作品。作者以通俗的語言，深入淺出的介紹了辭賦的起源、發展和演變；對於這一歷史時期內眾多的辭賦作家和作品，作了扼要的評析，同時也論述了賦發展的本身規律和歷史條件，論述了辭賦與詩文的交互影響。

六、《宋詞》

周篤文著，台北萬卷樓圖書公司出版。

宋詞和唐詩、元曲一樣，在我國文學史上佔有重要地位。本書對宋詞的各個發展階段，作了比較簡單明晰的概述，並重點介紹了各個流派和一些主要作者和作品以及它的影響和不足之處，持論中允，文字流暢。

七、《中國散文史》

郭預衡著，上海古籍出版社出版。全書分上中下三冊。上冊從先秦至魏晉南北朝。中冊從隋唐五代至宋遼金元。下冊專論明、清兩朝。此書有三特點：

(一)從漢語文章的沿革，寫出中國散文的傳統。

(二)從史的發展論述中國散文的特徵。

(三)儘量結合作品實例，使讀者明白作者論斷的依據。

10、試述清代以前，「文類」(genre或稱「文體」)觀念的發展及有關文類理論的重要著述。(78淡江)

答

古代散文文體的分類，肇始於漢魏，大盛於齊梁，繁衍於宋明，論定於晚清。梁以《文選》為規範，明以《文章辨體》、《文體明辨》為代表，清以《古文辭類纂》、《經史百家雜抄》為正宗。而有關各類文體的流變、特徵的論述，均又以《文心雕龍》為鼻祖。其發展的軌跡大約是：

(一)最早進行文章分類的，是曹丕的《典論．論文》。

曹丕說「蓋奏議宜雅，書論宜理，銘誄尚實，詩賦欲麗。」他把每一類文體的特點和寫作要求作了概括的說明。

《典論．論文》重點不在文體論，而只是舉例性質提到幾種文體，並不能全面性的說明當時的文體。但曹丕第一次重視到文體的特點和區別，為文體分類作了開創性嘗試，是值得重視的。

(二)繼曹丕以後，進一步給文體進行分類的，是晉代陸機的〈文賦〉。

陸機列舉了十種文體。他說：「碑披文以相質，誄纏綿而淒愴。銘博約而溫潤，箴頓挫而清壯。頌優遊以彬蔚，論精微而朗暢。奏平徹以閑雅，說煒曄而譎誑。」

陸機比曹丕分類稍細，對每種文體的特點也說得較為具體。但陸機的〈文賦〉重點也不在論述文體，且所舉大多是朝廷中較流行的實用文體。

(三)真正對文體全面地進行分類研究的，應推晉代摯虞的《文章流別論》和李充的《翰林論》，可惜這兩本書早已散佚。

《文章流別論》僅在《藝文類聚》和《太平御覽》中略見其一鱗半爪。該書究竟如何分類，已很難斷定。

(四)現存最早研究文體的專著，是梁代任昉的《文章緣起》、劉勰的《文心雕龍》和蕭統的《文選》。

《文章緣起》把文章分為八十四類，除詩賦等韻文以外，屬於廣義的散文範疇的，計有七十餘類。每一類都以一篇最早的文章為例，故稱作「緣起」。如：詔：起秦時璽文，秦始皇傳國璽。策文：漢武帝〈封三王策文〉。表：淮南王安〈諫伐閩表〉。上書：秦丞相李斯〈上始皇書〉。

《文章緣起》分類比前人具體詳盡，但重複不當之處甚多。

(五)劉勰《文心雕龍》是我國古代一部「體大而慮周」的文學理論巨著。全書五十篇，有二十五篇是文體論，書中將文體分為三十五類。

其中絕大部分都是散文文體。對於每類文體，都一一說明其名稱的意義，敘述各種文體的起源和演變，並就古人作品中選出每種文體的代表作，加以評論，最後闡明每種體裁的寫作要求，藉以表明各種的特點。

劉勰的文體論結合時代變化來說文體變化，具有分體文學史性質。在文體分類上，《文心雕龍》與曹丕、陸機的過簡與任昉的過繁相比，較為適中，所開列的門類，與後世論文家的區分，雖不免稍有出入，但考其源流，評論得失，確是辨別文體中最早而且較為完備的專著。其缺點是有些類別分得不盡合理，如既有「論說」類，又立「諸子」類，不免重複。

(六)蕭統的《文選》是我國第一部詩文總集，文集將「遠自周秦，迄於聖代」的各類文章，選編為三十卷，除詩賦外分為三十六類。

《文選》分類雖不如《文心雕龍》集中，但當時所流傳的各類文體，大致都包括無餘，而且對各類文體的辨析也頗有獨到之處。有的文體，形式或內容較複雜，同一類文體中又按內容加以區分，如「賦」體包括「江海」、「物色」、「鳥獸」、「志」、「哀傷」、「論文」、「音樂」、「情」等類。《文選》分類也有繁瑣之處，如「論」、「史論」、「史述」、「贊」實際都是論文，似不必列為三類：「碑文」與「墓誌」，「對問」與「設論」性質近似，也不應硬性分開。

(七)宋元明時代的文體分類

齊梁以後，大多為斷代文選，分類基本沿續《文選》，沒有多大變化，但體例比較全面性。如：宋代李昉等奉敕編纂的《文苑英華》，此書上續《文選》，從梁末而下，分類編輯，取材浩繁，計有一千卷，體例和《文選》大略相似。宋代姚鉉編成《唐文粹》，把文體分為十餘類。南宋．呂祖謙編《宋文鑒》，除詩賦外，分碑傳、露布等五十類；元代蘇天爵編《元文類》，分為四十餘類；明代程敏政編《明文衡》，分為三十八類。

宋明時代的文體分類自《文苑英華》以後，有宋代真德秀編的《文章正宗》，內分辭令、議論、敘事、詩歌四門。除詩歌外，散文只有三門，未免過於籠統，但以「議論」、「敘事」來分類，確是抓住了散文的基本特徵。此後，又有明代吳訥的《文章辨體》和徐師曾的《文體明辨》。其中吳訥將文體分為五十四類，徐師曾又擴張為一百二十七類，兩書都是一面分體選文，一面依體序說。兩書都強調「文章必以體裁爲先」。他們編著的目的主要在指示寫作各類文章的準則，因而對各種體裁的特點，源流和寫作要求，考慮甚是精微。被《四庫提要》斥為「千條萬緒，無復體例可求」。文體的分類，既要條分縷析，也要提綱挈領，徐師曾對一百二十餘類文體沒有進行歸納分析而達到提綱挈領的要求，這確是一個缺陷。

(八)在散文文體分類上承先啓後的，是清代著名古文家姚鼐

他選取先秦兩漢至唐宋明清各種文章，編成《古文辭類纂》。從文體分類說，姚鼐一改過去詩文合集的常規，專以散文為集；對於文體的分類，做到「嚴而不濫，精而各當」。該

書所分不過十三類，對歷代選文凡標題不一，或體同名異，或體異名同，如王羲之〈蘭亭集序〉，李白〈春夜宴桃李園序〉，皆名為序，實為「記」的一類，都一一精心辨別，然後恰當歸類，可謂既提綱挈領，又條分縷析，自乾嘉以後二百餘年間很少能超出姚鼐範圍的。

(九)曾國藩的文體分類

曾國藩並創「三門十一類」，彌補姚鼐分類上之不足，編成《經史百家雜抄》一書曾國藩分類基本依照姚鼐，但姚鼐不收正史史傳文章，也不收古代典章制度文章，曾國藩收錄這兩類文章，增列「敘記」和「典志」兩類，同時把「傳狀」、「碑志」合為「傳志」其三門：一為「著述門」；二為「告語門」；三為「記載門」。只是這「三門」，實為三個不同標準，按不同標準來分類，很算不得上科學。

11、精英文學與民間文學為中國文學二大之流，試言其發展時相互影響。（76成大）
12、或云一切文學之發皇，皆來自民間，其說當否？試詳述之。（82中正）

答

一、民間文學是文學的最早源頭

民間文學是文學的最早源頭。原始社會中，隨著人類語言和意識的產生與發展，伴隨生存的需要，出現初級形式的原始口頭文學。其代表形式是原始神話。它的創作者雖然還沒有形成自覺的創作意識，但是卻是當時社會唯一的文學，並具有全民性。

民間文學的創作者雖無主觀的創作意識，但在思想內容、藝術形式、表現方法以及語言風格等方面都有感情真摯、表現深刻，在思想內容上具有全民性的特點。藝術形式也力求便於記憶和易於流傳。其中一些重大形式，宏篇巨著，例如各種創世、英雄史詩以及神話故事、民間戲曲和說唱等，不僅形成過程時間較長，而且經過世世代代人們的錘煉才臻於完善。因此往往帶有不同時期的觀念和歷史痕跡。由於這種集體加工、錘煉和創造，往往使民間文學中的重大作品達到比較高的境界，有的作品甚至在歷史上具有永久的魅力。

民間文學的歷史，比文人創作的歷史要長得多。原始口頭文學是後來一切文學的先祖。在文學發展的歷程中，民間文學作品總是占有一定的數量，而且各種文體的興起，都可以溯源到民間的口頭文學。

二、民間文學與菁英文學（文人創作）的關係

中國文學中有兩大傳統，就是民間文學與文人創作。民間文學作品形式多樣，體裁豐富，富有生氣和創造性，在文學史上常常成為文人文學發展的基礎。

就古代文人的角度來說，他們對民間文學的保存和傳播方面也有貢獻。很多古代神話保留在古代文人典籍和文藝作品中，此外在我國歷史上，有不少文人熱心於民間文學的輯錄與編輯，如先秦民歌、漢魏樂府、魏晉南北朝民歌，都藉古代文人編選的各種典籍如《樂府詩

集》、《搜神記》、《述異記》及《酉陽雜俎》等，保存下來。春秋戰國時期，諸子百家的著作中也多有記述。

而在這過程中，不同歷史時期，又有不同的表現。《詩經》時代以禮樂為重，不僅採風入樂，使國風與雅頌齊名，而且視之為文學之正宗。漢魏時期，除奉「詩三百」為經，對樂府民歌也極為重視。明代文人在山歌俗曲的流行之下，又欲以民歌之「真」，彌補詩歌之「衰」，其間的相互影響自不待言。

就民間文學的角度來說，民間文學根據老百姓自身的體驗，在題材和思想內容方面多層次地反映了現實的生活狀態。而古代文人將民間文學加工或再創作，豐富了作品的內容。我國第一位偉大詩人屈原的〈九歌〉、〈天問〉、〈離騷〉及〈九章〉等作品，都曾受楚地民歌、神話、樂舞的影響，唱出了千古絕調。漢魏以來的建安文學，曹氏父子的歌行，陶淵明的詩文，以及唐代詩人李白、陳子昂、王之渙、劉禹錫等的作品也都不同程度地吸取民間文學的養料，如劉禹錫在巴東地區，學習當地巴人的民歌：〈竹枝歌〉；創作出別具一格的〈竹枝詞〉，為唐代詩歌立了一個新體。關漢卿戲劇中的《竇娥冤》、馮夢龍的《三言》及蒲松齡的《聊齋志異》等都是受民間文學題材內容影響的作品。

13、劉勰《文心雕龍．時序》云：「文變染乎世情，興廢繫乎時序」，試詮釋此一文學史觀，並擇取中國文學史上若干文學現象，以證實之。（77中央）

答　劉勰把歷代文學的變演，歸納為「文變染乎世情，興廢繫乎時序」。也就是說，他從文學史的發展角度來總結創作規律，認識到文學創作要密切結合時代，要跟著時代變化。這種變化受到時代風氣的影響，有的促進了文學的發展，像《楚辭》接受了縱橫家敷張揚厲的表現手法；有的妨礙了文學的發展，像用道家或儒學思想來寫作。還指出時代對作品的影響，能夠接觸時代並表現一種昂揚的精神，有利於文學的發展，像建安文學就是。如：

㈠上古時代的民謠，具有「心樂聲泰」的特點，這特點是由「政阜民暇」的社會生活狀況決定的。至於「幽厲昏而〈板〉、〈蕩〉怒，平王微而〈黍離〉哀。」人民的憤怒是昏王逼出來的；周大夫的哀愁是由於周室衰微引起的：這說明，〈板〉、〈蕩〉、〈黍離〉等詩篇都是反映時代的作品。

㈡屈原、宋玉辭賦的富艷是深受戰國「縱橫詭俗」影響的。劉勰說：「屈平聯藻於日月，宋玉交采於風雲，觀其艷說，則籠罩〈雅〉〈頌〉，故知煒燁之奇意，出乎縱橫之詭俗也。」縱橫詭俗是戰國時代的風氣。《文史通義．詩教》上說：「戰國者，縱橫之世也。」「至戰國而抵掌揣摩騰說以取富貴，其辭敷張而揚厲，變其本而加恢奇焉。」把這種敷張揚厲而加恢奇的手法運用到創作上去，有助於構成《楚辭》的艷說奇辭，罩蓋《詩經》，這不僅是文學的演變，還是文學的發展。

㈢對建安文學，劉勰說：「觀其時文，雅好慷慨，良由世積亂離，風衰俗怨，并志深而筆長，故梗概而多氣也。」也就說「梗概而多氣」是建安文學的根柢，其源頭是「世積亂離，風衰俗怨」的社會現實。

㈣東漢儒學的衰微，東晉清談的盛行，對於文學的發展都有極大的影響。到了後漢，「中興之後，群才稍改前轍，華實所附，斟酌經辭。蓋歷政講聚，故漸靡儒風者也。」受儒家影響的結果，「磊落鴻儒，才不時乏，而文章之選，存而不論。」產生了不少大儒，但作品選不出來了，這不是否定後漢的作品，是說後漢「漸靡儒風」的作品，以儒家思想為主無法反映真切的現實生活，所以寫不出好作品。到了東晉，「江左篇制，溺乎玄風」，受清談風氣的影響，「是以世極迍邅，而辭意夷泰，詩必柱下之旨歸，賦乃漆園之義疏。」寫出來的作品，脫離了時代性，所以不足取。

14、前代文學之尾聲，常為後代文學之先聲，試說明其原因，並舉一例以證之。（62、63台大）

15、後一朝往往是前一朝之文學餘緒，為什麼？試舉一例以說明之。（76台大）

16、為何後一朝往往是前一朝之文學餘緒？試就唐以後朝代舉一例說明。（90東吳）

答

政治上之朝代，一夕之間即可變革，而文學上的時代，則往往出於漸變，一定要等到新朝的政治措施影響於社會生活，然後透過生活於該一新社會之作家筆尖，始呈現新時代之文學風貌。是故以政治朝代為畫分階段之文學史，往往出現政治上已改朝易代而文學風貌一仍舊觀，至數十年後始有新變之現象。例如唐初文學為六朝文學之延續，宋初文學為唐末五代文學之延續。

一、唐朝

唐初政尚簡肅，頗有一番新氣象。但文學潮流承繼六朝文學，依然輕艷麗靡，流連哀思，梁、陳宮體詩，盛行不衰。賢明如唐太宗仍「常作宮體詩」。故明・王世貞《藝苑卮言》曰：「唐文皇手定中原，籠蓋一世，而詩語殊無丈夫氣，習使之也。」佐命之臣如長孫無忌，有〈新曲〉二首，亦富於梁陳宮體詩色彩，但初唐的一百年是為唐詩繁榮作準備。

唐初的文風到初唐四傑，才漸漸有了轉變。初唐四傑雖未脫盡齊梁餘響，但是他們或多或少地把真實的社會內容帶到詩中，初步扭轉了文風，到陳子昂，力倡建安風骨，痛斥齊梁詩風，正式舉起了詩歌革新的大旗，並以自己的創作實踐為詩歌發展端正了方向，奠定了唐詩發展的基礎。唐詩至此，基本上打垮了六朝以來形式主義詩風的統治。詩歌的主題擴大了，才形成了一股新的潮流。

二、宋朝

以宋初的文學言，散文為晚唐「三十六體」之尾聲；詩歌不出李商隱範圍，即所謂「西崑體」者；詞亦因襲花間、南唐詞風。

㈠宋初百餘年間，經過保養生息後，社會上呈現了比較繁榮的昇平氣象。一般達官貴人、王孫公子過著清歌妙舞、狎妓酣飲的浮華生活。他們沿襲晚唐五代的綺靡詞風，寫作大量男歡女愛或閒逸無聊的作品，詞藻華麗，內容空虛，是「花間」派的迴光返照。在這一派詞人裡面，晏殊、歐陽修可為代表。直到張先、柳永的出現，宋代詞風才為之一變。他們在形式上，擅用長調的慢詞；在作風上脫去花間、南唐的清婉，而喜用鋪敘的手法盡心盡意的描寫。在內容上，則超於繁華都會生活的表現，以及都會男女心理的反應。至此，宋詞才出現了自己獨特風貌的一面。

㈡宋初由楊億、劉筠及錢惟演領導的西崑詩派，一味追蹤李商隱，重對偶，用典故，尚纖巧，主妍華，造成那種僅有形式絕無思想內容的虛浮作風。這些作品正合館閣學士的身分和昇平盛世的宮廷環境。朝廷以此取士，師友互相講求，在宋初的詩壇，佔領了半世紀以上。當代和西崑詩風相反的，如王禹偁、王奇等，或學白樂天，或尊賈島，但在詩歌上還沒有多大的建樹，不能形成一種轉變詩壇的力量和運動。或學白樂天，或尊賈島，但在詩歌上還沒有多大的建樹，不能形成一種轉變詩壇的力量和運動。直到歐陽修詩文改革運動成功，西崑派繼承晚唐唯美的文風，才被掃蕩殆盡。

17、試就所知舉例說明中國文學與宗教之關係。（77成大）
18、試詳述佛教對我國文學所產生之影響。（83中正）
19、道教對中國文學創作有何影響？試說明之。（88高師大、花師）
20、中國文學恒受外來文化之影響，試以佛教文化為例，從作者、作品、讀者以及文學理論各方面，說明佛教文化對中國文學之影響。（90華梵）

答

中國文學與佛、道兩教關係最為密切，茲舉數例說明：

一、魏晉志怪與佛、道之關係

魏晉南北朝時，社會動亂，政治黑暗。在戰亂和動盪的年代，老百姓災難深重，往往把擺脫苦難的希望寄託於超現實的佛道或鬼神幻想中。一些文人亦深感生命無常、旦夕禍福，他們戀生懼禍，或迷於神仙道術，或相信佛教輪迴；這種環境適宜於宗教思想的傳播，於是中國本來就有的道教巫風和從外傳入的佛教迅速盛行於社會的各個階層、各個角落，各種鬼神怪異的故事也隨之大量產生。佛、道二教盛行後，佛徒、道士為了「自神其教」，就大量搜集編造神怪故事，以進行宗教宣傳；即使出自文人之手的小說，也以宣揚神仙鬼怪為目的。如張華的《博物志》、干寶的《搜神記》。志怪小說的大量產生，並被搜集記載下來，其主要原因就在於此。

二、唐傳奇與佛、道二教之關係

㈠與道教之關係

唐代的國姓是李，和老子為本家，於是唐高宗竭力推崇老莊思想，列《道德經》與《莊子》為士子必讀之書，而使道教和道家思想盛極一時，於是道士成為社會的特殊階級。像〈枕中記〉、〈南柯太守傳〉都可以看出道教思想的痕跡。

㈡與佛教之關係

韓愈力排佛老，終致被貶潮州，證明佛教在唐代的龐大勢力。其次，從唐傳奇的結構布局也可見佛教文學的啟發。佛經體裁的特點如散韻合體及韻文歌唱部分乃重複散文敘述部分等，都可以在唐傳奇中找到模擬的痕跡。如散韻合體的〈鶯鶯傳〉，及〈長恨歌傳〉之解說〈長恨歌〉等，都是佛教小說流行下的產物。

在思想及想像力的解放方面，佛教文學也是功不可沒的。中國原是個講究實際的民族，佛教文學的東傳，無形中帶來了印度民族的想像力。如〈長恨歌傳〉中的「天上人間會相見」，便是佛教思想雜合道教的神仙說法，在想像方面，給小說開拓了一個無垠的境界。

三、詩佛「王維」與禪宗的關係

王維用禪宗參悟之法，欣賞自然山水和田園之美，自我陶醉，物我兩忘。他筆下的山水，表現詩人的禪悅之趣，浸淫著清幽，閒淡、自在、冷寂的審美情趣。王維詩中的禪意，在〈過香積寺〉，〈鹿柴〉、〈竹里館〉及〈終南別業〉等詩中是不難發現的。

四、變文與佛教的關係

「變文」是講唱文學的鼻祖，最先出現於唐代。其初主要是由僧侶們用來宣講佛教的故事，以作傳道、說法的工具，因為它們改變了佛經中的艱澀文詞，換而成通俗易曉的故事形式，所以稱為「變文」。初期的作品，如〈八相成道經變文〉、〈目蓮變文〉等等，都是這一類東西；其講唱的範圍，也只限於廟宇裡。但後來漸漸的傳入民間，採取了中國歷史上的故事和傳說，拿來講唱，那就產生了像〈伍子胥變文〉、〈王昭君變文〉及〈舜子至孝變文〉等等的作品，甚至有採用「時事」來講唱的，像〈西征記變文〉，講述唐代將領張義潮對吐蕃作戰的事跡，就是一例。

21、或云漢賦、唐詩、宋詞、元曲之發展與當時帝王之提倡有密切關係，試評述。（78中正）

答

在古代一種文體的興盛，其原因往往是多方面的，帝王的提倡往往也是促進文體繁盛的主要原因之一。像漢賦、唐詩、宋詞、元曲的興盛，和當代帝王的提倡，是絕對有密切關係的。

一、漢賦的興盛——請參見第五章第1題。

二、唐詩的興盛——請參見第十三章第1題。

三、宋詞的興盛——請參見第十七章第1題。

四、元曲的興盛——請參見第二十一章第1題。

22、環境影響作家之作品，所謂「生於深宮之中，長於婦人之手。」以此舉二例以證之。（62、63台大）

答

「生於深宮之中，長於婦人之手」的古代作家，較為知名的有二位：簡文帝及李後主。

一、簡文帝

「宮體詩」是簡文帝提倡的，簡文帝可說是花了很大力氣來倡導，他的臣子徐摛、庾肩吾兩家父子附和之。簡文帝是「生於深宮之中，長於婦之手」，從小在宮廷中長大，整天接觸的都是女人，沒有幾個男人，就連太監也不免女性化。在婦人群中長大，自然養成他這種性格，不瞭解外面社會，不瞭解民生疾苦，處在如此環境，又能提倡什麼樣的詩？只有寫宮體詩，寫他所見到的女孩子，寫她們的唱歌、跳舞，把她們當做一樣東西來描寫，不去注意到她們有沒有情感，有沒有自己的理想，有沒有生命的願望，這就是「宮體詩」，宮體詩事實上就是詠物詩，不過詠的是最美麗的事物罷了。

二、李後主

李後主自幼接觸的都是女性，生活有如窄小的象牙塔，根本不知道外面的世界如何，他寫的詩，也離不開這個小圈子，看她妻子化妝、唱歌、跳舞，都成為寫詩的題材。李後主無政治才能，但他能詩能文，更精於詞，對音樂、繪畫也有很好的造詣，可說多才多藝。早年在宮中的生活，物質方面極盡豪華奢侈之能事，精神方面則有美貌而聰慧的大小周后作伴，每天沈醉在詩酒歌舞、賞花賞月的享樂生活中，對國事一籌莫展，只曉得逃避現實、尋求苟安而已，等到江山淪落，只好傷心地寫出：「最是倉惶辭廟日，教坊猶奏別離歌，揮淚對宮娥」的詞句而已。由〈虞美人〉看，當其生殺之權已在宋主掌握中，仍毫無諱忌寫出故國之思。這是因為李後主為純情天真之詩人，人情世故均欠通達，更遑論政治權謀。故王國維《人間詞話》曰：「詞人者，不失其赤子之心者也。故生於深宮之中，長於婦人之手，是後主爲人君所短處，亦即爲詞人所長處。客觀之詩人不可不多閱世。閱世愈深，則材料愈豐富、愈變化，《水滸傳》、《紅樓夢》之作者是也。主觀之詩人不必多閱世。閱世愈淺，則性情愈眞，李後主是也。」

23、「文學運動」具有何種特質？試從我國從古到今的文學發展史上選擇一次運動加以敘述。（77淡江）

24、在理論上提倡復古，或在創作上擬古，一直是中國文學史上不斷重複出現的文學現象。請您即以復古或擬古為中心，論述復古、擬古在歷代文學史上所形成的現象，及其所產生的影響。（80淡江）

答

一、「文學運動」的特質

㈠文學運動的背景

文學運動通常是不滿當時的文風，提出理論加以抨擊，要求改革文風所形成的。例如唐代的古文運動是反對六朝以來浮艷頹靡，形成主義的文風。宋代詩文革新運動是對宋初以來「西崑派」為代表的浮靡文風的一次大革新。

㈡文學運動成功的因素

1、正確理論的指導。

2、有優秀的作品作為理論的實踐。

3、有不少理念相近的支持者。

這些都是促使「文學運動」成功，不可或缺的。

二、我國文學史上較重要的文學活動

在清代前的文學運動，計有：

㈠唐代古文運動——請參見第十四章第9題。

㈡唐代新樂府運動——請參見第十三章第35題。

㈢北宋詩文革新運動——請參見第十九章第1題。

㈣明代前後七子的復古運動——請參見第二十五章第5題。

㈤明代「唐宋派」的反復古運動——請參見第二十五章第13題。

㈥清代的「桐城派」——請參見第二十六章第16題。

中國古典文學發展簡表

時期	類別	細類	內容
上古神話			女媧補天、后羿射日、鯀禹治水、黃帝擒蚩尤、精衛填海、夸父追日。
先秦文學	詩歌		《詩經》：我國最早的詩歌總集，收錄自西周初期至春秋中葉約五百年間的詩歌305篇。多屬四言詩。分〈風〉、〈雅〉、〈頌〉三部分。〈風〉：十五國風；〈雅〉：〈大雅〉、〈小雅〉；〈頌〉：〈周頌〉、〈商頌〉、〈魯頌〉。
先秦文學	散文	歷史散文	《尚書》、《春秋》：經孔子修訂的第一部編年史，暗寓褒貶於記事，人稱春秋筆法。 《左傳》：編年史，善於描寫戰爭。 《國語》：第一部國別史，長於記言，說理充分。 《戰國策》：國別史，獨立成篇，描寫人物性格活動更細致具體。
先秦文學	散文	諸子散文	老莊：李耳和莊周（前360？～前280？），道家創始人。分別著有《老子》、《莊子》。 孔孟：孔丘（前551～前479）和孟軻（前372？～前289？），儒家創始人。分別著有《論語》、《孟子》。《論語》是孔子門徒記述孔子言行的書，南宋以後與《大學》、《中庸》、《孟子》稱為「四書」。「五經」：《詩經》、《尚書》、《禮記》、《周易》、《春秋》。 墨子：（前370？～前289？）名翟，墨家的代表人物，著有《墨子》。 荀韓：荀況（前330？～前230？）和韓非（前280？～前233），分屬儒家、法家。分別著有《荀子》、《韓非子》。
先秦文學	楚辭		屈宋：屈原（約前340～前277）〈離騷〉、〈天問〉、〈九歌〉、〈九章〉；宋玉〈九辯〉。
秦漢文學	辭賦		枚賈：枚乘（？～前140）〈七發〉；賈誼（前201～前169）〈弔屈原賦〉、〈鵩鳥賦〉。 漢賦四傑：司馬相如（？～前118）〈子虛賦〉、〈上林賦〉；揚雄（前53～18）〈甘泉賦〉、〈河東賦〉；班固（32～92）〈兩都賦〉；張衡（78～139）〈西京賦〉。

秦漢文學	傳記文學		司馬遷：（前145～約前87）所著《史記》是第一部紀傳體史書，共一百三十篇，其中「本紀」十二篇，「世家」三十篇，「列傳」七十篇，「表」十篇，「書」八篇。班固所著《漢書》是第一部斷代史，與《史記》、《後漢書》、《三國志》並稱「前四史」。
	詩歌	漢樂府	原為漢代音樂機構，後轉變為一種帶音樂性的詩體。名篇有〈孔雀東南飛〉、〈陌上桑〉、〈上邪〉、〈戰城南〉等。
		五言詩	李延年〈佳人歌〉。 班固〈詠史詩〉：梁鴻〈五噫歌〉；辛延年〈羽林郎〉；宋子侯〈董嬌嬈〉。 古詩十九首作者不詳，係漢末文人創作，標誌著五言詩已發展到成熟階段。
	文論		王充：（27～約97）字仲任，所著《論衡》在思想史、文學史上都預示了一個新時代的到來。
魏晉南北朝文學	詩文	建安體	三曹：曹操〈蒿里行〉、〈苦寒行〉、〈短歌行〉；曹丕〈燕歌行〉，開創了七言詩的先河；曹植〈洛神賦〉、〈白馬篇〉。
			建安七子：孔融《孔北海集》；王粲有「七子之冠冕」之稱；〈七哀〉詩、〈登樓賦〉較有名，劉楨〈贈從弟〉；陳琳〈飲馬長城窟行〉；阮瑀〈駕出北部門行〉；徐幹；應瑒。
		正始體	竹林七賢：阮籍（210～263）〈詠懷詩〉；嵇康（223～262）〈贈秀才入軍〉；山濤；劉伶〈酒德頌〉；向秀〈思舊賦〉；阮咸；王戎。
		太康體	三張：張載字孟陽，〈四愁詩〉；張協（255？～310）張載弟，字景陽，〈雜詩〉；張亢字季陽，才藻不及二兄。
			二陸：陸機（261～303）字士衡，〈擬古詩〉、〈弔魏武帝〉；陸雲字士龍，陸機弟，〈陸子新書〉。

魏晉南北朝文學	詩文	太康體	兩潘：潘岳（247？～300）字安仁，〈悼亡詩〉；潘尼字正叔，潘岳之侄，有文集十卷，已散佚。明人輯有《潘太常集》。
			一左：左思（約250～約305）字太沖，〈詠史詩〉、〈嬌女詩〉、〈三都賦〉，人們以「左思風力」評其詩。
		玄言詩	孫許：孫綽（314～371）字興公，《孫廷尉集》；許詢字玄度，〈竹扇詩〉、〈白麈尾銘〉。
		田園詩	陶淵明：（365～427）名潛，字淵明，號五柳先生，被稱為「隱逸詩人之宗」。〈歸園田居〉、〈桃花源記〉、〈歸去來辭〉。
		元嘉體	元嘉三大家：顏延之〈五君詠〉、〈北使洛〉；鮑照〈擬行路難〉、〈蕪城賦〉；謝靈運（385～433）〈登池上樓〉。
		永明體	竟陵八友：謝朓與謝靈運有「大小謝」之稱；蕭衍；沈約；范雲；任昉；王融；蕭琛；陸倕。
		宮體詩	蕭綱（503～511）即梁簡文帝，〈詠內人晝眠〉、〈賦得入階雨〉；蕭繹（508～554）即梁元帝，〈燕歌行〉。
			徐庾：徐陵（507～583）〈雜曲〉、〈關山月〉，編《玉台新詠》；庾信（513～581）〈擬詠懷〉、〈哀江南賦〉。
			陰何：陰鏗字子堅，〈晚出新亭〉、〈渡青草湖〉；何遜（？～518）字仲言，與何思澄、何子朗並稱「東海三何」。有《何記室集》。
			北地三才：溫子昇（495～547）〈搗衣詩〉、〈寒陵山寺碑〉；邢邵（496～？）〈冬日傷志篇〉；魏收（505～572）《魏書》。
			《文選》：昭明太子蕭統主編，又稱《昭明文選》，是我國現存最早的一部詩文總集。所錄始於先秦，迄於梁。

魏晉南北朝文學	詩文	民歌	南朝民歌產生於三國東吳，迄於陳，留存近五百首，分為「吳聲歌曲」、「西曲歌」，吳歌中又以〈子夜歌〉著名。北朝民歌現存六十多首，多收錄在《樂府詩集．梁鼓角橫吹曲》，以〈敕勒歌〉、〈木蘭詩〉為代表。
	小說		志怪小說：干寶（？～336）《搜神記》；劉義慶（403～444）《幽明錄》。 志人小說：劉義慶《世說新語》。
	文論		曹丕《典論》，今僅存〈論文〉一篇；陸機〈文賦〉；劉勰（約465～約532）《文心雕龍》；鍾嶸（約468～約518）《詩品》。
隋唐五代文學	詩文		文章四友：杜審言（約645～約708）〈和李大夫嗣真奉使存撫河東〉；崔融（653～706）〈西征車行遇風〉；李嶠（644～713）〈汾陰行〉；蘇味道（648～705）〈正月十五夜〉。
			沈宋：沈佺期（656？～713）；宋之問（656？～713？）〈題大庾嶺北驛〉、〈渡漢江〉。沈宋完成了律詩的定格。
			初唐四傑：王勃（650～676）《王子安集》；楊炯（650～693）《盈川集》；盧照鄰（630？～680後）《幽憂子集》；駱賓王（640～684？）《駱賓王集》。
			陳張：陳子昂（659～700）字伯玉，《陳伯玉集》；張九齡（678～740）字子壽，《曲江集》。
			吳中四士：賀知章（659～744）〈回鄉偶書〉；張若虛（660～720）〈春江花月夜〉；張旭〈桃花溪〉；包融。
		山水田園詩	王孟：王維（700？～761）字摩詰，被譽為「五言宗匠」，亦被稱為「詩佛」，《王右丞集》；孟浩然（689～740）《孟浩然集》。
			儲光羲〈田家雜興〉、〈釣魚灣〉。祖詠〈終南望餘雪〉。常建〈題破山寺後禪院〉。裴迪〈輞川詩〉。
		邊塞詩	高岑：高適（704～765）字達夫，《高常侍集》；岑參（715～769）《岑嘉州詩集》。

隋唐五代文學	詩文		王昌齡被稱為「詩家夫子」，《王昌齡集》。李頎《李頎集》。王之渙〈登鸛雀樓〉。王翰〈涼州詞〉。
			李杜：李白（701～762）字太白，自號青蓮居士，有「詩仙」、「謫仙人」之譽，《李太白集》。杜甫（712～770）字子美，其祖父為杜審言，杜甫有「詩聖」之譽，《杜工部集》，以〈三吏〉、〈三別〉著名。
		篋中體	元結（719～722）字次山，著有《元次山文集》，編有《篋中集》，後人評其詩「皆淳古淡泊之音」、「歡寡愁殺之語」。
			大曆十才子：錢起；盧綸；吉中孚；韓翃；司空曙；苗發；崔峒；耿湋；夏侯審；李端。（此說據《新唐書．盧綸傳》）
			韋劉：韋應物（約737～約791）《韋蘇州集》；劉長卿（709～約786），字文房，自詡為「五言長城」，《劉隨州集》。
			韓孟：韓愈（768～824）字退之，《昌黎先生集》；孟郊（751～814）字東野，《孟東野詩集》。
			姚賈：姚合（約755～約846）《姚少監詩集》；賈島（779～843）字閬仙，《長江集》，人稱他與孟郊的詩為「郊寒島瘦」。
		張王樂府	張王：張籍（約766～約830）字文昌，《張司業集》；王建字仲初，《王司馬集》。
		元和體	元白：元稹（779～831）《元氏長慶集》，〈遣悲懷〉、〈連昌宮詞〉較有名，與白居易共同倡導了新樂府運動；白居易（772～846）字樂天，《白氏長慶集》，主張「文章合為時而著，歌詩合為事而作」。
			劉禹錫（772～842）字夢得，《劉夢得文集》。 李賀（790～816）字長吉，與李白、李商隱並稱「三李」，《李長吉歌詩》。

隋唐五代文學	詩文		溫李：溫庭筠（？～866）字飛卿，〈商山早行〉；李商隱（813～858）字義山，《李義山詩集》。
			小李杜：李商隱〈登樂遊原〉、〈無題〉等詩有名：杜牧（803～856）字牧之，《樊川文集》，〈泊秦淮〉、〈山行〉等詩有名。
		諷刺性詩文	皮陸：皮日休字襲美，自號鹿門子，《皮子文藪》；陸龜蒙字魯望，人稱甫里先生，《笠澤叢書》、《甫里集》。
			三羅：羅隱（833～910）字昭諫，《甲乙集》、《讒書》；羅鄴；羅袞。
		香奩體	韓偓（842～923）字致堯，自號玉山樵人，《香奩集》。
		古文	韓柳：韓愈；柳宗元（773～819）字子厚，《柳河東集》，以遊記散文《永州八記》最為著名。
	傳奇	初唐	王度〈古鏡記〉。無名氏〈補江總白猿傳〉。張鷟〈遊仙窟〉。陳玄佑〈離魂記〉。牛肅〈紀聞〉。張薦〈靈怪集〉。
		中唐	沈既濟〈枕中記〉、〈任氏傳〉。李公佐〈南柯太守傳〉、〈古嶽瀆經〉。白行簡〈李娃傳〉。元稹〈鶯鶯傳〉。蔣防〈霍小玉傳〉。李朝威〈柳毅傳〉。
		晚唐	豪俠小說：杜光庭〈虬髯客傳〉。裴鉶〈崑崙奴〉、〈聶隱娘〉。袁郊〈紅線傳〉。愛情小說　皇甫枚〈步飛煙〉。薛調〈無雙傳〉。
	文論		司空圖（837～908）字表聖，《詩品》，又名《二十四詩品》，善以形象的語言論述詩的意境，重言外之旨。
	詞	花間詞人	趙崇祚所編的《花間集》中收錄溫庭筠、皇甫松、韋莊、薛昭蘊、牛嶠、毛文錫等十六位與蜀地有關的詞人的詞。這些人被稱作花間詞人。這一派形成的婉麗綺靡的詞風被認為是詞的傳統風格，有所謂「詩莊詞媚」之說。

隋唐五代文學	詞	花間詞人	溫韋：溫庭筠時稱「溫八叉」，被稱作「花間鼻祖」；韋莊（836？～901）字端己。 人評二人詞風是「溫穠韋淡」。
		南唐詞人	南唐二主：李璟（916～961）字伯玉，史稱南唐中主；李煜（937～978）字重光，史稱南唐後主。
			馮延巳（903～960）字正中，王國維評其詞「雖不失五代風格」，但「已開北宋一代風氣」。
宋代文學	詩歌	白體詩	徐鉉（916～991）《騎省集》；王禹偁（954～1001）《小畜集》，賀裳評其詩「雖學樂天，然得其清，未墜其俗」。
		仿「姚賈」	林逋（968～1028）《山園小梅》；魏野；寇準；潘閬；九僧（希晝、保暹、文兆、行肇、簡長、惟鳳、惠崇、宇昭、懷古）。
		西崑體	楊億（974～1021）編有《西崑酬唱集》；劉筠；錢惟演；李宗諤；張詠。
			蘇梅：蘇舜欽（1008～1048）《蘇學士文集》；梅堯臣（1007～1060）人稱「梅都官」、「梅宛陵」；《宛陵先生文集》。
		江西詩派	黃庭堅（1045～1105）自號山谷道人，《山谷集》；陳師道（1053～1101）號後山，《後山居士文集》；陳與義（1090～1138）號簡齋，《簡齋集》。 杜甫與此三人被稱為江西詩派的「一祖三宗」。
		誠齊體	中興四大詩人：楊萬里（1127～1206）號誠齋，《誠齋集》；范成大（1126～1193）號石湖居士，《石湖居士詩集》；陸游（1125～1210）《劍南詩稿》；尤袤。
		江湖詩派	永嘉四靈：徐照字靈輝；徐璣號靈淵；翁卷字靈舒；趙師秀號靈秀。
			劉克莊自號後村居士，《後村先生大全集》；戴復古號石屏，《石屏詩集》；葉紹翁；劉過；方岳；高翥。

宋代文學		愛國詩派	文天祥（1236～1283）別號文山，《文山先生全集》。汪元量〈醉歌〉、〈越州歌〉；謝翶；鄭思肖；謝枋得；林景熙。
	文論		嚴羽字儀卿，號滄浪逋客，其詩論著作《滄浪詩話》主張「掃除美刺，獨任性靈」。
	詞	婉約派	大小晏：晏殊（991～1055）字同叔，與歐陽修並稱「歐晏」，有《珠玉詞》；晏幾道（約1030～約1106）號小山，晏殊之子，有《小山詞》。
			二宋：宋祁（998～1061）字子京，被呼為「紅杏枝頭春意鬧」尚書；宋庠（996～1066）字公序，宋祁之兄，《宋元憲集》。
			柳永字耆卿，原名三變，排行第七，因稱柳七，《樂章集》。他的詞用俚俗的語言反映市井生活，創製了大量慢詞。
			蘇門四學士：黃庭堅；張耒（1054～1114）號柯山，《柯山集》；秦觀（1049～1100）字太虛，後改字少游，《淮海居士長短句》；晁補之（1053～1110）字無咎，自號歸來子，尊崇蘇軾詞風，以豪放為主。
			大晟詞人：周邦彥（1056～1121）字美成，號清真居士，被王國維稱為「詞中老杜」，是婉約派和形式格律化的集大成者，《清真集》；万俟詠字雅言，自號詞隱；晁端禮〈鴨頭綠〉；田爲；晁沖之字叔用。
			李清照（1084～約1151）號易安居士，《漱玉詞》。與辛棄疾合稱「濟南二安」，被稱為南宋婉約詞主。其詞人稱「易安體」。
			姜張：姜夔字堯章，號白石道人，《白石道人詞》；張炎字叔夏，號玉田，又號樂笑翁，《山中白雲詞》。
			二窗：吳文英字君特，號夢窗，《夢窗詞》；周密字公謹，號草窗，《草窗詞》、《蘋州漁笛譜》。

宋代文學	詞	豪放派	蘇軾（1037～1101）字子瞻，號東坡，豪放詞派的開創者，突破了「詞爲艷科」的藩籬，《東坡樂府》、《東坡七集》。王安石字介甫，《臨川集》。毛滂《東堂詞》。張孝祥《于湖詞》。張元幹《蘆川詞》。
			辛派詞人：辛棄疾（1140～1207）字幼安，號稼軒，與蘇東坡並稱「蘇辛」，《稼軒長短句》；陳亮號龍川，《龍川詞》；劉過《龍洲詞》；楊炎正；岳珂；劉辰翁；蔣捷。
	古文		唐宋八大家：韓愈；柳宗元；三蘇（蘇洵、蘇軾、蘇轍）；歐陽修；王安石；曾鞏。
	文論		張炎詞論著作《詞源》。朱熹（1130～1200）字元晦，號晦庵，《朱子語類》，特點是站在道學立場上看待文學。
金文學	詩歌	吳蔡體	吳激（？～1142）字彥高，《東山集》。蔡松年（1107～1159）字伯堅，自號蕭閒老人，《蕭閒集》。
			二妙：段克己字復之，《遁安樂府》；段成己字誠之，《菊軒樂府》。後人將此二兄弟的詞集合刻為《二妙集》。
			中州三傑：雷淵字希顏，別字季默；高庭玉字獻臣；李純甫一名純父，字之純，晚年自稱屏山居士。
		元遺山體	元好問（1190～1257）字裕之，號遺山，《中州集》。
	戲曲		董解元名字不詳，其創作的《西廂記諸宮調》，被認為是「北曲之祖」，與元好問的詩並稱金文學的兩大成就。
元代文學	戲曲	雜劇	元曲四大家：一說為關漢卿；白樸；馬致遠；鄭光祖；另一說為王實甫；關漢卿；馬致遠；白樸。
			關漢卿《單刀會》、《雙赴夢》、《哭存孝》、《救風塵》、《調風月》、《竇娥冤》、《魯齋郎》、《蝴蝶夢》、《拜月亭》、《望江亭》。王實甫《西廂記》。白樸《牆頭馬上》；馬致遠《漢宮秋》；鄭光祖《倩女離魂》。

元代文學	戲曲	南戲	高明字則誠，自號菜根道人，其《琵琶記》使南戲從民間俚俗的形式發展到成熟階段，被譽為「南戲之祖」。
			四大南戲：「《荊》、《劉》、《拜》、《殺》」（即《荊釵記》、《劉知遠白兔記》、《拜月亭》、《殺狗記》）。
	散曲	清麗派散曲	關漢卿；白樸；盧摯；張可久《小山樂府》；喬吉〈天風〉、〈環佩〉、〈撫掌〉；徐再思。
		酸甜樂府	貫雲石（1286～1324）本名小雲石海涯，號酸齋，《貫酸齋集》；徐再思號甜齋。時人合二人散曲為《酸甜樂府》。
	詩歌		劉盧：劉因字夢吉，號靜修，《靜修集》；盧摯字處道，一字莘老，號疏齋，《疏齋集》。
			元詩四大家：虞集《道園學士錄》；楊載《楊仲強集》；范梈（peng）《范德機詩》；揭傒斯《秋誼集》。
		鐵崖體	楊維楨（1296～1370 ）字廉夫，別號鐵笛道人，有詩集《鐵崖古樂府》。
明代文學	詩文		國初三張：張以寧字志道，《過辛稼軒神道》；張昱字光弼，自號閒老人，《感事》；張簡字仲簡。
		越詩派	劉基（1321～1375）字伯溫，《誠意伯文集》；宋濂（1310～1381）字景濂，《宋學士文集》；胡翰；蘇伯衡；王子充。
		吳詩派	吳中四傑：高啓（1336～1374）號青丘子，晚號槎軒，〈青丘子歌〉、〈孤鶴篇〉；楊基號眉庵，《眉庵集》；張羽字來儀，《靜居集》；徐賁號北郭生，《北郭集》。
		嶺南詩派	南園五先生：孫蕡；王佐；黃哲；趙介；李德。此五人有詩集《南園五先生詩》。
		台閣體	三楊：楊士奇（1365～1444）《東里集》；楊榮（1371～1440）《後北征記》、《楊文敏集》；楊溥（1372～1446）《楊文定公全集》。

明代文學	詩文	閩詩派	閩中十才子：林鴻；鄭定；王褒；唐泰；高棅；王恭；陳亮；王偁；周元；黃元。崇安二藍：藍仁；藍智。
			景泰十才子：劉溥；湯胤勣；蘇平；蘇正；沈愚；王淮；晏鐸；鄒亮；蔣忠；王貞慶。
		茶陵詩派	李東陽（1447～1516）字賓之，號西涯，《擬古樂府》。 婁東三鳳：張泰；陸釴；陸容《式齋集》。
		雲間詩派	雲間六子：夏允彝；陳子龍；彭賓；周立勳；徐孚遠《釣璜堂存稿》；李雯《蓼齋集》、《蓼齋後集》。
			前七子：李夢陽《空同集》；何景明《大復集》；徐禎卿；康海；王九思；邊貢；王廷相。
			吳中四子：唐寅字伯虎，《桃花庵歌》；祝允明號枝山，《懷星堂集》；文徵明；徐禎卿。
		唐宋派	歸有光（1507～1571）字熙甫，〈項脊軒志〉、〈寒花葬志〉、〈先妣事略〉；王愼中字晉江；唐順之字毗陵，稱荊川先生，《荊川集》；茅坤字順甫，號鹿門。唐宋派反對李夢陽、何景明等人「文必秦漢」的文學觀。
		文學主張承前七子	後七子：李攀龍《滄溟集》；王世貞《弇州山人四部稿》；謝榛；宗臣；梁有譽；徐中行；吳國倫。
		公安派	三袁：袁宏道字中郎，該派領袖人物，《袁中郎全集》；袁宗道字伯修；袁中道字小修，《西山十記》。
		竟陵派	鍾譚：鍾惺字伯敬，號退谷，《隱秀軒集》；譚元春著有《譚友夏合集》，與鍾惺編有《唐詩歸》、《古詩歸》。
	小說	文言短篇小說	前期：瞿佑（1341～1427）《剪燈新話》；李昌祺《剪燈餘話》。 後期：宋懋澄《九籥集》中的〈負情儂傳〉和《九籥別集》中的〈珠衫〉較出色。

明代文學	小說	歷史小說	《三國演義》（羅貫中著），《三國演義》是迄今發現的成書最早、成就最高的長篇歷史小說；《列國志傳》（余劭魚著）。
		英雄傳奇	《水滸傳》（施耐庵著），與《三國演義》、《金瓶梅》、《西遊記》並稱明代「四大奇書」；《北宋志傳》；《英烈傳》。
		神魔小說	《西遊記》（吳承恩著》；《封神演義》（許仲琳、李雲翔合著）；《西遊補》（董說）；《三寶太監西洋記》（羅懋登編）。
		世情小說	《金瓶梅詞話》作者題為「蘭陵笑笑生」，真實姓名無考，是我國第一部專門描寫家庭生活的小說，為長篇世情小說之始。
		白話短篇小說	三言：《喻世名言》原稱《古今小說》；《警世通言》；《醒世恒言》（三言為馮夢龍編寫）；二拍：《初刻拍案驚奇》；《二刻拍案驚奇》（二拍為凌濛初編寫）。
	雜劇		初期：朱有燉號誠齋，《誠齋樂府》。中期：王九思《杜甫遊春》；康海《中山狼》；馮惟敏《僧尼共犯》；徐渭《四聲猿》。
	傳奇	臨川派	湯顯祖（1550～1616）江西臨川人，《牡丹亭》、《南柯記》、《紫釵記》、《邯鄲記》，並稱「玉茗堂四夢」，又稱「臨川四夢」；孟稱舜；吳炳；阮大鋮。臨川派主張「意、趣、神、色」，不受音律束縛。
		吳江派	沈璟（1553～1610）字伯英，號寧庵、詞隱，主張「合律依腔」，著有《屬玉堂傳奇》；沈自晉；呂天成；葉憲祖；王驥德；馮夢龍；卜世臣。
	小品文派		張岱（1597～1679）字宗子，別號陶庵，《陶庵夢記》、《西湖夢尋》、《瑯嬛文集》；劉侗；王思任；祁彪佳。

			四公子：侯方域；方以智；陳貞慧《雪岑集》、《山陽錄》；冒襄字辟疆，《水繪園詩文集》、《朴巢詩文集》。
清代文學	詩歌		江左三大家：錢謙益號牧齋，《初學集》、《有學集》、《投筆集》；吳偉業號梅村，《梅村家藏稿》；龔鼎孳。
			遺民詩人：顧炎武人稱亭林先生，《亭林詩文集》、《日知錄》；黃宗羲；王夫之；屈大均《文山詩外》、《文山文外》。
			南施北宋：施閏章（1618～1683）《學餘堂文集》、《學餘堂詩集》；宋琬（1614～1674）《安雅堂全集》。
			南朱北王：朱彝尊（1629～1709）字錫鬯，號竹垞，《曝書亭集》，編有《明詩綜》；王士禎（1634～1711）主創「神韻派」，追隨者有吳雯、葉燮等人，著有《帶經堂集》。
		宋詩派	查慎行（1650～1728）字悔餘，號初白，原名嗣連，字夏重，《敬業堂集》。 厲鶚（1692～1752）字太鴻，號樊榭，《樊榭山房集》，編有《宋詩紀事》。
		格調派	沈德潛（1673～1769）號歸愚，《沈歸愚詩文集》，編選有《古詩源》、《唐詩別裁集》、《明詩別裁集》、《清特別裁集》。
		性靈派	江右三大家：袁枚（1716～1797）字子才，號隨園主人，《小倉山房集》、《隨園詩話》、《子不語》；蔣士銓；趙翼。性靈派還有鄭燮《鄭板橋全集》、黃景仁、張問陶等人。
			吳中七子：王鳴盛；錢大昕；曹仁虎；吳泰來；王昶；趙文哲；黃文蓮。毗陵七子：黃景仁；孫星衍；洪亮吉；趙懷玉；楊倫；呂星垣；徐書受。
			宣南詩社：龔自珍（1792～1841）號定庵，《龔定庵全集》；林則徐；魏源《海國圖志》；黃爵滋。

清代文學	詩歌	同光體	包括三派：陳衍、鄭孝胥代表的閩派；沈曾植代表的浙派；陳三立代表的贛派。
			倡導「詩界革命」者：黃遵憲（1848～1905）字公度，號人境廬主人，《人境廬詩草》、《日本雜事詩》；譚嗣同；梁啓超；夏曾佑。
		其他詩派	肌理派：翁方綱；秀水詩派：南郭五子（王又曾、錢載、朱沛然、陳向中、祝維誥）；浙中詩派：朱彝尊、杭世駿、符曾、汪沆。
	詞	陽羨詞派	陳維崧（1625～1682）字其年，號迦陵，《迦陵詞》；曹貞吉與嘉善詞人曹爾堪並稱「南北二曹」，《珂雪詞》；尤侗。
		浙西詞派	浙西六家：朱彝尊；李良年；李符；沈皞日；沈岸登；龔翔麟。
		常州詞派	張惠言（1761～1802）字皋文，《茗柯詞》，編《詞選》。 張琦惠言弟，《南浦雲》、《水龍吟》。 周濟（1781～1839）《詞辨》、《韻學》、《說文字繫》。 陳廷焯（1853～1892）《白雨齋詞話》。
			晚清四大家：王鵬運（1848～1904）在校勘詞集方面頗具建樹；鄭文焯（1856～1918）《大鶴山房全集》；況周頤（1859～1926）《蕙風詞話》，與陳廷焯《白雨齋詞話》、王國維《人間詞話》並稱晚清三大詞話；朱孝臧《彊村叢書》。
	散文	桐城派	方苞（1668～1749）《方望溪先生全集》；劉大櫆（1698～1779）《海峰文集》；姚鼐（1731～1815）《惜抱軒文集》；梅曾亮；管同；方東樹。
		駢文派	駢文八大家：梁齊燾；王太岳；劉星煒；袁枚；洪亮吉；孫星衍；孔廣森；吳錫麟。 駢文三大家：汪中（1744～1794）《弔鹽船文》；洪亮吉；邵齊燾。

清代文學	小說	擬古派小說	《聊齋志異》（蒲松齡著）；《閱微草堂筆記》（紀昀著，紀昀字曉嵐）；《新齊諧》（袁枚著）。
		諷刺小說	《儒林外史》吳敬梓著，吳敬樟（1701 ～1754）字敏軒，一字文木，號粒民）。
		人情派小說	《平山冷燕》；《長生樂》；《好逑傳》；《醒世姻緣傳》；《歧路燈》；《紅樓夢》（前八十回曹雪芹著，曹雪芹名霑，字夢阮，號雪芹、芹圃、芹溪，後四十回高鶚續）。
		公案小說	《施公案》；《彭公案》；《續施公案》；《李公案》；《劉公案》；《張公案》。
		武俠小說	《三俠五義》（原名《忠烈俠義傳》，清人俞樾根據說書藝人石玉昆的說唱本《包公案》編成；1879 年改為《七俠五義》；《小五義》；《兒女英雄傳》；《蕩寇志》。
		譴責小說	晚清四大小說家：劉鶚字鐵雲，《老殘遊記》；吳沃堯後改名趼人，《二十年目睹之怪現狀》；李寶嘉《官場現形記》；曾樸《孽海花》。
		倡優小說	《品花寶鑒》（陳森著）；《花月痕》（魏秀仁著）；《青樓夢》（俞達著）；《海上花列傳》（韓邦慶著）。
	戲曲	蘇州派	李玉稱「一笠庵主人」，《一捧雪》、《人獸關》、《永團圓》、《占花魁》，合稱「一人永占」；《清忠譜》、《萬里圓》、《千鍾祿》；朱皠；朱佐朝；葉時章。
			李漁清代前期重要的劇作家和戲劇理論家，劇作有《笠翁傳奇十種》，戲劇理論主要為收入《笠翁一家言》中的《閒情偶寄》。
			南洪北孔：洪昇（1645 ～ 1704）《長生殿》；孔尚任（1648 ～ 1718）《桃花扇》。此二人與李漁、蔣士銓並稱清代傳奇四大家。

參考書目舉要

一、通史類

《中國文學發展史》 劉大杰著 臺北華正書局 一九七六年

《中國文學史》 王忠林、黃錦鋐等著 臺北福記出版社 一九八五年修訂版

《中國文學史》（二冊） 葉慶炳著 臺北學生書局 一九八六年修訂版

《插圖本中國文學史》 鄭振鐸著 臺北莊嚴出版社、宏業出版社

《新編中國文學史》（四冊） 中國文學史研究委員會編著 高雄復文書局

《中國文學史》（三冊） 中國社會科學院中國文學史編寫史組著 北京人民出版社 一九六二年版

《中國文學史》（四冊） 游國恩、蕭滌非等編著 北京人民文學出版社 一九七八年修訂版；臺北五南圖書公司繁體字本（二冊） 一九九〇年

《中國文學史》（四冊） 袁行霈、褚杰斌等編著 臺北曉園出版社 一九九一年

《中國古代文學史》（四冊） 馬積高主編 湖南文藝出版社 一九九二年 臺北萬卷樓圖書公司

《百卷本中國史．中國文學史》（十冊） 北京人民出版社編印 一九九四年

《中國大百科全書·中國文學》（二冊） 中國大百科編委會 中國大百科全書出版社 一九八八年

《中國文學史》（三冊） 駱玉明、章培恆編 上海復旦大學出版社 二〇〇二年

二、解題類

《中國文學五百題》 王樹森編 遼寧人民出版社 一九八七年

《古典文學三百題》 上海古籍出版社編印 一九八六年 臺北建宏出版社 一九九四年

《中國文學史百題》（二冊） 文史知識編輯部編 北京中華書局 一九九〇年 臺北萬卷樓圖書公司 一九九四年

《中國文學史二百四十題》 朱其鎧編 山東文藝出版社 一九八五年

《新編古代文學精解》 萬雲駿編 上海社會科學院出版社 一九九二年

《中國古代文學精解》 陸堅編 上海文藝出版社 一九八九年

《中國古代文學輔導綱要》 馮樹純編 北京高等教育出版社 一九九〇年

《中國古典文學手冊》 吳桂就編 廣西教育出版社 一九八八年

《中國古典文學自學輔導手冊》 錢延之編 北京師範學院出版社 一九八七年

《中國文學發展史簡編》 皇甫谷編 香港田園書屋 一九八九年

《中國文學史精粹》 江雲編著 臺北千華出版社 一九九四年

三、斷代史類

《先秦大文學史》 趙明編 吉林大學出版社 一九九三年
《中國古代文學長編·先秦卷》 郭預衡編 北京師範學院出版社 一九九二年
《先秦兩漢文學史稿》 劉持生著 西北大學出版社 一九九一年
《中國文學史長編·秦漢魏晉南北朝卷》 萬光治著 北京師範學院出版社 一九九三年
《唐代文學史略》 王士菁著 湖南師範大學出版社 一九九二年
《中國古代文學史長編·隋唐五代卷》 杜邦鈞編 北京師範學院出版社 一九九三年
《兩宋文學史》 程千帆、吳新雷著 上海古籍出版社 一九九一年 高雄麗文文化公司 一九九四年
《宋元文學史稿》 吳組緗、沈天佑著 北京大學出版社 一九八九年
《中國古代文學史長編·宋遼金卷》 趙仁珪著 北京師範大學出版社 一九九三年
《金代文學史》 詹杭倫著 臺北貫雅出版社 一九九三年
《元代文學史》 鄧紹基著 北京人民文學出版社 一九九一年
《明清文學史·明代卷》 吳志達著 武漢大學出版社 一九九一年
《明清文學史·清代卷》 唐富齡著 武漢大學出版社 一九九一年

四、散文史類

《中國散文史》（三冊） 郭預衡著 上海古籍出版社
《先秦散文綱要》 譚家健著 臺北明文書局 一九九一年
《唐宋散文》 葛曉音著 臺北萬卷樓圖書公司 一九九二年
《唐宋古文運動》 錢冬父著 臺北萬卷樓圖書公司 一九九一年
《唐宋古文新探》 何寄澎著 臺北大安出版社 一九九〇年
《北宋的古文運動》 何寄澎著 臺北幼獅出版社 一九九二年
《晚明小品論析》 陳少棠著 香港波文書局 一九八一年
《晚明性靈小品研究》 曹靜娟著 臺北文津出版社 一九八八年
《桐城派》 王鎮遠著 臺北萬卷樓圖書公司 一九九一年

五、辭賦史類

《辭賦通論》 葉幼明著 湖南教育出版社 一九九一年
《漢賦研究》 龔克昌著 山東文藝出版社 一九九〇年
《漢賦史論》 簡宗梧著 臺北東大圖書公司 一九九三年
《漢賦源流與價值》 簡宗梧著 臺北文史哲出版社 一九八〇年

《賦與駢文》　簡宗梧著　臺北臺灣書店　一九九八年
《漢魏六朝辭賦》　曹道衡著　臺北萬卷樓圖書公司　一九九二年
《魏晉南北朝賦史》　程章燦著　江蘇古籍出版社　一九九二年

六、詩歌史類

《中國詩史》　陸侃如、馮沅君著　北京作家出版社　一九五七年
《中國詩歌簡史》　張健華著　北京中國青年出版社　一九八六年
《中國詩歌概觀》　潘明興編著　廣西師範大學出版社　一九九二年
《八代詩史》　葛曉音著　陝西人民出版社　一九八九年
《中國詩歌史．先秦兩漢》　張松如編　吉林大學出版社　一九八九年；高雄麗文文化公司　一九九四年
《中國詩歌史．魏晉南北朝》　鍾優民著　吉林大學出版社　一九八九年；高雄麗文文化公司　一九九四年
《兩漢詩歌研究》　趙敏俐著　臺北文津出版社　一九九三年
《漢魏南北朝樂府》　李純勝著　臺北臺灣商務印書館　一九七一年
《漢魏六朝樂府》　王運熙著　臺北萬卷樓圖書公司　一九九〇年
《唐詩》　詹瑛著　臺北萬卷樓圖書公司　一九九〇年

《唐詩通論》 劉開揚著 臺北木鐸出版社 一九八三年
《宋詩史》 許總著 四川重慶出版社 一九九二年
《宋詩概說》 吉川幸次郎著 鄭清茂譯 臺北聯經出版社 一九七七年
《清詩史》 朱則杰著 江蘇古籍出版社 一九九二年

七、詞曲史類

《中國詞史》 許宗元著 安徽黃山出版社 一九九〇年
《詞史》 黃拔荊著 福建人民出版社 一九八九年
《唐宋詞通論》 吳熊和著 浙江古籍出版社 一九八九年
《宋詞概論》 謝桃坊著 四川文藝出版社 一九九二年
《唐五代詞》 黃進德著 臺北萬卷樓圖書公司 一九九〇年
《宋詞》 周篤文著 臺北萬卷樓圖書公司 一九九〇年
《南宋詞史》 陶爾夫著 黑龍江教育出版社 一九九二年
《清詞史》 嚴迪昌著 江蘇古籍出版社
《中國古代散曲史》 李昌集著 上海華東師範大學出版社
《元代散曲通論》 趙義山著 四川巴蜀出版社 一九九三年

八、小說史類

《中國小說史略》 魯迅著 臺北風雲時代出版社、里仁出版社
《中國小說史漫稿》 李梅音著 湖北教育出版社 一九九二年
《中國小說史》（四冊） 孟瑤著 臺北傳記文學出版社 一九七一年
《中國小說史》 北京大學中文系編 北京人民文學出版社 一九七八年
《中國古代小說演變史》 齊裕焜著 甘肅敦煌文藝出版社 一九九〇年
《中國文言小說史稿》（二冊）侯忠義著 北京大學出版社 一九九〇年
《中國志人小說史》 寧稼雨著 遼寧人民出版社 一九九一年
《中國古代神話》 陳天水著 臺北萬卷樓圖書公司 一九九三年
《中國古代神話》 袁珂著 臺北臺灣商務印書館 一九九三年
《魏晉南北朝小說》 劉葉秋著 臺北萬卷樓圖書公司 一九九〇年
《六朝志怪小說考論》 王國良著 臺北文史哲出版社 一九八八年
《漢魏六朝小說史》 侯忠義著 瀋陽春風文藝出版社 一九八九年
《唐人傳奇》 吳志達著 臺北萬卷樓圖書公司 一九九一年
《唐代小說研究》 劉開榮著 臺北臺灣商務印書館 一九九四年
《唐代小說史話》 程毅中著 北京文化藝術出版社 一九九〇年

《宋代話本研究》 樂蘅軍著 臺北臺大文學院文史叢刊 一九六九年
《宋元話本》 程毅中著 北京中華書局 一九八〇年 臺北木鐸出版社 一九八三年
《話本小說概論》 胡士瑩著 北京中華書局 一九八〇年 臺北古亭書屋
《晚清小說》 時萌著 臺北萬卷樓圖書公司 一九九〇年
《晚清小說史》 阿英著 香港太平書局 一九六六年
《晚清小說研究》 賴明德編 臺北聯經出版社 一九八八年

九、戲曲史類

《宋元戲曲史》 王國維著 臺北里仁書局、台灣高務印書館
《中國戲曲史》（四冊） 孟瑤著 臺北傳記文學出版社 一九七〇年
《中國戲劇發展史》 周貽白著 臺南洞勉出版社 一九七八年
《中國戲曲通史》（三冊） 張庚、郭漢城編著 臺北丹青出版社 一九八五年
《中國戲劇史》 張燕瑾著 臺北文津出版社 一九九三年
《中國古典戲劇論集》 曾永義著 臺北聯經出版社 一九七五年
《元雜劇研究》 吉川幸次郎著、鄭清茂譯 臺北藝文印書館 一九八七年
《元代雜劇史》 劉蔭柏著 河北花山文藝出版社 一九九〇年
《元雜劇發展史》 季國平著 臺北文津出版社 一九九三年

《元明雜劇》　顧學頡著　臺北萬卷樓圖書公司　一九九一年
《明清傳奇導論》　張敬著　臺北華正書局　一九八六年
《明清傳奇》　汪永健著　江蘇教育出版社　一九八九年
《明清傳奇概說》　朱曾樸、曾慶全著　臺北滄浪出版社　一九八七年
《清代戲曲史》　周妙中著　河南中州古籍出版社　一九八七年

十、文學批評史類

《中國文學批評史》　郭紹虞著　臺北文史哲出版社　一九九〇年
《中國文學批評史》　羅根澤著　臺北學海出版社　一九九〇年
《中國文學批評史》（二冊）　王運熙、顧易生等編著　臺北五南圖書公司　一九九一年
《中國文學理論史》（五冊）　蔡忠翔等著　北京出版社　一九八七年；　臺北洪業出版社　一九九三年
《中國歷代文論選》（三冊）　郭紹虞編著　臺北木鐸出版社　一九八〇年
《中國文學理論批評史》（二冊）　敏澤著　吉林教育出版社　一九九三年
《詩話概說》　劉德重著　臺北學海出版社　一九九三年
《六朝文論》　廖蔚卿著　臺北聯經出版社　一九七八年
《清代詩學》　吳宏一著　臺北學生書局　一九八六年修訂版

《中國古代文學理論辭典》　趙則誠主編　吉林文史出版社　一九八五年

《中國古文理論名著解題》　吳文治編　安徽黃山出版社　一九八七年

《中國古代文論家評傳》（二冊）　牟世金編　河南中州古籍出版社　一九八八年

全國各大學中文研究所招生資訊（含中國文學史考科之系所）

學校名稱	研究所名稱／所在地	招生人數（在職生）	筆試科目	書面審查／筆試／口試佔分比例（%）
台灣大學	中國文學研究所 台北市大安區	17名	1.國文 2.英文 3.中國語文能力測驗 4.中國文學史 5.文字學 6.聲韻學 7.中國思想史	0／100／0
台灣師範大學	國文研究所 台北市大安區	35名	1.國文 2.英文 3.中國文學史 4.中國哲學史 5.文字學	0／100／0
台灣師範大學	華語文教學研究所 台北市大安區	22名（5） 甲組17名	甲組： 1.國文 2.英文 3.語言學概論	

		乙組5名（5）	4.中國文學概論 5.教育概論 乙組： 1.國文 2.英文 3.中國語文概論 4.中國文學概論 5.國際現勢	
台北市立教育大學	中國語文研究所 台北市中正區	19名	1.語文 2.文字學 3.中國文學史 4.語文基本能力	0／100／0
政治大學	中國文學研究所 台北市文山區	17名	1.高階國文 2.英文 3.文字學（含文字、聲韻、訓詁） 4.中國文學史 5.中國思想史	0／100／0
世新大學	中國文學研究所 台北市文山區	10名	1.國文 2.英文 3.中國文學史 4.中國思想史 5.中國語文學	0／100／0

東吳大學	中國文學研究所 台北市士林區	12名	1.中英語能力 2.作文 3.中國文學史 4.中國思想史 5.小學	0/100/0
文化大學	中國文學研究所 台北市士林區	15名 （2）	1.國文 2.英文 3.文字學（含聲韻學、訓詁學） 4.中國學術史（包括中國文學史、中國思想史）	0/85/15
淡江大學	中國文學研究所 台北縣淡水鎮	15名	1.國文 2.英文 3.文字學（含聲韻學、訓詁學） 4.中國文學史 5.中國思想史	0/75/25
輔仁大學	中國文學研究所 台北縣新莊市	16名	1.國文 2.中國文學史 3.文字學暨聲韻學 4.專書（易經、尚書、詩經、禮記、左傳、四書、史記、老子、荀子、莊子、韓非子、楚辭、文心雕龍、昭明文選14科任選一科）	0/100/0

華梵大學	中國文學研究所 台北縣石碇鄉	10名	1. 國文 2. 中國文學史 3. 中國思想史 4. 小學	0／100／0
中央大學	中國文學研究所 桃園縣中壢市	11名	一般生組： 1. 國文 2. 中國文學史 3. 中國思想史 4. 文字學 戲曲專業生組： 1. 國文 2. 中國戲曲史 3. 書面審查	0／60／40 30／40／30
元智大學	中國語文研究所 桃園縣中壢市	10名	1. 英文 2. 語言文字學 3. 中國文學史 4. 中國思想史 5. 書面審查	10／70／20
銘傳大學	應用中國文學研究所 桃園縣龜山鄉	15名	1. 專業國文 2. 小學 3. 中國文學史 4. 中國思想史 5. 書面審查	15／55／30

清華大學	中國文學研究所 新竹市	14名 （2）	1.國文 2.英文 3.中國文學史 4.中國思想史 5.中國文學基本經典	0／100／0
清華大學	台灣文學研究所 新竹市	7名	1.英文 2.中國文學史 3.台灣文學史 4.現代文學理論與批評	0／100／0
玄奘大學	中國文學研究所 新竹市香山區	20名	1.國文 2.中國文學史 3.文字學（含文字學、聲韻學、訓詁學） 4.中國思想史 5.書面審查	20／80／0
中興大學	中國文學研究所 台中市南區	16名	1.國文 2.英文 3.中國文學史 4.中國語文學（含文字、聲韻、訓詁） 5.中國思想史	0／100／0

東海大學	中國文學研究所 台中市西屯區	12名	1.國文 2.英文 3.中國文學史 4.文字學（含文字學、聲韻學、訓詁學） 5.中國思想史	0／75／25
逢甲大學	中國文學研究所 台中市西屯區	9名	1.小學及中國思想史 2.中國文學史	0／60／40
靜宜大學	中國文學研究所 台中縣沙鹿鎮	10名	1.中國文學史 2.中國思想史 3.文字學、聲韻學、訓詁學 4.中英文語文能力測驗（中文、英文各占一半）	0／100／0
彰化師範大學	國文研究所 彰化縣彰化市	16名	1.國文 2.中國文學史 3.文字學（含文字學、聲韻學、訓詁學） 4.中國哲學史	0／100／0
明道管理學院	國學研究所 彰化縣埤頭鄉	7名	1.國文 2.中國文學史 3.中國思想史、文字聲韻訓詁學(二選一) 4.邏輯分析	0／85／15

暨南國際大學	中國文學研究所 南投縣埔里鎮	7名（2）	1.國文 2.英文 3.中國文學史、中國思想史、文字聲韻學（三選二）	0／60／40
雲林科技大學	漢學資料整理研究所 雲林縣斗六市	20名	1.英文 2.中國語文能力測驗 3.中國文學史、中國思想史（二選一）	0／100／0
中正大學	中國文學研究所 嘉義縣民雄鄉	13名（2）	1.中國文學史 2.語言文字學 3.中國思想史 4.語文測驗	0／75／25
嘉義大學	中國文學研究所 嘉義縣民雄鄉	20名	1.國文 2.中國文學史 3.中國思想史 4.文字學	0／100／0
南華大學	文學研究所 嘉義縣大林鎮	10名	1.中國文學史 2.二十世紀文學理論、中國思想史（二選一） 3.英文 4.書面審查	20／80／0

成功大學	中國文學研究所 台南市東區	20名	1.國文 2.英文 3.中國文學史 4.中國思想史 5.小學（包括文字學、聲韻學、訓詁學）	0／100／0
台南大學	語文應用研究所 台南市中西區	10名	1.國文 2.英文 3.文字學（含文字、聲韻、訓詁） 4.中國文學史（含文學理論） 5.語文應用能力	0／100／0
中山大學	中國文學研究所 高雄市鼓山區	13名	1.國文 2.中國文學史 3.中國思想史 4.文字學（含文字學、聲韻學、訓詁學）	0／100／0
高雄師範大學	國文研究所 高雄市苓雅區	20名	1.國文 2.英文 3.中國文學史 4.中國哲學史 5.文字學（含聲韻學、訓詁學）	0／100／0

高雄師範大學	華語文教學研究所 高雄市苓雅區	15名	1. 國文 2. 英文 3. 中國文學史 4. 語言學概論 5. 教育概論	0／100／0
高雄師範大學	經學研究所 高雄市苓雅區	15名	1. 國文 2. 英文 3. 中國思想史 4. 中國文學史 5. 經典知識、文字學（含聲韻學、訓詁學）（二選一）	0／100／0
佛光人文社會學院	文學研究所 宜蘭縣礁溪鄉	24名	1. 國文 2. 英文 3. 中國文學史、西洋文學史（二選一） 4. 書面審查	30／70／0
花蓮教育大學	民間文學研究所 花蓮縣花蓮市	7名（3）	1. 國文 2. 英文 3. 民間文學概論 4. 中國文學史、中國思想史（二選一）	0／100／0
東華大學	中國語文研究所 花蓮縣壽豐鄉	12名	1. 國文 2. 英文 3. 中國文學史（含中國文學批評史） 4. 中國思想史 5. 書面審查	15／70／15

近七年各中研所中國文學史試題（86～92年）

台灣大學

八十六年度

1. 試述《孟子》與《莊子》的時代背景，並比較二書的精神特質及文字風格。
2. 試述漢代五言詩的形成、發展及成就。
3. 中國古典詩歌有所謂抒情詠懷的傳統，請問：這個傳統是如何形成的？其間有怎樣的變化？有那些重要的典型作家及作品？試綜合論述之。
4. 在中國古典文學範疇內，「小說」此一敘事文類的原始特質與功能為何？是否一貫或有所變化？而「小說」何以遲至南宋以下始飛躍發展？試並予析論。

八十七年度

1. 《詩經》中之作品在哪些方面為後世詩歌奠定了傳統？
2. 何謂「山水詩」？南朝時期山水詩在風貌與內涵上產生哪些典型與流變？

3. 以詩歌發展史的意義言，初唐詩與中唐詩各有其重要成就與地位，請分別加以闡論。
4. 自明以降，詩、文俱有講求「性靈」一脈，此中重要人物為誰？成就與影響如何？民國以來之新文學是否亦有追蹤繼承者？是并加論述。

八十八年度

1. 科舉之制興於隋唐，迄清末乃止。其興、廢頗有影響於文學發展者，試以唐、元二代為例，加以論述。
2. 有宋一代於文學各體類，亦頗有新變處，試予揭述，並略述何以有此種種新變。
3. 中國古代神話予人以「不發達」或「發展中斷」之印象，理由安在？
4. 屈原〈離騷〉在文學史上展現出哪些開創性的特色？

八十九年度

1. 試述唐宋古文運動的領導家、代表作家，其基本主張與寫作風格為何，並各例舉其代表作一至二篇。
2. 試述詞與曲在體製形式與基本風格的異同，並例述其各別之代表作家，各五人以上，加以簡評。
3. 杜甫〈詠懷古蹟〉五首曾云：「庾信平生最蕭瑟，暮年詩賦動江關」，試論庾信詩賦之特色及其文學史上之地位。

4.北宋詞體之發展可略分為幾期？各期特色如何？請舉出主要作家、詞集名稱，說明之。

九十年度

1.試說明「建安七子」為何許人；並以「建安風骨」為中心，詮釋當時詩風的特質。

2.試舉出宋代婉約派的代表詞人，並略述宋代婉約詞風的演變。

3.何謂「徐庾體」？其與唐詩之關係如何？

4.何謂志怪小說？試述魏晉南北朝志怪小說興盛之原因及其影響。

九十一年度

1.鍾嶸〈詩品序〉曰「故知陳思為建安之傑，公幹、仲宣為輔；陸機為太康之英，安仁、景陽為輔；謝客為元嘉之雄，顏延年為輔。斯皆五言之冠冕，文詞之命世也」。請根據這段話，回答以下兩小題：

(1)分別說明「陳思」、「陸機」、「謝客」三人在詩歌創作上獨特的成就。

(2)說明「建安」、「太康」、「元嘉」這三個時期在文學表現上的承傳演變。

2.比較〈楊林故事〉、〈枕中記〉、〈南柯太守傳〉在小說主題與敘事手法上的異同，並論析其所以異同的原因。

3.初盛唐之際，詩歌如何由「六朝錦色」轉向「盛唐氣象」?試舉若干詩作為例，具體說明期間的轉化之跡。

九十二年度

1.就古典文學史的發展而言，中唐頗具「轉折」意義，無論「詩」、「文」，皆有「新變」，影響深遠。試分別予以扼要闡述。

2.試簡述下列作者在文學史上的重要性

(1)張岱

(2)吳敬梓

(3)曾國藩

(4)魯迅

(5)徐志摩

3.何謂志怪小說?試述魏晉南北朝志怪小說興盛之原因，及其對後代文學的影響。

4.李白、杜甫是中國詩歌史上兩大巨人，宋嚴羽《滄浪詩話》云:「太白有一二妙處，子美不能道；子美有一二妙處，李白不能作。」試就二人才性思想、作品體製、風格及詩歌史地位加以比較。

台灣師範大學

八十六年度

1. 什麼是神話？什麼是傳說？中國古代神話為何不發達？
2. 試述中唐奇險詩之風格特色，及其代表作家。
3. 稼軒詞有何特色？試舉例說明之。
4. 明代有何重要之白話短篇小說？其內容如何？在文學上有何成就及貢獻？

八十八年度

1. 試舉實例分別說明《詩經》中賦、比、興的表現手法。
2. 試論述魏晉之文學批評。
3. 試述蘇軾的文學理論和他在散文創作方面的成就。
4. 試比較明四大奇書之藝術特色。

九十二年度

1. 我國文體分類之說，蓋肇始於漢、魏而大盛於齊、梁，試述其要旨。
2. 試論歷史散文自先秦至兩漢之發展。
3. 解釋詞語
(1)建安風骨
(2)樂府
(3)才秀人微
(4)五花爨弄
(5)人間詞話
4. 清代康、乾年間，詩人喜言宗派，試為詳論之。

政治大學

八十六年度

1. 試述魏晉以迄唐宋之賦體演變。
2. 試述明代通俗文學興盛之主要原因。
3. 試述鍾嶸《詩品》之文學觀。
4. 或曰漢語詩歌至唐代律詩而臻極致，請從史之觀點討論之。

八十七年度

1. 試述中國古代神話的特質，及保存中國古代神話的重要典籍。
2. 試述六朝詩歌對唐代的影響。
3. 或曰詞以婉約為正宗、豪放為別格，請就詞之產生及發展，論評其說。
4. 試述明代公安文論之主要觀點及其產生之背景。

八十八年度

1. 試述晉宋山水詩興起的背景，並略說明其代表詩人謝靈運作品（山水詩）之特色。
2. 試述唐代古文運動的文學主張，並略說明其代表人物韓愈散文藝術的成就。
3. 「文學史」的書寫，有人獨自完成，也有合兩人以上之力合寫而成。請自現行的《中國文學史》書類中，各舉一例，比較其異同，並指出其優劣。
4. 在中國文學史的領域中，有斷代文學史，如《漢代文學史》、《唐代文學史》等；也有分類文學史，如《中國小說史》、《中國詩歌史》等，請問，想了解更全面且有系統的文學學識，你如何自這兩類書寫中去取捨？說明時，請儘量舉實際例子為據。

八十九年度

1. 試述建安詩歌產生的背景及其特色。
2. 試述唐代古文運動的主要主張並略述韓愈散文之特色。
3. 何謂鼓子詞、諸宮調、雜劇，三者之間有何關聯性？
4. 明代四大章回小說的內容和形式，都是前有所承，請說明之。

九十年度

1.漢代散文對於先秦散文的繼承和發展。

2.六朝南北民歌的差異。

3.志怪、傳奇、話本的演變軌跡。

4.臺灣歌仔戲形成的京劇因素。

九十一年度

1.中國文學史中屢次出現「侍從文學」，請就所知論述此一文學現象。

2.李肇《國史補》（卷下）指出：「元和之風」是唐詩發展的轉變關鍵，此時期所指詩人包括：韓（愈）、孟（郊）與元（稹）、白（居易）兩大詩派，試說明其傳承、發展。

3.中國古典章回小說有所謂「累積型」小說，其產生的原因為何？試擇一部章回小說為例以說明之。

4.試論清詞對宋詞的繼承與開創。

九十二年度

1.試述魏晉南北朝唐宋時代賦體文學的演變情況。

2. 崔鶯鶯的故事曾在不同的文體中出現，請分別說明其性質與關係。

3. 試述白居易的詩歌主張與詩歌特色。

4. 試述明代前後七子與公安派的文學主張。

東吳大學

九十年度

1. 名詞解釋：⑴九歌⑵史傳散文⑶駢文⑷啟顏錄

2. 問答

⑴試述唐傳奇、宋話本、明清小說之間的關係及差異？

⑵為何後一朝往往是前一朝之文學餘緒？試就唐以後朝代舉二例說明。

3. 配合題：（從下列十五項，選出與各子題相關答案，將阿拉伯數字填入，每題二分）

㈠姜夔……（　）

㈡元好問……（　）

㈢湯顯祖……（　）

㈣朱彝尊……（　）

㈤王世貞……（　）

⑴文章以意為之主，以言語為役。

⑵王國維說：「寫景之作，……雖格韻高絕，然如霧裡看花，終隔一層。」又說他：「有格而無情。」

⑶小說與群治之關係。

⑷詩之極致有一，曰入神，討而入神，至矣盡矣。

⑸才生思，思生調，調生格。

⑹創神韻詩派，尊王維、孟浩然。

⑺所以為文者八，曰神、理、氣、味、格、律、聲、色。

⑻屠隆稱他：「才高博學，氣猛思沈。格有似凡而實奇，調有甚新而不詭。語有老蒼而不乏於姿，態有穠豔而不傷其骨。」

⑼沈德潛推他的詩為一代之冠。

⑽詩集中有論詩絕句三十首。

⑾主張詞以比興為重，強調寄託，重視內容。

⑿著長生殿，韻調之嚴，守法之細，為人稱道。

⒀強調興、趣、意、悟、天機。

⒁創浙西派，其詞有江湖載酒集、靜志居琴趣、茶煙閣體物集、著錦集。

(15)主張童心說，反對擬古拜孔的偽道學。

九十一年度

1. 請綜述樂府詩歌由形成以寖至南北朝之流變。
2. 自斷代文學史觀之，《楚辭》之於漢魏六朝，影響為何？
3. 解釋名詞：
(1)天監文學
(2)正始文學
4. 全祖望在〈宋詩紀事序〉論宋詩的演變，概括言之是由西崑，而歐、蘇，而黃庭堅，而南宋四家、四靈派，而遺民詩；試就本題所列，分別說明其詩歌特色。
5. 簡述明代二百七十餘年間文學思潮的發展及其影響。
6. 解釋：
(1)小令、帶過曲、套數
(2)題目正名、砌末

九十二年度

1. 詳論漢代諸體文學。
2. 比較南朝樂府、北朝樂府，及唐代新樂府彼此之異同。
3. 試說明辛棄疾詞的特色。
4. 試述晚明公安派的文學主張。

文化大學

八十六年度

1. 《詩經》何以被稱為我國古代北方詩歌總集？它是怎樣編輯成書的？其內容又大致如何？試言其要。
2. 試分別論述陶淵明與謝靈運在田園、山水詩方面的表現與影響。
3. 《水滸傳》如何經營形成其「逼上梁山」的情節特色？又《水滸傳》成書後，對後世文學有何影響？並願聞之。
4. 三、四十年代「左翼作家聯盟」（簡稱「左聯」）由成立到解散的前因後果，能言之否？

八十七年度

1.兩漢時代，有何重要之哲理性與歷史性之散文？此類散文對後代文學有何影響？
2.何謂駢文？六朝駢文之分類如何？有何主要之作家及作品？試擇要述之。
3.唐人傳奇小說發生之原因何在？並舉實例以證之。
4.明代公安派之文學主張如何？對後世文壇有何啟示與影響？

八十八年度

1.春秋戰國時代，有何重要之散文著作？其成就如何？試擇要述之。
2.今存魏晉南北朝樂府民歌，其內容如何？特色何在？
3.唐代傳奇小說發生之原因為何？並舉例說明之。
4.清代桐城派與陽湖派、湘鄉派之古文理論有何異同？試比較以明之。

八十九年度

1.屈原之生平及其作品如何？其人其作品對後世有何影響？
2.何謂「樂府」？漢樂府之內容及其特色何在？試擇要述之。
3.唐代有何重要之文學運動？主要參與者為誰？其對文壇之影響如何？

4.明代有何重要之白話短篇小說？其內容請列舉二、三篇為例以明之。

九十年度

1.漢代有何重要之史傳散文？其對後世文學有何影響？試擇要述之。

2.唐代文人樂府有系樂府、新樂府、正樂府之分，其間主要之詩論何在？有何主要之代表作家？

3.試述元人雜劇之起源，並列舉元人雜劇四大家及其代表作。

4.清代有何重要之長篇章回小說？並列舉其作者及其作品之內容大要。

九十一年度

1.《詩經》中有何神話之詩篇？其內容大意如何？對後世文學有何影響？

2.自正始以後，兩晉（266~420A.D.）詩歌之發展如何？其間有何重要之作家？在詩歌之成就與貢獻為何？

3.何謂「古文」？唐代韓愈、柳宗元在古文理論上有何建立？其古文作品之成就如何？

4.元代散曲興盛之原因何在？其間有何重要之作家？其作品之風格如何？試擇要述之。

九十二年度

1.先秦時期有何歷史散文？試舉兩家為例，說明其特色及文學上之成就。
2.何謂樂府？漢樂府詩之特色何在？其主要內容如何？試擇要述之。
3.何謂變文？唐人敦煌變文依內容之性質來分，可分幾類？試擇要述之。
4.晚清時期有何主要之譴責小說？其文學價值何在？

淡江大學

八十六年度

1.明代李東陽在其《麓堂詩話》中說：「宋詩深，卻去唐遠，元詩淺，去唐卻近。顧元不可為法，所謂取法乎中，僅得其下耳！」（《廣文書局．古今詩話二》）這段文字不但指涉了唐、宋、元詩的差異，並且揭示了李東陽在詩學上的主張，請分別說明之。
2.在詞學的發展過程中，向有「清詞中興」之說，請問清代的詞有那些重要的詞派及代表詞人？其詞學上的主張為何？
3.中國文學除本身的發展外，亦頗受「外來文學」的影響，鄭振鐸《插圖本中國文學史》的緒論中，即稱「外來文學」使中國文學產生許多新文體及新的活動力，請諸君就所知簡要說明之。

八十七年度

1. 由東漢末建安開始，至南朝為止，詩歌發展有那些主要階段？各階段的作品特色及代表性詩人為何？
2. 試述唐代古文運動和明代前後七子的文學主張，並比較二者提出的文學觀念在文學史上的意義。
3. 論清末小說的題材、藝術表現，與當代社會狀況及思想發展的關係。

八十八年度

1. 宋．嚴羽《滄浪詩話．詩辨》中說：「……近代諸公，乃作奇特解會，遂以文字為詩，以才學為詩，以議論為詩。夫豈不工，終非古人之詩也。……」請您從詩作發展的角度，討論這段文字所彰顯的意義。
2. 王國維《人間詞話》中說：「詞至李後主而眼界始大，感慨遂深……。」請您以李後主為中心，討論王國維此一觀點在詞作發展史中的意義。

八十九年度

1. 中國文學發展至南朝，無論文學之觀念與詩體形式、聲律均與以前有顯著的進步與不同。試舉例以說明之。
2. 有唐一代，文學大盛，舉凡詩歌、古文、傳奇、變文無不有輝煌成就。試分析諸此文類中，彼此有無相關性或獨特性？試舉證析論之。
3. 略述後蜀趙崇祚所編《花間集》一書之內容及其在詞史發展上的價值與地位。
4. 試述歸有光在明代散文的主張？並兼論其文章之特色？

九十年度

1. 試論述唐代邊塞詩的前緣發展以及在當代所以大盛之原因？
2. 試述「詞的起源」的幾種重要說法？並舉證說明蘇軾在詞壇上的地位？
3. 何謂「小品文」？並說明「公安派」的文學主張？
4. 試概述在中國歷代文學發展中，外族文明的功過如何？

九十一年度

1.漢代樂府詩與《詩經》在性質與搜輯上有無共同之處？漢樂府詩內容和藝術特色各如何？

2.魏晉、唐代、宋元在中國古典小說發展上具有階段性意義，試論三個階段的小說在語言文字、思想、內容上的重要變革。

3.論「詞」在唐五代的發生和發展，並評述唐五代主要詞人的藝術、思想特質。

4.「文心雕龍」是中國古典文學批評的集大成著作，它總共有多少篇？內容大約可歸納為幾類？在觀念上，這些門類為中國傳統文學樹立的批評體系和方向大要如何？

九十二年度

1.論述五言詩興起於漢代的幾種說法中，何者為可信？又五言詩的興起與樂府詩的關係如何？

2.《詩品》云：「詠懷之作，可以陶性靈，發幽思。言在耳目之內，情寄八荒之表，洋洋乎會於風雅，使人忘其鄙近，自致遠大。頗多感嘆之詞，厥旨淵放，歸趣難求。」此所謂「詠懷」之作是指何人作品？試就作者之個性與環境予以申論。

3.唐、宋二代皆有古文運動，試論述二者主張之異同。

4.試述崑曲的興起以及魏良輔在此方面的貢獻。

輔仁大學

八十六年度

1. 關漢卿雜劇與湯顯祖傳奇的特色。
2. 試述從漢到魏、晉、南、北朝各階段的詩風。
3. 試從形式和語言文字論我國小說的發展。
4. 試論賦的發展和古文之間的關係。

八十八年度

1. 試簡述中國俗文學在唐、宋、明、清時的發展概況。
2. 試述六朝、唐、宋、明、清各代駢文的特色變化。
3. 在六朝詩歌中，後人對玄言詩、宮體詩的評價都不高。但它們作為詩歌潮流各盛行了那麼長的時間，本身就是一個值得注意的現象，而且有其一定的意義。請分別論述之。
4. 請論述明傳奇的發展和流派。

八十九年度

1. 請論述北朝散文名著：酈道元的《水經注》和楊衒之的《洛陽伽藍記》二書。
2. 散曲是元代一種新興的韻文形式，一種新的詩歌體裁。請論述它的興起和體制。
3. 宋詩對唐詩而言，有何承傳與演變？試詳細說明之。
4. 試述唐傳奇在小說發展史上之意義。

九十年度

1. 請論述魏晉南北朝山水詩的淵源、流變、特徵與時代意義。
2. 請論述敦煌俗講與變文。
3. 試述公安、竟陵、桐城三家派之文論主張。
4. 何謂南戲？試述南戲發展之情形？

九十一年度

1. 在漢代的各種文類中，賦的地位格外重要。請論述漢賦的發展演變。
2. 請論述晚唐詩歌。
3. 試說明北宋、南宋「詞壇」之傳承關係，以及發展狀況。

4.試論述明代小說發達之原因，並舉出長篇、短篇小說之代表作介紹之。

九十二年度

1.南朝齊、梁、陳雖是三個朝代，詩歌風氣則大體不分，文學史家常合而論之，統稱為齊梁詩風，又含有代指浮靡之習的貶意。然而，齊梁詩人在語言風格、藝術表現、題材內容和形式體裁方面大量探索，使詩歌風貌在晉宋之後發生了轉折性的變化，促使唐詩的產生。請論述齊梁詩風在詩歌史上的意義。

2.關於元雜劇的興起，直接源頭主要是兩條：一是從宋到金的說唱藝術（諸宮調）；一是從宋到金以調笑為主的短劇（宋雜劇、金院本）。請論述之。

3.試說明明代三國志演義（三國演義）的特色。

4.姚鼐於《古文辭類纂》序末云：「凡文之體類十三，而所以為文者八，曰神、理、氣、味、格、律、聲、色。神理氣味者，文之精也；格律聲色者，文之粗也。然茍舍其粗，則精者亦胡以寓焉。學者之於古人，必始而遇其粗，中而遇其精，終則御其精者而遺其粗者。」是詮釋上文姚鼐之言，以見桐城派論文之道。

銘傳大學

八十九年度

1.《楚辭》影響後世甚大，試舉漢人如：劉安、司馬遷、班固、揚雄、王逸等人，對屈原其人及其作品的評述。

2.《文心雕龍．明詩篇》云：「正始明道，詩雜仙心。何晏之徒，率多浮淺。惟嵇志清峻，阮旨遙深，故能標焉。」以文學史觀點詳加解釋。

3.試說明元雜劇興起的原因及其體制。

4.試說明公安派、竟陵派之代表作家及其文學理論。

九十年度

1.兩漢賦體之發展趨勢如何？試分期陳述並列舉各期之代表作家二人及代表作品。

2.劉彥和《文心雕龍》專屬於文學批評論者有幾篇？試列舉篇名並陳述要旨以對。

3.魏晉南北朝志怪小說之內容可分幾類？各類之代表作有何？試各陳述之。

4.唐代變文之形式如何？其題材內容可分幾類？對後世文學有何影響？試各詳述以對。

九十一年度

1.《文心雕龍．詮賦》云：「賦也者，受命於詩人，拓宇於《楚辭》也。」其說是否允當？試從詩、騷、賦發展的軌轍加以說明。

2.何謂敦煌變文？敦煌變文在文學上有何成就？對後世有何影響？

3.試舉例說明關漢卿與馬致遠雜劇的特色與差異。

4.試述明代前後七子文學理論的背景及主要觀點。

華梵大學

八十六年度

1.孔子說：「有德者必有言，有言者不必有德。」《論語．憲問篇》韓愈說：「仁義之人，其言藹如也。」〈答李翊書〉歐陽修說：「大抵道勝者，文不難而自至也。」〈答吳充秀才書〉朱熹說：「道者，文之根本；文者，道之枝葉。惟根本乎道，所以發之於文者，皆道也。三代聖賢文章皆從此心寫出，文便是道。」《朱子語類》儒家這樣推崇道德是文學的根本，是否恰當，試加以評論。

2.魏晉以來，文學逐漸走上自覺的道路，得到蓬勃的發展，出現重情尚文的傾向，其後，更導致淫靡文風之產生，因而廣受批評。然則，六朝文學之重情與尚文，其正面的價值與負面的影響，該如何評價。其次，文學若是情感的表達，這究竟是何種感情？請說明之。

3.或謂詞「要當以婉約為正，否則雖極精工，終非本色」；何謂「婉約」？試舉例說明。

4.明代前後七子的文學主張為何？試分析他們倡言復古的背景，並評論他們與韓柳古文運動在復古的意義上，有何不同。

八十七年度

1.何為《詩》之六義？《毛詩序》對此曾加以闡釋，其說允當否？孔子與《詩經》之關係若何？司馬遷《史記》有刪詩之說，後人見解若何？能縷述之否？

2.賦為兩漢代表文學，其興盛之原因為何？劉勰《文心雕龍．詮賦篇》探討賦之源流曰：「賦也者，受命於詩人，拓宇於《楚辭》。」你之看法若何？兩漢有哪些大賦家及代表作？試介紹之。

3.盛唐詩人王、孟、李、杜，所處時代及環境相若，而四人之詩風竟各自不同，其故安在？於此四家詩，試徵引你所喜愛之作品，並予以分析說明，以揭示四人詩歌之風格。

4.宋代女詞人李清照，其生平明顯分作前後兩期：前期生活美滿，後期艱苦坎坷，因而亦影響及其詞作之內容與風格，早晚有所不同。試就李清照之身世，並引述相關之詞作，以說明其早晚二期不同之詞風。

5.明、清小說至為富贍，舉其代表作則有羅貫中之《三國演義》、施耐庵之《水滸傳》、吳承恩之《西遊記》與曹雪芹之《紅樓夢》。試略述上列四書之內容、特色、成就及其在中國文學史上之地位。

八十八年度

1.何謂《楚辭》？司馬遷謂「屈原放逐，乃賦〈離騷〉」。〈離騷〉是《楚辭》最具代表性之優秀作品，其內容及藝術特色若何？其對後世賦作之影響又若何？試分別述說之。

2.文學史上有所謂「建安七子」，是指哪七位文學家？此七人於文學創作上各有其獨特之成就，能介紹其代表作品並分別評論之否？

3.韓愈、柳宗元於唐代推行古文運動，其推行之背景為何？韓、柳二人對文章復古曾提出何等主張？惟韓、柳二家之古文成就各有其特色與風格，能分別舉例闡述之否？

4.元代雜劇興盛之原因為何？關漢卿乃有元最具代表性之雜劇作家，其所創作《竇娥冤》一劇，於文學史上具高度之藝術成就與評價。試略述《竇娥冤》之故事內容，並分析竇娥此一人物典型所具備之社會意義及藝術特色。

八十九年度

1.先秦諸子，後世每視之為思想家，在文學史上，也是造就中國古典散文的第一個黃金時代。然而，梁．蕭統〈文選序〉卻以為「老莊之作，管孟之流，蓋以立意為宗，不以能文為本」，因而摒棄在《文選》之外。蕭統的說法與上述所陳，明顯有出入，試說明您對這個問題的看法。

2.陳子昂曾謂：「文章道弊五百年矣，漢魏風骨，晉宋莫傳。」李白也說：「自從建安來，綺麗不足珍。」漢魏以後的詩歌，似乎輕易地被否定了。然而，從文學史上看，六朝詩是唐詩的開路先鋒；陳、李的說法，是否偏頗？而六朝詩的弊病，究竟為何？

3.李清照曾謂：「乃知詞別是一家」，並批評蘇軾等人「學際天人，作為小歌詞，直如酌蠡水於大海，然皆句讀不葺之詩爾，又往往不協音律者」，李氏何以有此批評？是否公平？所謂「詞別是一家」，是甚麼意思？試加以說明。

4.韓愈的古文運動是以儒家的思想為依據，以復古為號召，並奠定往後的古文發展之基礎；清代的桐城派，也是標榜儒家的義理，而且，建立了與道統相依的文統，雖也曾盛極一時，但卻是古文的光榮結束。試問同是以儒家為宗，都是含有濃厚「復古」的意味，兩者卻有不同的結果，原因究竟為何？試加以探討分析。

九十年度

1. 中國文學恆受外來文化之影響，試以佛教文化為例，從作者、作品、讀者以及文學理論各方面，說明佛教文化對中國文學之影響。

2. 「傳奇」一詞，在各代有何不同之內涵？唐傳奇之內容，常成為後世戲曲小說改編之題材，試舉三種唐傳奇作品，說明在後代改編之狀況。

3. 試述江西詩派之源流、演變及對後世文學之影響。

4. 解釋名詞：

(1)文學史觀(2)建安風骨(3)《錄鬼簿》(4)人間詞話

九十二年度

1. 「吟詠性情」是六朝文學的重要思潮，然而，李白〈古風〉第一首謂：「自從建安來，綺麗不足珍。」陳子昂也說：「漢魏風骨，晉宋莫傳。」然則，六朝文學對於「情感」的肯定，究應如何評價？

2. 詞有異於詩，表現出特殊的審美風格，試加以說明。

3. 清代詩論「神韻說」對「詩」有何主張？這個看法對於闡發詩的「本質」，有何特色？價值何在？

4.清代桐城派對古文寫作有哪些主張？若與明代的擬古主義比較，有何異同？

中央大學

八十六年度

1.我國志怪小說與志人小說不同之點何在？試述志人小說重要作品為何？

2.何謂賦？試述兩漢重要的賦家及其作品特色如何？

3.宋元說唱文學對明清小說有何影響？試舉例說明之。

4.明人張綖將唐宋詞分為婉約、豪放二體，並云：「婉約者欲其詞情蘊藉，豪放者欲其氣象恢宏。蓋亦存乎其人。如秦少游之作，多是婉約；蘇子瞻之作，多是豪放。大抵詞體以婉約為正。」其說是否允當？試以己意申述之。

八十七年度

1.東漢樂府詩有何種重要作品？對中唐新樂府有何影響？

2.「傳奇」一詞在不同時代有何不同意義？其關聯性若何？試申述之。

3.試以關漢卿或馬致遠一部代表作為例，分析元雜劇的特色。

4. 清桐城派的文學理論有何重點？對他們的文學創作有何影響？

八十八年度

1. 地域特性對文學傳統的形成有很大的影響，試以五代（含）以前的中國文學為討論場域。
2. 試以魏晉隋唐間的文學為例，說明政治上的鬥爭對文人及其文學會產生什麼樣的正負面影響。
3. 試論東坡詞的成就與特色，並論其在詞史上的地位。
4. 當今中國約有多少戲曲劇種？那些是流行比較廣、影響比較大的劇種？擇曲牌體與板腔體各一種，從文學、音樂、表演藝術等方面簡述其特色。

八十九年度

1. 從漢至唐，有不少歷史學家曾表達過他們的文學見解，請舉實例討論他們的文學觀。
2. 曹操父子、梁武帝蕭衍父子皆形成不同的文學團隊，試加以分析。
3. 試以李清照的詞論為據，評述北宋詞的發展及其得失。
4. 以《竇娥冤》為例說明元雜劇的體製，及關漢卿在戲劇史上的地位。

九十年度

1.試以「唐宋謫放文學家與詩歌」為題，擬定一研究綱要，並說明研究步驟。

2.明清兩代有那些知名俠義小說？其藝術成就及文學史上的意義若何？對近代武俠小說之發展有何影響？

3.起源於民間的文學，後來常有雅化現象，試舉例說明之。

4.簡介下面各書：

(1)《搜神記》

(2)《錄鬼簿》

(3)《雲謠集》

九十一年度

1.請說明下列著作之主要批評理論：

(1)曹丕《典論·論文》

(2)陸機〈文賦〉

(3)司空圖《二十四詩品》

2.時代背景、地理環境或人際場域（interpersonal field）形成之文學社群，影響書寫甚鉅，試以下列三者為例，分別說明之：

(1)花間詞人

(2)江西詩派

(3)桐城文派

3. 試由聲腔的演進，闡述從宋元南戲到明清傳奇的發展概況。

4. 試說明晚明短篇小說與時代背景、社會意識的關聯。

九十二年度

1. 魏晉時期在文學理論方面有何具體成就？試申述之。

2. 「傳奇」一詞在唐代指短篇文言文小說，在其他朝代指的是什麼？試說明之。

3. 李摯（一五二七～一六〇二）童心說、自然美、發自己心事之論點，對公安「三袁」與「五四」運動時期「文學觀念」、「內容書寫」、「語言載體」均有影響，試說明之。

4. 閩南南管戲曲一向被稱為「南戲遺響」，試就聲腔、劇目、牌調、科範等說明其與宋元南戲之關係。

玄奘大學

八十七年度

1. 試述《楚辭．九歌》中祭祀之對象及其內容大要。
2. 何謂志怪文學？六朝志怪文學發生之原因何在？試舉例說明之。
3. 唐代詩歌中有詩仙、詩佛、詩聖三大家之稱，試比較三大家在詩歌上之成就及其特色。
4. 何謂古文義法？清代桐城派古文理論如何建立？試擇要述之。

八十八年度

1. 《詩．大序》云：「《詩》有六義焉。」《詩》之六義，其內涵如何？試舉《詩經》之例以說明之。
2. 吳歌西曲發生之原因何在？及其在文學上之特色為何？
3. 唐宋八大家指那八家？試擇要說明八家在古文上之成就。
4. 晚清譴責小說發生之原因何在？其間有何重要之作品？試舉例說明之。

八十九年度

1. 試言《詩經》之六義，並舉例說明之。
2. 樂府緣何而名？與古詩有何區別？
3. 試言柳宗元作品之特色。
4. 試論蘇東坡在詞體發展史上之地位與貢獻。

九十年度

1. 《詩・大序》曰：「《詩》有六義焉」，何謂六義？請扼要說明之。
2. 略述《西遊記》之寓意。
3. 《史記》對後世文學有何影響？
4. 從體裁形式、內容題材、作品風格比較盛唐田園詩派與邊塞詩派的異同。

九十一年度

1. 試論《論語》與《孟子》之文學特點。
2. 唐詩興盛之原因為何？試論述之。
3. 試述李清照詞之藝術成就。

4.《西遊記》之藝術特點為何?試論述之。

九十二年度

1.試述《左傳》之文學特色及其在文學史上的地位。

2.同為田園詩人，王維與孟浩然有何異同?

3.朱子是宋代理學家中最富於文學修養者，試述其文學觀。並詳述此種文學觀與清代方苞之文學主張有何關係。

4.試述周美成《片玉詞》之特徵。

清華大學

八十六年度

1.唐代駢文與散文之發展，各擅其勝，試述其嬗變之跡。

2.試簡述明清文學批評史上「格調說」、「性靈說」、「神韻說」的內涵。

3.唐代變文對後代小說的影響如何，請申述之。

4.請分辨文學史上「宋雜劇」、「元雜劇」、「明雜劇」、「北雜劇」、「南雜劇」諸名詞之異同，並分別說明其體制結構。

5. 試述溫庭筠在中國韻文史上（自唐迄清）的地位。

八十七年度

1. 試從散文發展史觀點比較先秦哲理散文、兩漢史傳散文與六朝文學散文的特質。

2. 請說明下列批評著作的主要批評論題為何：

(1)曹丕《典論．論文》

(2)陸機〈文賦〉

(3)鍾嶸《詩品》

3. 簡要說明下列詩人、詞人係何時人物，作品特色及在文學史上之地位為何：

(1)陳子昂

(2)白居易

(3)王禹偁

(4)姜夔

4. 試說明元雜劇的組織結構。

5. 《紅樓夢》書中對清初以來流行的才子佳人小說曾大加批評。請問《紅樓夢》和當時流行的才子佳人小說主要異同為何？

八十八年度

1. 請申述魏晉時期文學批評領域有哪些重要的論題。
2. 試述杜甫在社會寫實詩上的成就。
3. 小說史上唐代傳奇為代六朝志怪而興之文體，試問傳奇之起與志怪之發展關係為何？傳奇與志怪之同異如何？
4. 試從文學背景及思想背景說明古文運動產生的原因。
5. 請說明湯顯祖在中國文學史上的重要性。

八十九年度

1. 請說明下列著作在中國文學批評史上的意義：
   (1)梁・劉勰《文心雕龍》
   (2)唐・司空圖《二十四詩品》
2. 請說明下列詩人對中國詩詞發展的貢獻：
   (1)謝靈運（詩）
   (2)陳子昂（詩）
   (3)溫庭筠（詞）

(4)柳永（詞）

3. 三言、二拍，各指何書而言？它們在小說發展史上的地位如何，試說明之。

4. 請說明中國戲曲自宋代以下的發展脈絡。

九十年度

1. 《論語》中孔子曾經說道：「詩可以興，可以觀，可以群，可以怨。邇之事父，遠之事君，多識於鳥獸草木之名。」請申述這一段話的意旨。

2. 試述唐五代詞的發展過程。

3. 《金瓶梅》在通俗小說發展上的地位如何，請說明之。

4. 解釋名詞：

(1)元曲四大家

(2)宋雜劇

(3)崑山腔

九十一年度

1. 試簡論中國散文由諸子散文、史傳散文、六朝駢文到唐宋古文演變軌跡的語文因素。

2. 解釋名詞：

(1)謝靈運

(2)梅堯臣

3.在中國古典詩歌的歷史發展過程中，南朝是一個重要的階段。請申述這段期間在「詩學」領域上有哪些重要的議題？

4.請詳細說明元雜劇的體制，並評析此種體制對於藝術創作所提供之優勢及所造成的限制。

5.《閱微草堂筆記》及《聊齋誌異》同為清代文言小說，但性質稍有差異。二書作者為誰，主要異同為何？試說明之。

九十二年度

1.《詩經》是怎樣的一部書？內容分〈風〉、〈雅〉、〈頌〉三大類，又是什麼意思？在文學史上的重要性如何？

2.《搜神記》號稱干寶所作，干寶何許人？《搜神記》又是怎樣的作品？在文學史上地位如何？

3.詩歌史上有「元、白」並稱者，指何而言？何以有此並稱？作品之主要共同特色為何？對後世影響如何？

4.《儒林外史》是誰的作品？是怎樣的一部作品？在小說史上的地位如何？

中興大學

八十九年度

1. 解釋下列各名詞：
(1)成相詞
(2)永嘉四靈
(3)題目正名
(4)茶陵詩派
(5)前後七子
2. 請從史傳文學的角度評論《史記》與《漢書》之高下異同。
3. 宋代道學家有何文學主張？其影響為何？
4. 試述王士禎、翁方綱之詩學理論。

九十年度

1. 何謂建安風骨？試申述之。

2.近人論詞每分豪放、婉約兩派，並謂東坡為豪放派領袖；所說當否？試論述之。

3.明代短劇之性質如何？重要作家與代表作品有那些？試就所知暢論之。

4.試比較嚴羽「興趣說」、王士禎「神韻說」、王國維「境界說」三者之異同。

靜宜大學

八十九年度

1.陶淵明、謝靈運是常常被相提並論的六朝詩人。試從家世背景、性格作風、觀物態度、作品意境、題材內容與對後世影響等方面比較兩人之異同。

2.試述中國古代對「小說」之概念，並說明由六朝到唐代小說藝術發展之進境。

3.詩在北宋的發展，屢有變遷，試分期說明其特色，並舉出各期代表作家及其藝術風格。

4.元雜劇是一種體制非常嚴謹的劇種，試從結構形式、腳色、曲辭、賓白及科泛，說明其特色。

九十年度

1.說明兩漢樂府的內容、精神及其藝術特色。

2.詩自三百篇以來，曾經歷了《楚辭》、漢樂府民歌等重要發展階段，其內容、形式都有很大變化，但漢朝辭賦盛行後，文人崇賦而輕詩，文人詩作者不多，直至建安始忽然改觀，詩壇湧現大量作家，其中曹魏父子領袖群倫，試分別說明他們詩歌的特色。

3.唐代文學發展過程中，曾先後於詩、文兩個領域發生復古運動。試就其源由、理論內涵與實踐情形加以闡述。

4.明、清文壇上，主張「獨抒性靈」的作家各有哪些？而其創作理論與作品表現又有哪些特點？

九十一年度

1.請說明漢代政論文的發展。

2.《詩經》是北方文學的代表，《楚辭》是南方文學的代表，請加以比較說明。

3.請指出下列作家在中國戲曲發展史上各有何貢獻？

(1)關漢卿

(2)高明

(3)梁辰魚

(4)徐渭

(5)李漁

4. 宋代詠物詞之淵源及其發展情形如何？

九十二年度

1. 儒家之孔子、孟子與道家之老子、莊子；此四人之散文各有何特色？請申述之。又四人之散文成就，在中國散文史上有何重要貢獻？
2. 何謂「樂府詩」？何謂「新樂府詩」？此二種文體在題目、內容、形式與音樂方面，有何因襲、變革？試申論之。
3. 論述張可久、馮惟敏二人在中國文學史上的成就及其地位。
4. 自唐至清，「傳奇」一詞，曾代稱過那些不同的文體？試指出並略論其體裁之不同。

逢甲大學

八十六年度

1. 試述宋代詩的發展。
2. 試比較吳江派與臨江派的作品特色及理論。
3. 試就所知，敘述漢賦的特色及其演變過程。

4.《文心雕龍》論文的要點為何?試就所知說明之。

八十七年度

1.試述清代桐城派、陽湖派、湘鄉派的散文。
2.試論元代散曲興起與發展。
3.試就《墨子》、《孟子》、《荀子》、《韓非子》四部典籍,比較它們在議論文上的特色。
4.陸機不僅為文學創作家,亦是文學理論家,他在此二方面的成就如何?試說明之。

八十八年度

1.試論唐代新樂府崛起的社會基礎與人文背景。
2.試論明代前後七子的文學觀點。
3.魏晉文學大都具有玄虛傾向,故其思想以游仙和隱逸為主。其詳情為何?試舉出幾位代表作家說明之。
4.春秋戰國時期的歷史散文和哲理散文,不僅具有豐富的思想內容,在文學成就上,也有相當的特色。試從語文表現及其寫作技巧論述之。

八十九年度

1. 試述元詞的繼承與衰微。
2. 試比較明代吳江派和臨川派的戲曲觀點。
3. 試舉出建安文學之特色，並說明其所以形成之原因。
4. 劉勰《文心雕龍》一書基本思想為何？其所抱持之批評態度與批評方法為何？試略述之。

九十年度

1. 試論隋代文學不振的背景。
2. 試論明代詩的演變與文學思潮的關係。
3. 解釋名詞：
   (1)「諸宮調」
   (2)「踏搖娘」
   (3)《太平廣記》
   (4)《樂府詩集》
   (5)《醉翁談錄》

4. 敦煌俗講文學與明清的寶卷文學有什麼關係？試從兩者的形制、內容、功能的關係申論之。

九十一年度

1. 陸機的文學批評觀點為何？試就《文賦》所論說明之。
2. 陶潛與謝靈運的詩歌，多為詠述山水田園之作，然兩人的風格內涵，實有相當的差異性在，其故為何？試說明之。
3. 南戲與雜劇，其淵源和體制各不相同。試說之。
4. 試論桐城派及其流變。

九十二年度

1. 春秋戰國時代，諸子騰說，散文勃興。其主要之代表人物與作品風格為何？試就所知舉例說明之。
2. 辭賦從漢代經魏晉南北朝，以至唐宋時期，皆盛行未衰，然無論在內容或形式上，歷代迭有變遷。其演進情形為何？試說明之。
3. 試述明代散文之流變。
4. 試述清代詞壇與詞風之多元嬗變。

暨南國際大學

八十六年度

1. 說明《孟子》、《莊子》、《荀子》散文的特色及其對後世文學的影響。
2. 簡述庾信的生平，比較其前後期創作技法與風格的變化，並說明其詩、賦、駢文的成就。
3. 說明明代前後七子的文學主張，並評論其得失。
4. 寫出下列各書的時代與作者。
(1)《鏡花緣》
(2)《小倉山房集》
(3)《鶴林玉露》
(4)《詩式》
(5)《白雨齋詞話》

八十七年度

1. 唐人傳奇如何反映當代思想意識與社會生活，試以作品為具體分析對象說明之。
2. 周作人將中國新文學運動溯源於明代，認為胡適、陳獨秀之主張早在公安派理論中出現，其說當否?請申明之。

3. 試從《楚辭》之創作方法、形式與風格，說明其文學藝術之成就及影響。

4. 選答（請就下列兩題，擇一作答）：

(1)韓愈謂：文以載道。柳完元云：文以明道。試述二者釋「道」之異同，並概述二家之文學主張。

(2)沈德潛《說詩晬語》云：「古詩十九首……或寓言，或顯言，或反覆言。初無奇闢之思，驚險之句，而西京古詩皆在其下。」對〈十九首〉推崇備至，試舉詩二首分析以證。

八十八年度

1.《詩經》和《楚辭》並稱中國文學的兩大源頭，然而對漢魏六朝文學來說，《楚辭》的影響更為直接而明顯。請試就所知，說明屈原及其文學在下列幾個方面對漢魏六朝文學的影響：1.作家的地位與身分（如個人特徵、群體影響等），2.文學體裁及語言風格（如文體、句法、修辭等），3.創作動機和表現內容（如文學觀、思維特質、主題內涵等）。

2. 選答（以下二小題，擇一作答）：

(1)魯迅說魏晉是一個「文學的自覺時代」，在這個長時段的歷史中，文學確實日趨獨立與純粹。請試就所知，就文學觀念的獨立、文學語言的講求、寫作題材的變化等方面，扼要論述魏晉南北朝文學日趨純粹化的過程。

(2)中唐迄五代是文化史的一個變革時期，史學家甚至有「唐宋變革期」之說。請問中唐時期發生了哪些重要的文學運動？請扼要敘述其發展經過，並闡述其在整個中國文學史上的意義。

3.必答題：明代短篇小說有那些主要的刻本，內容與藝術成就如何，試就個人所知作一介紹。

4.選答題（請就下列A、B兩題任選一題作答）：

A.蘇東坡論詩說：「欲令詩語妙，無厭空且靜。靜故了群動，空故納萬境」。這是一種怎樣的思想與文學境界？試以蘇東坡自己的創作為例，加以說明。

B.請簡括扼要解釋下列幾個名詞：

(1)西崑體。

(2)江西詩派。

(3)同光體。

八十九年度

1.《詩經》是中國最古老的文學典籍，歷經長時間的演變過程，包含風、雅、頌等不同體裁。請扼要說明，《詩經》和上古宗教、神話的關係，並闡述這些宗教因素對《詩經》演變過程的影響。

2. 請簡要說明下列詩人的文學風格、列舉主要作品，指出其在中國文學史上的意義：(1)曹植，(2)阮籍，(3)陶淵明，(4)鮑照。

3. 試述柳永、蘇軾、周邦彥三家詞作的特色，並比較其在宋詞發展上的意義與地位。

4. 解釋名詞：

(1)臨川四夢

(2)新樂府運動

(3)江西詩派

(4)桐城派

九十年度

1. 兩漢樂府是中國詩歌發展過程的一個重要階段，請扼要就漢樂府的起源和發展、性質、內容、文學風格等問題加以評述，析論漢樂府詩在文學史上的地位與意義。

2. 山水詩和宮體詩是南朝文學令人矚目的新興課題，不論就文學史，甚至美學史、文化史的角度來看，都留下許多值得思考的問題。請試就所知，首先就這兩個新興課題主要的文學特徵、列舉主要詩人，扼要加以敘述說明；其次請就這些現象，從文學史、或者美學史、文化史上等宏觀的角度加以析論，說明其深一層的歷史意義。

3. 何謂南戲？其戲劇體制與雜劇、傳奇有何不同？請詳論之。

4. 請解釋下列詞語：

(1)常州詞派　(2)三吏、三別　(3)永嘉四靈　(4)《片玉詞》　(5)三言二拍

九十一年度

1. 請就下列詩人，列舉其代表作品或名句，並扼要說明其文學的特徵、闡述他們在中國文學史上的意義：(1)司馬相如，(2)阮籍，(3)謝靈運，(4)李白，(5)李煜。

2. 文學史除了宏觀的研究之外，也要注意作品微觀的解讀。下面是陶淵明最有名的一首詩：「結廬在人境，而無車馬喧。問君何能爾，心遠地自偏。採菊東籬下，悠然見南山。山氣日夕佳，飛鳥相與還。此中有真意，欲辨已忘言。」（《飲酒．其五》）所謂一粒沙中見世界，請你扣緊這首詩的本文，因小見大，從各個層面析論陶淵明在文學史上的地位與意義。

3. 兩宋時期民間曲藝繁盛，請列舉曲藝種類，並說明各種類的特色。

4. 清代通俗文學的評點現象很普遍，請舉出具有代表性的小說評點家二人，並闡述其評點旨趣。

九十二年度

1. 中國文學以抒情文學為主流，學界素來有「抒情傳統」的說法；但相對的：中國的敘述性文學也有久遠的傳統，如神話、史詩、敘事詩等，請試就所知，說明從先秦到南北朝敘事性詩歌的發展，並析論其文學形態，闡述其文學史的意義。
2. 請扼要說明近體詩從興起、發展到形成的大致過程，並扼要析論這種文學體裁在文學史上的意義。
3. 王國維《人間詞話》：「長調自以周、柳、蘇、辛為最工。」請以此四位詞家的作品為例，說明小令至長調的詞風轉變，並藉此敘述四位詞家在詞史上的貢獻與重要性。
4. 請分別闡述唐傳奇、宋話本的語言、形式、內容等特色，並以具體實例說明二者對明、清戲曲、小說的影響。

彰化師範大學

八十六年度

1. 試論柳永、蘇軾在詞體發展史上之貢獻。
2. 晚明之散文有何特色?試舉兩位作家並說明其作品之特點。
3. 試述賦自漢以降唐宋，在形式、內容方面之演進情形。
4. 「變文」為韻散結合之講唱文學，此一特殊表現形式，對後代文學有何影響，試申論之。

八十八年度

1. 東漢中葉之後，宦官外戚爭權，國勢日衰，加上帝王貴族奢侈成習，橫徵暴斂，民不聊生，在此情形下，漢賦產生怎樣之變化?並舉兩位代表作家。
2. 正始、太康、永嘉分別為魏廢帝、晉武帝、晉懷帝之年號，試述此三時期詩歌之特色。
3. 何謂唐「傳奇」?何謂宋「話本」?宋話本承自唐傳奇，有何因襲進步處?試申論之。
4. 何謂「江湖詩派」?其代表人物有哪些?詩學主張為何?試申論之。

八十九年度

1. 請論述下列元代散曲家作品的風格特色：關漢卿、白樸、喬吉、徐再思。
2. 所謂清初四大詩派是指哪四派？各由何人所倡導？其詩學理論為何？試申論之。
3. 南北朝時，專力於批評事業，成一家之言者，首推劉勰之《文心雕龍》及鍾嶸之《詩品》，試闡述鍾嶸評詩之目的及其文學主張。
4. 試述唐代邊塞詩派之產生原因及其特色。

九十年度

1. 蘇軾與周邦彥是北宋詞中最具代表性的大家，試比較兩人詞風有何不同？
2. 試述明代小說發達的原因。
3. 請從創作、體製、題材、藝術構思、語言表達等方面，論述魏晉南北朝小說與唐傳奇的不同處。
4. 魏晉南北朝山水詩與隱逸詩有何特色，其代表人物為何人？又其人對該詩派有何貢獻？

九十一年度

1.孟子的文章在文理表達方面，有何特色，願聞其要。
2.山水詩為何興盛於南北朝之際？當時有那些重要詩人（最好依時代先後），試列其名。
3.張籍最敬佩的詩人為誰？在其影響下，張籍的詩作有那些特色，試陳述之。
4.明代有五大傳奇，所指為那些劇本，並擇其中一本簡述其劇情。

中正大學

八十六年度

1.試以文學技巧之角度比較《尚書》、《左傳》、《史記》三者之異同。
2.賦體文學受屈原與荀卿之影響如何？試分析之。
3.試比較姜夔與張炎詞作之特色，並說明二人在南宋詞壇上之地位。
4.馮夢龍在通俗文學上有何貢獻？試詳為說明。

八十七年度

1. 賦者古詩之流。屈原出，文章遂有賦體。其後代有作者，述其流別，可分四類。試說明之。
2. 經學與文學關係密切，唐代古文學家論述尤多，請略述韓愈、柳宗元的看法。
3. 關漢卿被稱為元代雜劇的代表作家，其代表作品為何？成就為何？
4. 試介紹《西遊記》的作者、故事來源，並評述其文學特色。

八十八年度

1. 自漢至宋，賦的演變如何？請分別就內容與形式撮要介紹。
2. 試說明鍾嶸《詩品》與司空圖《詩品》內容之特色，並評比二者之優劣。
3. 請就文體、取材、技巧等角度，比較魏晉志怪、唐傳奇、宋話本之異同。
4. 試說明晚清「詩界革命」產生之背景及其重要詩人的主張與作品特色。

九十年度

1. 南朝文學有何特色？試論述之。
2. 試析論明代小說所以興盛之因。

3. 試述「古詩十九首」的時代、內容、藝術成就及其在中國文學史上的地位。
4. 清代「桐城派」、「陽湖派」與古文運動發展有何淵源？其文學主張又如何？請論述之。

九十一年度

1. 《楚辭》與古代詩歌有何關係？《楚辭》與漢賦在寫作特色上有何異同？
2. 明代戲曲名作之湯顯祖〈牡丹亭〉，其中主要故事內容與人物為何？又具有那些創作特色？
3. 韓、柳、歐、蘇諸賢之所致力，其終極關懷，果在「古文」歟？請抒己見。
4. 有清文製，選體桐城，爭為雄長，其後又何以皆讓席於語體？試析述之。

成功大學

八十六年度

1. 漢賦在中國文學史上之成就及影響如何？一般文學史著作中，對漢賦經常出現負面的評價，諸如：「歌功頌德」、「欲諷反勸」、「誇張失實」、「鋪陳堆砌」等等，這些批評是否確當？諸君試就所知以對。

2. 南北朝時代山水詩所以興盛之原因為何？其有何特質？並至少舉出當代之代表人物二位，及其代表作品與風格特色，加以稱述。

3. 試述洪昇《長生殿》與孔尚任《桃花扇》之主題及藝術表現技巧。

4. 試述清代桐城派古文運動產生之背景、代表人物及其文學主張。

八十七年度

1. 《詩經》、《楚辭》，其作品同具憂患意識與鄉土情懷，試就所知，加以論證之。

2. 簡述白居易的文學主張及其詩歌成就。

3. 詞與曲在形式及表現方法上有何差異？並說明蘇軾之詞風特色及馬致遠在曲壇上之價值地位。

4. 試以「悲劇英雄」此一觀念，自兩部中國古典長篇小說各擇一個小說人物予以論述之。

八十八年度

1. 略述漢代樂府民歌的藝術成就及其影響。

2. 唐初古文革新運動，發展之情況為何？失敗之原因為何？後韓柳繼起，始獲有成，其成功之原因又為何？

3. 「臨川四夢」的作者是誰？包括那四部劇作？其內容如何？四夢之中又以何者的成就最

高?

4. 筆記、傳奇、變文、話本、章回小說之發展沿革如何?試述之。

八十九年度

1. 先秦散文發展之路線為何?並舉出不同類別之典籍四種,加以評論其散文特色。
2. 試述韓愈、孟郊的詩歌特色。
3. 試比較「詞中二李」作品之風格特色及其在中國文學史上的成就。
4. 明代小說在小說發展史上,有何重要意義與地位?試加評述之。

九十年度

1. 劉勰撰述《文心雕龍》之動機與目的何在?劉氏以為批評家之態度與批評之標準又當如何?試加詳說。
2. 試論述唐傳奇對中國文學的影響。
3. 試論述辛稼軒詞的藝術特色。
4. 何謂「三言」、「二拍」?性質為何?內容為何?有何優劣得失之處?

九十一年度

1.神話對中國詩歌、小說、戲劇、寓言之影響各為何？試論述之。

2.試論述魏晉志怪小說繁榮的原因，並說明其類型及代表作。

3.三蘇之散文，各自名家，亦各具特色。試就所知，列舉三蘇之散文名作，並詳加評述。

4.常州詞派的詞學理論主張為何？其代表作家及藝術風格各如何？試論述之。

九十二年度

1.建安文學在體制、題材、風格上各有何特色？其所以興盛之原因為何？

2.蘇軾說陶潛詩「質而實綺，臞而實腴」，其所指為何？試舉例說明之。

3.明代文論家曾提「童心說」、「性靈說」，其內容主張為何？對當時的文學發展產生什麼樣的影響？

4.何謂「桐城三祖」？其文學主張為何？影響如何？

中山大學

八十六年度

1. 簡要論述先秦諸子散文的風格與影響。
2. 魏晉南北朝志怪小說與唐代傳奇有何不同？
3. 試就「音樂流變」以及「歌詞與樂曲配合的形式」兩項，討論「詞」文類的形成。
4. 試述桐城派的文學理論。

八十七年度

1. 自西晉以迄北宋，文學體制紛然雜出，其犖犖較著者有下列六種，試說明其產生之時代，代表作家，及其文體特色：
   ⑴元康體 ⑵永明體 ⑶宮體 ⑷徐庾體 ⑸三十六體 ⑹西崑體
2. 南朝謝靈運、陶潛，唐代王維、孟浩然，四人均有大量閒適之詩問世；惟其創作動機，表達技巧，以至風格面貌，有相同者，亦有相異者。試就所知扼要而論述之。
3. 湯顯祖傳奇之題材皆本於前人小說。試述其情節大要，並比較其傳奇與小說情節之異同。

4.王士禛之詩學理論是否與嚴羽之論有關?請論述。

八十八年度

1.比較鍾嶸與劉勰的文學思想。

2.評劉基詩文。

3.詮釋下列各文體:

(1)俳賦 (2)永明體 (3)四六文 (4)長慶體 (5)西崑體

4.簡述下列各書之編、著者及其作品風格:

(1)《玉臺新詠》 (2)《玉谿生詩集》 (3)《花間集》 (4)《漱玉詞》 (5)《小山樂府》

八十九年度

1.評三祖、陳王和建安七子。

2.較論韓愈與柳宗元。

3.宋、金雜劇對元雜劇之形成,有何影響?試述之。

4.李贄、袁宏道、袁枚的文學理論有何相似之處?請論述。

九十年度

1. 何謂變文？試言其內容分類及影響。
2. 劉勰謂「嵇志清峻，阮旨遙深」（《文心雕龍．明詩》）。試比較嵇康與阮籍詩之內容與風格。
3. 試述歐陽修的⑴文學理論，⑵對宋代文學發展的影響。
4. 試述清代的戲劇發展概況。

九十一年度

1. 試述宋人話本〈碾玉觀音〉和〈錯斬崔寧〉的主題、情節與影響。
2. 試述蔣士銓與楊潮觀的戲劇代表作。
3. 詳釋下列各文（詩）體：

⑴建安體

⑵太康體

⑶永明體

⑷宮體

⑸徐庾體

4.說明下列各書之撰者、時代及其作品風格：

(1)《玉谿生詩集》

(2)《白氏長慶集》

(3)《西崑酬唱集》

(4)《淮海居士長短句》

(5)《漱玉詞》

高雄師範大學

八十六年度

1.我國四言詩自春秋中葉以後沈寂多時，至建安年間而有復興現象，迄乎東晉，則由迴光反照，詳細如何，請舉例說明之。

2.試論韓愈復古之意義及對後世文學所造成之影響。

3.寓言故事的層出迭見於戰國，對當時散文風格的形成有何影響？對往後中國文學的發展有無作用，請舉例說明之。

4.李清照主張分別詩詞場域，提出詞「別是一家」之說，請分別說明其詞作品及詞學理論的特點。

八十八年度

1. 試述詩經的題材內容及其藝術特色。
2. 沈德潛《古詩源》中評陶淵明與謝靈運詩之「自然」，謂：「陶詩合下自然，不可及處，在真在厚。謝詩追琢二返於自然，不可及處，在新在俊。」請舉以釋之。
3. 有說昌黎作詩如作文，東坡作詞如作詩。何故？請分別說明之；並分別論述其詩史、詞史上之特殊地位。
4. 試說明以下諸人在文學史上的成就與影響。

(1)張惠言
(2)馮夢龍
(3)袁宏道
(4)馬致遠
(5)紀昀

八十九年度

1. 何謂《詩．小序》？作者何人？立論重點及訛謬為何？對後世詩詞創作與批評有何影響？

2. 何謂「建安風骨」？對後世詩歌創作有何重要影響？試析述之。

3. 韓愈之所以能集六朝以來文學改革之大成，除外在種種有利於他的因素外，更重要的，應是他個人獨特的才具。請從這兩方面，詳細說明其成事之緣由。

4. 何謂公安派？竟陵派？試略述其主張及文學成就。

九十年度

1. 戰亂為人們帶來了災禍，但卻也往往豐富了某些詩人的文學生命。請以李唐「安史之亂之於老杜」為例以證實之。

2. 《四庫題要》云：「詞自晚唐五代以來，以清切婉麗為宗。至柳永而一變，如詩家之有白居易；至蘇軾而又一變，如詩家之有韓愈，遂開南宋辛棄疾等一派。……故今日尚與花間一派，並行而不能偏廢。」請據此論述唐宋主要詞派之發展，及其風格特色。

3. 南戲如何轉化為傳奇？北雜劇如何轉化為短劇？並說明其差異何在？

4. 試略述晚明文學中公安、竟陵二派的代表人、思想主張、文學成就及其與時代思潮之關係。

九十一年度

1. 曹丕《典論．論文》與陸機〈文賦〉有何精到見解？對後世文學創作與批評有何重要影響？願聞其詳。

2. 試就思想、體裁、風格技巧三方面，比較韓柳文章之異同。

3. 王國維《人間詞話》曰：「古今成大事業大學問者，必經過三種境界；『昨夜西風凋碧樹，獨上高樓，望盡天涯路。』此第一境也。『衣帶漸寬終不悔，為伊消得人憔悴。』此第二境也。『眾裡尋他千百度，驀然迴首，那人卻在燈火闌珊處。』此第三境也。」請問這三組句子是誰的作品？其原意如何？王氏的引申義又如何？

4. 笑話在中國的發展源遠流長，試論明清時期笑話的特色與價值，在中國笑話的發展史上所佔的地位如何？

九十二年度

華語文教學研究所

1. 《詩經》在語言及章法方面有何特色？對後世文學創作有何重要影響？試條述之。

2. 魏晉南北朝為中國文學自覺的時代，其「自覺性」的實際表現如何？

3. 韓愈於唐憲宗元和十三年撰成〈平淮西碑〉。晚唐詩人李商隱〈韓碑詩〉有句云：「文成破體書在紙」，「破體」二字如何解釋？韓愈如何借「破體」以「立體」，創造獨特的散文風格？

4. 試評述《紅樓夢》的藝術成就。

九十二年度

經學研究所

1. 在中國詩史上，《詩經》何以被推尊為最高典範？諸君沈浸多年，諒必深有所會，願聞其詳。
2. 魏晉以下游仙詩、山水詩、田園詩的產生與清談玄風有無關係？其代表作家作品的特色為何？
3. 中國小說發展至唐代傳奇始具規模，中唐德宗時作者雲興，佳作霞蔚，頗稱極盛時期，奠定了傳奇與唐詩並稱為「一代之奇」的崇高地位。不知諸君涉獵深淺如何？請列舉五種唐人所著傳奇，簡介其內容。所舉作品如能說明其特色或影響者尤佳。
4. 何謂公安派？在文學史的成就與影響為何？

花蓮師範學院

八十七年度

1. 試述漢魏六朝唐宋賦體之因革，並舉例以說明賦體之寫作體制。
2. 試述宋元話本之體制，並分析下列話本小說之內容：〈錯斬崔寧〉、〈碾玉觀音〉、〈杜十娘怒沈百寶箱〉、〈白娘子永鎮雷峰塔〉。
3. 文體演變有其自然之勢，但有人認為《楚辭》並不源於《詩經》，試申論之。
4. 試述白居易新樂府之內容及其寫作之動機。

八十八年度

1. 白居易「新樂府」的創作意圖為何？請舉其代表篇章申說之。
2. 試論晚清譴責小說之特點及其形成原因。
3. 南戲、雜劇、傳奇為古代各具特色的戲曲，試說明其體製有何區別。
4. 道教對中國文學創作有何影響？試說明之。

八十九年度

1.唐代〈竹枝詞〉源於民歌，其風格特色為何？試舉例說明之。
2.吳歌與西曲同為東晉以降之樂府民歌，其形式與內容有何不同？試說明之。
3.明人臧晉叔編選《元曲選》，為何被稱為「功魁禍首」？試由劇本之關目、曲文、賓白等方面述之。
4.《太平廣記》的編纂，在筆記小說的研究上有何重大意義。

九十年度

1.「傳奇」一詞名義，與時遷變，試說明之。
2.敦煌變文對後世文學有何影響？請條舉言之。
3.魏晉南北朝時期志怪小說興起的原因為何？其影響為何？試說明之。
4.元代散曲大致可分為前後兩期。由蒙古滅金至元世祖為前期；世祖至元末為後期。試說明前後期作品有何不同特色？

九十一年度

一、申論題（共三題，每題二十五分）

1.《文心雕龍》、《詩品》、《二十四詩品》、《滄浪詩話》與《唐賢三昧集》為文學史上五部重要作品，作者為誰？成立於何時？其評詩、論詩或選詩的內容大要為何？

2.何謂諸宮調？請由音樂結構與演唱形式分析其於元雜劇之影響。

3.「小說與群治之關係」係何人所倡？其主要思想及主張為何？請述之。

二、解釋名詞（每小題五分）

(1)楔子

(2)永嘉四靈

(3)陸海潘江

(4)桐城派

(5)五大聲腔

嘉義大學

九十年度

1.元雜劇作家，可以略分為「劇人作家」及「詩人作家」兩種類型，試各舉二人，列出其代表作品加以說明。

2. 試分別就內容主題和寫作特色兩方面，說明《金瓶梅》一書在中國小說史上之重要價值與特殊意義。
3. 略述「賦」的起源、流派與發展概況。
4. 唐代文學何以在詩歌、散文、小說、變文等方面均有新發展、新局面，試就文學發展的內因、外緣論述之。

九十一年度

1. 《漢書．藝文志》將漢賦分成四派，試依此四派敘述漢賦發展之趨勢。
2. 試述桐城派文學主張及代表作家、作品。
3. 何謂「樂府」、「擬樂府」、「新樂府」？並說明其發展概況。
4. 試說明元雜劇興盛的原因，並略述其代表作家與代表作品。

雲林科技大學

九十年度

1. 試述《詩經》作品的年代，國別及其價值所在。

2.請詳述唐詩、宋詩的相異之處。

3.何以柳永、蘇軾、周邦彥代表北宋詞演進的三階段，試說明之。

4.唐人傳奇就內容、性質可分幾類，試各類舉出若干作品以述其對後世戲劇之影響。

九十一年度

1.試比較《詩經》與《楚辭》。

2.王充《論衡》的文學主張。

3.陶淵明的性情及其思想。

4.韓愈諫迎佛骨的背景及其意義為何?

5.明代小說發達之原因。

九十二年度

1.曹丕《典論．論文》謂：「王粲長於辭賦，徐幹時有齊氣，然粲之匹也；琳瑀之章表書記，今之雋也；應瑒和而不壯；劉楨壯而不密；孔融體氣高妙，有過人者，然不能持論，理不勝詞，以至於雜以嘲戲。」請試舉「建安七子」之詩文，以說明其風格?

2.請試以崔顥〈黃鶴樓〉詩及李白〈登金陵鳳凰臺〉詩，評論其優劣?

3.蘇軾於「潮州韓文公墓碑」碑文中，稱譽韓愈為「文起八代之衰，道濟天下之溺」，請試申其義？

4.請試說明唐代「變文」之起源及其對後世的影響？

5.請試以小說內容之性質分類，說明有清一代小說之種類有那些？並舉例說明之。

台北市立師範學院

八十七年度

1.《詩經》和《楚辭》在形式上有何異同？

2.李白和杜甫的詩風特色為何？試比較說明之。

3.宋話本的結構特色為何？它的出現可說是中國小說史上的一大變遷，請說明這其中的積極意義。

4.元末明初的南戲如何興起的？有何著名代表作品？請說明之。

5.民國以來之新文學運動，曾經歷「文學革命」與「革命文學」這兩個不同的階段，請就此二者在文學主張上的異同，加以闡釋較論之。

八十八年度

1. 試述魏晉六朝文學批評發展之情形。
2. 漢賦發展之時背景及其原因為何？請條陳以對之。
3. 試論述唐代變文對於後代文學所造成之影響。
4. 王國維《人間詞話》言：「詞至李後主而眼界始大，感慨遂深，遂變伶工之詞為士大夫之詞。」試說明其評價是否得當。
5. 民國十年台灣的新文學運動與民國六年發生於中國的新文學運動，在理念及主張上具有何種同異關聯？請較論之。

八十九年度

1. 神話與中國文學有何關聯？試論述之。
2. 試述漢賦四大家之代表作品及其寫作風格。
3. 元雜劇各有何代表作家及其作品？請詳述之。
4. 何謂宋代說話藝術？共有幾種？現存代表作品之內容與價值如何？
5. 清末由梁啟迢所倡導之小說界革命，其宗旨與主張為何，請申論之。

九十年度

1.《詩經》代表周代五百多年的文學，試就社會發展的角度，論述其意義與價值。
2. 請說明樂府詩的興起及其發展特色。
3. 試述唐代邊塞詩興盛的原因，並舉出一首加以說明。
4. 試述章回小說的來源及其形式。
5. 唐代與明代之古文運動各有何代表人物與理念特點?請申論之。

九十一年度

1. 試述《楚辭》的藝術價值，以及它對後世文學的影響。
2. 魏晉南北朝時期有「建安文學」與「正始文學」，請比較說明兩者文學特色的異同。
3. 中唐「新樂府」的代表詩人及詩歌理論為何?請詳細說明之。
4. 北宋詞有那些代表作家?並述其作品特色。
5. 何謂桐城派?試述其文學理論。

九十二年度

1. 請比較《詩經》與《楚辭》，析論南北文學之不同處。
2. 何謂「古體詩」、「近體詩」？二者有何異同，試舉詩作以明之。
3. 唐宋兩代皆有古文運動，其文學理論有何異同？試論之。
4. 試比較「北雜劇」與「南雜劇」體制規律之異同。
5. 請以《聊齋誌異》為例，說明清代文言小說對六朝志怪和唐傳奇的繼承與創新。

考試用書 Q008-009

中國文學史試題詳解 800 題（上、下冊）

編　　著 宋　裕
責任編輯　吳家嘉

發 行 人　林慶彰
總 經 理　梁錦興
總 編 輯　張晏瑞
編 輯 所　萬卷樓圖書(股)公司
臺北市羅斯福路二段 41 號 6 樓之 3
電話 (02)23216565
傳真 (02)23218698

發　　行　萬卷樓圖書(股)公司
臺北市羅斯福路二段 41 號 6 樓之 3
電話 (02)23216565
傳真 (02)23218698
電郵 SERVICE@WANJUAN.COM.TW
香港經銷
香港聯合書刊物流有限公司
電話 (852)21502100
傳真 (852)23560735

ISBN 957-739-391-8
2017 年 1 月初版十四刷
2002 年 5 月初版
定價：新臺幣 880 元

如何購買本書：
1. 劃撥購書，請透過以下帳號
帳號：15624015
戶名：萬卷樓圖書股份有限公司
2. 轉帳購書，請透過以下帳戶
合作金庫銀行 古亭分行
戶名：萬卷樓圖書股份有限公司
帳號：0877717092596
3. 網路購書，請透過萬卷樓網站
網址 WWW.WANJUAN.COM.TW
大量購書，請直接聯繫，將有專人為您服務。(02)23216565 分機 610

如有缺頁、破損或裝訂錯誤，請寄回更換

國家圖書館出版品預行編目資料

中國文學史試題詳解 800 題(上、下冊) / 宋裕編著. -- 初版. -- 臺北市：萬卷樓, 民 91
冊； 公分. 參考書目：面
ISBN 957-739-391-8(全套；平裝)

1.中國文學史-歷史-問題集

820.9022　　91007382